Neue
Kleine Bibliothek 217

W0194145

Godela Linde

Basta!

Gegen sexuelle Belästigung am Arbeitsplatz

Ratgeber und Rechtsberatung

Mit einem Vorwort von Ingrid Kurz-Scherf

PapyRossa Verlag

Ich danke Rudolf Buschmann, Klaus Lörcher und Joachim Thöne für rechtliche Hinweise und Christine Amend-Wegmann, Lotte Breuer, Wolfgang Hecker, Sabine Hüther, Ingrid Kurz-Scherf, Renate Müller, Silke Nötzel, Rainer Rilling, Andrea Theiß und Christa Winter für kritisches Lesen, Reden und Agieren, der DGB Rechtsschutz GmbH und der Antidiskriminierungsstelle des Bundes für Unterstützung.

© 2015 by PapyRossa Verlags GmbH & Co. KG, Köln
Luxemburger Str. 202, 50937 Köln
Tel.:   +49 (0) 221 – 44 85 45
Fax: +49 (0) 221 – 44 43 05
E-Mail: mail@papyrossa.de
Internet: www.papyrossa.de

Alle Rechte vorbehalten

Umschlag: Verlag, unter Verwendung eines Graffitos
          in der Firmaneistraße, Marburg (bearbeitet)
Fotos: Peter Hauck-Scholz, Bernd Jäger, Godela Linde,
          Edzard Ockenga und Rainer Rilling
Druck: Interpress

Die Deutsche Nationalbibliothek verzeichnet diese Publikation in der Deutschen Nationalbibliografie; detaillierte bibliografische Daten sind im Internet über http://dnb.d-nb.de abrufbar

ISBN 978-3-89438-590-3

Inhalt

Macht
AGG
Entscheidungen
Arbeitgeber
Vorschläge
Kündigung
Diskriminierung
Beweislast
Sanktionen
Verbündete
Betriebsrat
Beschwerderecht
Gegenwehr
Scham
Frauenbeauftragte
Belästiger

Vorwort

Von Ingrid Kurz-Scherf

I.

Das Thema ›sexuelle Belästigung‹ ist mir unangenehm. Es macht mir schlechte Laune. Als Feministin befasse ich mich ständig mit Themen, die mir kein Vergnügen bereiten, aber ich habe ihnen gegenüber ein kämpferisches Gefühl widerständigen. Beim Thema ›sexuelle Belästigung‹ ist das zumindest zunächst einmal nicht so, deshalb habe ich es bislang gemieden. Sicher auch, weil ich mich nicht gern an meine persönlichen Erfahrungen mit sexueller Belästigung erinnere. Als feministische Politikwissenschaftlerin kann ich mich ja auch nicht mit allen Facetten der Geschlechterverhältnisse und ihrer Verstrickung in die unendliche Vielfalt von Herrschaftsverhältnissen befassen – auch insoweit als sie zumindest scheinbar nichts mit Geschlecht zu tun haben oder sich jedenfalls nicht in erster Linie am Faktor »Geschlecht« festmachen. Das war und ist das leitende Motiv meiner Auseinandersetzung mit Geschlechterverhältnissen: sie auch und gerade da sichtbar zu machen, wo sie – oberflächlich oder aus einer patriarchalen Brille betrachtet – keine oder allenfalls eine untergeordnete Rolle spielen. Also z. B. in den Grundstrukturen einer kapitalistischen Wirtschaftsweise und einer liberalen Demokratie, in der Subjektkonstruktion des modernen Individuums, im modernen Verständnis von Freiheit, Gleichheit, Brüderlichkeit (!) oder auch von Solidarität, Emanzipation und Revolution. In der Konstruktion des Sozialstaats, in der Tarifpolitik der Gewerkschaften, im Globalisierungsdiskurs unterschiedlicher Provenienz, in der Kapitalismuskritik, im Arbeitsbegriff, in den geltenden Wert- und Bedeutungshierarchien ebenso wie in Einkommensdifferenzen oder hinsichtlich der Anerkennung von Belastungsfaktoren in unterschiedlichen Tätigkeitsfeldern. Bei einem so breiten Interessensspektrum fallen manche Themen einfach durchs Rost – zumal wenn sie persönliches Unbehagen auslösen.

Nun aber hat meine Freundin Godela Linde mit viel Akribie und Sachverstand eine Studie zum Thema ›sexuelle Belästigung‹ vorgelegt, die auch praktischen Nutzen haben soll für Betroffene ebenso wie für Menschen, die im Politikfeld ›sexuelle Belästigung‹ unterwegs sind. Bei einem Glas Wein kam die Idee auf, ich könne doch ein Vorwort zum Buch schreiben. Vielleicht war es der Wein, der mich dazu gebracht hat, dies dann auch fest zuzusagen. Seitdem habe ich eine Menge über sexuelle Belästigung gelesen; manches war so interessant, dass ich meinen Widerwillen gegen das Thema vergessen habe. Aber immer wenn ich mich ans Schreiben machen wollte, war dann wieder ein so großes Missbehagen da, dass ich mich lieber weiter mit Studien und Publikationen zum Thema und nicht mit meinen eigenen Einsichten und Positionen dazu befassen wollte. Nicht selten stieß ich in meiner Lektüre auch auf Gründe meines Missbehagens; manchmal fühlte ich mich auch bei Vorurteilen ertappt, von denen ich schon lange weiß, dass sie nicht der Realität entsprechen, die aber dennoch irgendwie auch in mir stecken.

Ich weiß selbstverständlich auch, dass der Widerwille gegen und die Nichtbefassung mit dem Thema ›sexuelle Belästigung‹ Teil der Beharrlichkeit ist, mit der es uns quält – längst nicht mehr nur Frauen, sondern auch Männer und die meisten derjenigen, die sich in der Dichotomie von Männlichkeit und Weiblichkeit nicht verordnen wollen oder können. Ich werde deshalb im Folgenden den Gründen meines Missbehagens an diesem Thema nachgehen, um so auch diejenigen, die dieses Missbehagen teilen oder gut nachvollziehen können, zu einer intensiven Auseinandersetzung mit der Studie von Godela Linde und den darin enthaltenen Empfehlungen zu ermuntern – in der Hoffnung, damit auch selbst einen kleinen Beitrag zur Zersetzung der Grundlagen sexueller Belästigung zu leisten. Den sehr viel größeren Beitrag leistet dieses Buch.

II.

Der Aufschrei gegen sexuelle Belästigung, der Anfang 2013 durch die deutsche Öffentlichkeit ging (vgl. Meßmer 2014; Wizorek 2015) hat mich aus mehreren Gründen überrascht. Der Anlass – eine eher beiläufige Bemerkung über eine dümmlich-weinselige Anmache eines Politikers in einem Kneipengespräch mit einer Journalistin (in einem *stern*-Artikel eben dieser Journalistin veröffentlicht) – war vergleichsweise harmlos. In Verbindung mit einigen anderen, ebenfalls eher harmlosen Vorfällen ähnlicher Art löste er aber geradezu einen alle Medien und alle Facetten der Öffentlichkeit umfassenden Aufruhr aus, der als »Sexismusdebatte« bis heute nachwirkt. Welche praktischen Konsequenzen die mediale Inszenierung von »#Aufschrei« bei Twitter hatte, ist erstens strittig und lässt sich zweitens noch nicht abschließend beurteilen – zumal es Anzeichen für die Entstehung einer Aufschrei-Bewegung gibt, die sich mit anderen Bewegungen ähnlicher Intention verbindet. Einen kleinen Effekt hatte der »#Aufschrei« immerhin: Seitdem er u. a. durch einen Artikel in dem Wochenmagazin *stern* ausgelöst wurde, ist dieses Magazin mit offenkundig sexistischen Titelblättern erkennbar zurückhaltender geworden als in der Vergangenheit. Vielleicht doch auch ein Hinweis auf die nachlassende Wirkkraft der Parole »Sex(ismus) sells«.

Dass im Jahre 2013 ausgerechnet ein führender FDP-Politiker eine breite Sexismusdebatte auslöste, wie es sie in vergleichbarer Weise – allerdings noch ohne die Zutat von Twitter, Facebook, WhatsApp etc. – zuletzt Anfang der 80er Jahre des vergangenen Jahrhunderts – damals unter dem Label »Busengrabscher im Bundestag« – gegeben hat, entbehrt nicht der Ironie. Damals hatten grüne Parlamentarierinnen die sexuelle Belästigung durch einen ihrer Fraktionskollegen öffentlich gemacht, der daraufhin sein Mandat niederlegen musste. Damals schrieb die FDP-Fraktion im Bundestag einen vor Spott und Ironie triefenden Brief an die Fraktion der Grünen, der den Vorfall als lächerlich und irrelevant abtat und den grünen Parlamentarierinnen Verschwendung von Zeit, Energie und Aufmerksamkeit – auf Kosten des Steuerzahlers – vorhielt. Der Brief trug die Überschrift: »Bei der FDP wird nicht gegrabscht«. Ziemlich genau 30 Jahre später läutete das verbale Grabschen von Rainer Brüderle das Ende seiner politischen Karriere ein. Die FDP wurde längst fast überall von den Grünen überflügelt und ist mittlerweile nicht mehr im Bundestag vertreten.

Was mich bei dem Vorfall im Jahr 2013 überraschte, war nicht die Tatsache, dass Politiker (ebenso wie andere Angehörige der sog. Eliten wie aber auch deren Untergebene) immer noch grabschen – sei es handgreiflich oder verbal (Vgl. Antidiskriminierungsstelle 2015). Was mich überraschte, war die Empörung und die Gegenwehr, die diese Tatsache anlässlich eines konkreten Beispiels auslöste. Klar: Es gab und gibt immer wieder Studien, die belegen, dass sexuelle Belästigung immer noch zur Alltagserfahrung von Frauen gehört, aber ist unerwünschte Anmache bis hin zu unerwünschtem Grabschen nicht doch ein vergleichsweise harmloses Signum patriarchal strukturierter Gesellschaften, das sich in Ländern wie der Bundesrepublik Deutschland trotz aller Gleichberechtigungsrhetorik beharrlich hält, allmählich nun aber doch im Verschwinden begriffen ist? Andererseits: insoweit, als dies nicht der Fall ist, insoweit also als sich sexuelle Belästigung auch und gerade aktuell in alten und neuen, zum Teil sogar härteren Formen als in der Vergangenheit reproduziert, ist das nicht Ausdruck tiefer liegender Strukturen und Dynamiken, die in erster Linie bearbeitet und bekämpft werden müssen, wenn man oder frau sich des Phänomens der sexuellen Belästigung nachhaltig entledigen will? Ist die Prominenz des Themas ›sexuelle Belästigung‹ in Teilen des Geschlechterdiskurses nicht Teil einer bewussten oder unbewussten Strategie der sog. Bürgerlichen Frauenbewegung oder auch des sog. Elitefeminismus, um von den grundlegenden Dimensionen des Geschlechterverhältnisses und seiner Verstrickung mit anderen Herrschaftsverhältnissen abzulenken, sich selbst als Opfer männlicher Übergriffe zu inszenieren, um so noch rücksichtsloser die eigenen Karriere- und Machtgelüste verfolgen zu können? Beinhaltet die besondere Fokussierung in der unendlichen Vielfalt von Sexismus auf sexuelle Belästigung nicht die Gefahr, Geschlechterverhältnisse auf die Dimension männlichen Fehlverhaltens zu verkürzen und dabei zugleich den Opferstatus von Frauen zu befestigen? Hat der Diskurs um sexuelle Belästigung nicht generell eine Tendenz der Verrechtli-

chung und Verstaatlichung von Frauen- und Geschlechterpolitik unter
Vernachlässigung der Rolle des Staates und des Rechts in der Kons-
tituierung und ständigen Erneuerung von Geschlechterhierarchien?*

Die Überraschung durch den #Aufschrei gegen sexuelle Belästigung
mobilisierte also zugleich auch Anfragen an den diesbezüglichen Diskurs, die zweifellos in einem engen Zusammenhang stehen mit meinem
Unbehagen an diesem Thema. Auch nach der Lektüre des vorliegenden Buchs und dem dadurch motivierten vertieften Studium einschlägiger Literatur halte ich die hier eher beispielhaft als umfassend aufgelisteten Anfragen an den Diskurs um sexuelle Belästigung für sinnvoll und
gerechtfertigt – auch wenn sie teilweise auf genau jenen nicht hinläng-
lich überprüften Vorurteilen fußen, von denen eingangs die Rede war.
Nichts ist realer als der Schein und kaum etwas ist wirksamer als ein
unreflektiertes Vorurteil. Aber auch insoweit als manche Anfragen an
das Thema ›sexuelle Belästigung‹ nicht auf Vorurteilen beruhen, unter-
mauern sie bei näherer Betrachtung die Relevanz des Themas ›sexuelle
Belästigung‹ als einer politischen, die sich auf dem Weg der Nichtbefassung sicher nicht erledigen wird. Dies gilt auch für zwei andere Argumente, auf die man mit eher kritischer Tendenz im Diskurs um sexuelle
Belästigung immer wieder stößt: die starke Betonung der sexuellen Belästigung am Arbeitsplatz beinhaltet eine problematische Engführung
der Perspektive auf nur einen Schauplatz eines Geschehens, das alle
Lebensbereiche durchdringt. Gerade am Arbeitsplatz besteht aber die
Gefahr der Instrumentalisierung der Abwehr sexueller Belästigung für
die Legitimation verschärfter Kontrollmechanismen oder auch für die
Sanktionierung unliebsamer oder aufmüpfiger Beschäftigten. Generell
scheint der Fokus ›sexuelle Belästigung‹ relativ leicht für andere Zwecke als die Überwindung sexistischen Verhaltens einvernehmbar – etwa
zur Legitimation autoritärer Sexualnormen und lustfeindlicher Prüderie
oder auch – gerade auf dem Feld der sexuellen Belästigung am Arbeitsplatz – zur Verschleierung von Ursachen Nutznießern sexueller Belästigung. Ist es nicht einigermaßen problematisch, wenn im Hinblick auf

---

*   Zu einer frühen Auseinandersetzung mit (grund)rechtspolitischen Dimensio-
     nen sexueller Belästigung vgl. Baer 1995

die sexuelle Belästigung am Arbeitsplatz ausgerechnet Arbeitgeber mit disziplinarischen Kompetenzen gegenüber »Belästigern« ausgestattet werden – also genau die Instanz einer kapitalistischen Wirtschaftsweise, die maßgeblich an der Etablierung von Betriebsstrukturen und -kulturen beteiligt ist, die mit ihren durchgängigen Pathologien auch pathologische Verhaltensweisen im Geschlechterverhältnis befördern?

III.

In ihrer 2014 publizierten Auswertung wissenschaftlicher Befunde zum Thema ›sexuelle Belästigung‹, die zu den verbreitetsten Anfragen an diesen Diskurs Stellung bezieht, kommen Charlotte Diehl, Jonas Rees und Gerd Bohner zu folgendem Resümee:

»Zusammenfassend lassen sich folgende Befunde festhalten: Erstens, Sexismus und sexuelle Belästigung sind nicht dasselbe. Beide sind rechtlich und psychologisch klar definiert. Zweitens, sexuelle Belästigung ist kein Einzelfall. Drittens, Männer sind in der Lage einzuschätzen, welche Verhaltensweisen von Frauen als sexuell belästigend wahrgenommen werden und welche nicht. Viertens, die negativen psychischen und arbeitsbezogenen Folgen für die Betroffenen sind wissenschaftlich belegt und erwiesenermaßen schwerwiegend. Fünftens, Personen unterschätzen in der Regel, wie schwer es ist, sich in einer Belästigungssituation aktiv zu wehren. Sechstens, sexuell belästigendes Verhalten erfüllt oftmals eine Doppelfunktion: Sex und Machtdemonstration. Hierarchien am Arbeitsplatz machen sexuelle Belästigung wahrscheinlicher. Siebtens und letztens tragen weit verbreitete Mythen über sexuelle Aggression zur Bagatellisierung der Übergriffe und zur Schuldverschiebung bei. Diese opferfeindlichen Einstellungen lassen sich jedoch durch gezielte Interventionen auch positiv verändern« (Diehl/Rees/Bohner 2014, 28).

Auch die vorliegende Studie von Godela Linde integriert wissenschaftliche Befunde zu ihrem Gegenstand, ergänzt diese aber durch die eigenständige Auswertung eines ganz besonderen Materials, nämlich der Entscheidungen aus 700 Prozessen um sexuelle Belästigung am Arbeitsplatz. Daraus werden nicht nur wichtige Befunde und neue Erkenntnisse zum Sachverhalt gewonnen, vielmehr werden vor allem auch Möglichkeiten der »gezielten Intervention« aufgezeigt, die bislang nach der auch durch jahrzehntelange Praxis als »Gewerkschaftsjuristin« gestützten Einschätzung von Godela Linde noch zu wenig genutzt werden. Die Studie bezieht sich auf ein Feld – die sexuelle Belästigung am Arbeitsplatz –, in dem in den letzten Jahrzehnten ein beeindruckender Fortschritt stattgefunden hat, der aber das Phänomen als solches selbstverständlich nicht beseitigt hat. Der Fortschritt bezieht sich auf die rechtliche Handhabung der sexuellen Belästigung am Arbeitsplatz, die vor allem die Arbeitgeber in die Pflicht nimmt, ein belästigungsfreies Betriebsklima zu gewährleisten und dennoch auftretende sexuelle Belästigung angemessen zu ahnden. Das gibt nicht nur Betroffenen, sondern auch Kollegen und Kolleginnen, Betriebsräten und Vertrauensleuten Gelegenheit, gleichsam mit der Rückendeckung des Arbeitgebers aktiv gegen sexuelle Belästigung vorzugehen, wobei schon diese Androhung von Strafmaßnahmen im weitesten Sinn zweifellos zur Unterlassung sexueller Belästigung im Betrieb beiträgt. Die Tatsache, dass nahezu alle Studien dennoch ein weiterhin hohes Niveau an sexueller Belästigung am Arbeitsplatz belegen, dokumentiert keineswegs die oft behauptete Wirkungslosigkeit gezielter Interventionen, sondern die Tatsache, dass diese Interventionen u. a. auch zu einer erhöhten Sensibilität gegenüber dem Problem beitragen.

Godela Linde verbindet in ihrer Studie die juristische Perspektive auf das Problem der sexuellen Belästigung am Arbeitsplatz mit einer deutlich politischen Akzentuierung ihrer Analyse ebenso wie ihrer Empfehlungen. Tatsächlich sind die juristischen Fortschritte auf diesem Feld eingebunden in die politische Dynamik der Frauenbewegung. Wie auf anderen Feldern auch, hatte die US-amerikanische Frauenbewegung eine Vorreiterrolle hinsichtlich der Artikulation, der Benennung und auch der Bekämpfung sexueller Belästigung – u. a. mittels entsprechender Gesetze, insbesondere aber auf dem Weg des Empowerments von Frauen zur Gegenwehr. Die ersten Aktionen und Publikationen in diesem Feld stammen aus den späten 60er/frühen 70er Jahren; bezeichnender Weise war die marxistisch orientierte Feministin Catherine MacKinnon eine Vorkämpferin der Problematisierung sexueller Belästigung als einer bis dato weitgehend tabuisierten

Dimension der sexuellen Diskriminierung insbesondere von Frauen. Auch die deutschsprachige Frauenbewegung befasste sich schon früh mit Phänomenen der sexuellen Belästigung; die ersten Publikationen mit öffentlicher Resonanz erschienen schon vor der bereits angesprochenen Busengrabscheraffäre der Grünen Anfang der 80er Jahre des vergangenen Jahrhunderts (vgl. Kramer 1983; Plogstedt 1984 und die dort angegebene Literatur).

Von Anfang an thematisierte der feministische Diskurs um sexuelle Belästigung auch und vor allem die Komplexität und die Ambivalenzen der mit diesem Thema verbundenen politischen Herausforderungen. Dabei fungierte gerade die sexuelle Belästigung am Arbeitsplatz als Paradebeispiel für jene Verstrickung der Geschlechterverhältnisse in andere Strukturen und Dynamiken von Ungleichheit und Unterdrückung, die heute unter dem Stichwort Intersektionalität diskutiert wird (vgl. zum Zusammenhang zwischen Intersektionalität und sexueller Belästigung Kerner 2014). Dass im weiten Feld der sexuellen Belästigung dem Arbeitsplatz besondere Aufmerksamkeit zuteil wurde, hat auch damit zu tun, dass sich die Gewerkschaften, die den Anliegen der autonomen Frauenbewegung im Übrigen eher skeptisch bis distanziert gegenüberstanden, vergleichsweise früh für die Bearbeitung der Problematik der sexuellen Belästigung öffneten (vgl. Düperthal 1990; IG Metall 2008) – ein weiterer Hinweis auf die Komplexität der politischen Dynamik in diesem Themenfeld. In den letzten Jahren hat sich die Auseinandersetzung mit sexueller Belästigung gleichsam vom Arbeitsplatz auf die Straße verschoben. In neuen Formen und im globalen Maßstab attackiert beispielsweise die hollaback-Initiative (www.ihollaback.org) den Alltagssexismus als *street harassment*. Die von der Initiative ermittelten sog. Hollaback-Fakten weisen viele Parallelen zum Diskurs um sexuelle Belästigung am Arbeitsplatz auf:

» • Street Harassment und sexualisierte Gewalt haben nichts mit Sex zu tun, sondern nur mit Macht.
 • Ob es ›Hey Baby‹, Grabschen, Masturbation in der Öffentlichkeit, oder noch Schlimmeres ist; bei keinem dieser Übergriffe und vermeintlichen ›Komplimente‹ geht es ums Flirten.
 • Wenn es dir unangenehm ist, ist es nicht okay.

- Wenn es dir Angst macht, musst du es auch nicht als Kompliment sehen.
- Alltägliche Belästigung oder Street Harassment ist ein sogenanntes ›Einstiegsverbrechen‹ und hat zur Folge, dass andere Formen von sexualisierter Gewalt normalisiert und möglich gemacht werden.
- Studien belegen, dass zwischen 80-90 % aller Frauen* bereits in der Öffentlichkeit belästigt wurden.
- Obwohl alltägliche Belästigung die soziale und kulturelle Norm ist, ist es weit davon entfernt OK zu sein! Street Harassment bringt uns zum Schweigen und lässt uns denken, dass es die Situation verschlimmern würde, wenn wir uns wehren. Auch wenn das manchmal kein schlechter Rat ist, bringt es uns in einen Teufelskreis. Am Ende denken Täter, dass sie ohnehin keine Konsequenzen für ihre Belästigungen/Gewalt zu befürchten haben.
- Hollaback! wurde von einer Gruppe junger Menschen ins Leben gerufen, die sich nicht länger zum Schweigen zwingen lassen wollten und nach einer einfachen, gewaltfreien Antwort suchten. Daraus ist eine Plattform entstanden, auf der tausende Geschichten von/mit/durch/über Street Harassment erzählt werden.
- Wir glauben daran, dass diese Geschichten aufzuschreiben und zu sammeln die Kultur des Schweigens bezüglich sexistischer und sexualisierter Gewalt aufbrechen kann. Gemeinsam haben wir die Kraft und Macht, alltägliche Belästigung zu beenden.

One holla back at a time – Mit jedem Zurückbrüllen ein bisschen!« (www.ihollaback.org)

Die Studie von Godela Linde zeigt, dass diese Fakten weiterhin auch und gerade in Bezug auf sexuelle Belästigung am Arbeitsplatz virulent sind.

Literatur:

Antidiskriminierungsstelle des Bundes (2015): Gleiches Recht. Jedes Geschlecht. Themenjahr 2015: Sexuelle Belästigung am Arbeitsplatz. Berlin

Baer, Susanne (1995): Würde oder Gleichheit? Zur angemessenen grundrechtlichen Konzeption von Recht gegen Diskriminierung am Beispiel sexueller Belästigung am Arbeitsplatz in der BRD und den USA, Baden-Baden

Diehl, Charlotte/Rees, Jonas/Bohner, Gerd (2014): Die Sexismus-Debatte im Spiegel wissenschaftlicher Erkenntnisse. In: Aus Politik und Zeitgeschichte, 64. Jg., H. 8, S. 22-28

Düperthal, Gitta (1990): »Mach meine Kollegin nicht an«. In: die tageszeitung (taz), Nr. 117 vom 17.07.1990

IG Metall Vorstand/FB Frauen- und Gleichstellungspolitik (2008): Stopp. Nicht wegschauen, sondern handeln. Sexuelle Belästigung: Handlungshilfe für Betroffene und Betriebsräte. Frankfurt

Kerner, Ina (2014): Varianten des Sexismus. In: Aus Politik und Zeitgeschichte, 64. Jg., H. 8, S. 41-46

Kramer, Helgard (1983): Lässt sich sexistisches Verhalten verbieten? Überlegungen zum Gesetz gegen sexuelle Belästigungen am Arbeitsplatz in den USA (»Sexual Harassment«). In: Feministische Studien, 1. Jg., H. 1, S. 157-160

MacKinnon, Cathreen A. (1979): Sexual harassment of working women. New Haven

Meßmer, Anna-Katharina (2014): Aufschrei. In: Aus Politik und Zeitgeschichte, 64. Jg., H. 8, S. 5-8

Plogstedt, Sibylle/Bode, Kathleen (Hg.) (1984): Übergriffe. Sexuelle Belästigung in Büros und Betrieben, Reinbek 1984

Wizorek, Anne (2015): Weil ein #Aufschrei nicht reicht. Für einen Feminismus von Heute. Frankfurt a. M.

www.ihollaback.org

Einleitung

Für dieses Buch wurde erstmals die zugängliche Rechtsprechung zum Thema – mehr als 700 Urteile und Beschlüsse – ausgewertet (also nicht alle sind hier zitiert), weil es sich dabei um gerichtlich überprüfte Tatbestände und Sachverhalte handelt, die zum Teil nach umfangreichen Beweisaufnahmen festgestellt wurden. Urteile entscheiden Rechtsprobleme, aber sie geben auch Sachverhalte wieder, erzählen also Geschichten aus dem wirklichen Leben. Wenn in diesem Buch Beispiele genannt werden, so beruhen sie ausschließlich auf diesen Gerichtsakten, sind also insofern verlässlich, weil gerichtsfest. Und es kann Sinn machen, den Geschichten selbst ein neues Ende zu geben, indem frau über Verhaltensalternativen nachsinnt. Aber es muss klar sein, das sind Trockenübungen. Bei Überraschung, Erschrecken und Scham ist das viel schwieriger.

Vor Gericht kommt sexuelle Belästigung dadurch, dass die Belästigte ihr Recht geltend gemacht hat zu sagen, dass sie belästigt worden ist. Nur die sexuellen Belästigungen werden verhandelt, bei denen die Belästigten Maßnahmen – die JuristInnen nennen das Sanktionen – einforderten und die Belästiger damit nicht einverstanden waren. Wenn die Belästigte still erduldet oder wenn der Belästiger die Gegenmaßnahmen akzeptiert, dann gibt es kein Verfahren. Es wurden alle zugänglichen Entscheidungen zu sexuellen Übergriffen im Zusammenhang mit dem Arbeitsleben ausgewertet, auch Strafverfahren, in denen Belästiger wegen Beleidigung und/oder Vergewaltigung belangt wurden, weiterhin Verwaltungsverfahren, in denen es um Ausbilderbefugnisse und dergleichen ging, ferner Anwaltsprozesse nach behaupteter fehlerhafter Prozessführung, in denen die Erfolgsaussichten hypothetisch geprüft werden müssen. Auch Verfahren, in denen die Belästigten ihre Darstellung nicht beweisen konnten, wurden ausgewertet, weil sich daraus Rückschlüsse für künftiges – hoffentlich erfolgreicheres – Vorgehen ziehen lassen können. Die Urteile sind Einzelfälle und sie sind natürlich nur ein Ausschnitt der Wirklichkeit. Das gilt umso mehr, als es der Initiative des richterlichen Personals überlassen ist, ob sie die Urteile in juristische Datenbanken geben; es sagt also nichts über die regionale Verteilung sexueller Belästigung aus, wenn etwa aus NRW (LAG Hamm und LAG Düsseldorf) 28 und vom LAG Rheinland-Pfalz 23 Verfahren vertreten sind, vom LAG Hamburg und Thüringen aber nur je zwei. Die Verfahren, an denen ich selbst als Prozessbevollmächtigte beteiligt war, sind alle nicht veröffentlicht worden. Da nicht in allen Verfahren genaue Daten zum Status der Beteiligten angegeben wurden, sind die umfangreichen Daten wegen ihrer Unvollständigkeit für solche sozialstatistische Auswertungen allerdings nicht geeignet.

In den gesichteten Urteilen hat sich in keinem Fall ein Belästigter gegen eine Belästigerin wehren müssen! Auch Männer wurden in den Entscheidungen ausschließlich von Männern belästigt. Natürlich gibt es auch übergriffige Frauen, mir ist aus dem Gerichtsalltag ein (einziger) Fall bekannt, in dem eine Frau sich eine Gurke vorgehalten und Männer attackiert hat, auch nicht sehr erotisch. Sie wurde gekündigt wegen rassistischer Äußerungen gegen einen farbigen Kollegen, und im Verfahren kam das zur Sprache. Auswahlkriterium war in diesem Text allerdings gerichtlich dokumentierte Sachverhalte. Aber es gibt einen gewichtigeren Grund, warum die Belästigung durch Frauen hier völlig vernachlässigt wird: Nach der Studie des BJFFG waren 31 % der Männer (aber nur 10 % der Frauen) unbeeindruckt, und sie haben zwar offenbar über eigene Verunsicherungen nicht reden wollen, sie auch für sich negiert, aber »sie fühlen sich emotional weniger verletzt und erniedrigt«,[1] und sie regeln ihre Abwehr auf kurzem Weg. Das ist bei Frauen anders. Ich werde also durchgängig von Belästiger und Belästigter (statt Benachteiligter oder Opfer) sprechen, denn dass bildet die Wirklichkeit weitgehend ab. Warum keine Urteile mit Belästigungen auf gleicher Hierarchieebene vorkommen, kann ich nicht recht deuten, vielleicht wird das informeller geregelt.

Die Urteile wurden danach ausgewählt, wie plastisch Sachverhalte dargestellt werden und wie verständlich die Leitsätze formuliert sind. Dass zuweilen viele Fundstellen zitiert sind, hat damit zu tun, dass es jeweils Einzelfallentscheidungen sind, auch wenn Vorgänge sich gleichen, aber sie sollen auch als Fundgrube und Wegweiser für eigene Nachforschungen dienen können. Die Entscheidungen sind in den Endnoten quer durch die Gerichtszweige chronologisch sortiert, soweit nicht eine bestimmte Entscheidung zitiert worden ist, die dann zuerst genannt wird.

Dass hier Fälle aus der Rechtsprechung herangezogen werden, hat allein damit zu tun, dass sie eine ungewöhnliche und bisher kaum erschlossene Quelle sind. Es soll nicht der Eindruck entstehen, dass ich gerichtliche Auseinandersetzungen vorziehen würde. Wünschenswert wäre die folgende Reihenfolge: 1. Sexuelle Belästigung findet nicht statt. 2. Die Belästigte wehrt sich erfolgreich selbst. 3. Verbündete springen ihr bei und weisen den Belästiger zurecht. 4. Der Arbeitgeber zieht Konsequenzen. 5. Und erst zuletzt: Der Rechtsweg wird beschritten.

Bei der zweiten großen Studie zu sexueller Belästigung am Arbeitsplatz[2] berichteten die AutorInnen von zwei Bundesarbeitsgerichts-Entscheidungen, drei Landesarbeitsgerichts-Entscheidungen und mehreren erstinstanzlichen Urteilen. Sie begründeten die geringe Zahl letztinstanzlicher Urteile – zum Vergleich, dieser Text zitiert über 50 – damit, dass die belästigten Frauen den Instanzenweg gescheut hätten – wenn sie ihn überhaupt beschritten. Es bedarf meines Erachtens auch eines gewissen Vertrauens darauf, dass der Weg durch die Instanzen zu einer zufrieden stellenden rechtlichen Klärung führt. Hier gibt es eine deutliche Veränderung zum Positiven. Noch in den 80er Jahren des letzten Jahrhunderts gab es aus heutiger Sicht empörende Urteile (»ob das Schreien und Zappeln der Klägerin als eine Abwehrhandlung anzusehen war, ist in tatsächlicher Hinsicht nicht geklärt«)[3]; heute kaum vorstellbar, was belästigten, auch vergewaltigten, Frauen auch in der Rechtsprechung zugemutet und/oder wie ih-

nen die Schuld an Übergriffen zugeschoben wurde. Hier geht es aber
nicht um einen (reichlich abrufbaren) Zitatenschatz befremdlicher Äußerungen. Das war letztes Jahrhundert.

Gerichtsentscheidungen beginnen gem. § 313 ZPO mit dem Tatbestand, in dem festgehalten wird, welches Vorbringen von den Beteiligten zu berücksichtigen ist und welchen Sachverhalt das Gericht
also zu Grunde legt. Die dort dokumentierten Vorgänge machen wü-
tend. In keinem Fall hat die Belästigte den ersten Angriff abwehren
können. Die Belästigten waren keine Heldinnen. Zum Teil wurden
Belästigungen über Jahre erduldet und es gab schmerzliche, vor allem
psychische Verletzungen. Ich meine aber, dass gerade die gemeinsame Erfahrung von Scham und Ohnmacht auch anderen helfen und
Gegenwehr leichter machen kann.

Belästiger wenden zur Beschönigung ihrer Taten und zur Abwäl-
zung ihrer Schuld auf die Belästigte eine erhebliche Energie auf. Sie
scheuen auch nicht den Weg bis zu den Verfassungsgerichten. Dort
machen sie dann geltend, sie seien durch gerichtliche Entscheidungen
ihrer Menschenwürde beraubt und in ihren Persönlichkeitsrechten
oder ihrer Berufsfreiheit verletzt worden.[4] Das liest sich komischer,
als es für die Belästigte gewesen sein wird, zeigt es doch ein völlig
verstümmeltes Unrechtsbewusstsein. Das gilt auch für jenen Beamten,
der nach jahrelanger Belästigung zweier Untergebener verlangte, dass
Rücksicht auf seine kranke Ehefrau genommen werden und ihm bei
der Bewertung zugutegehalten werden müsse, dass er sein Bundesver-
dienstkreuz am Bande (!) freiwillig zurückgegeben habe.[5]

Auch ein ausgelernter Rechtsanwalt kann Defizite in der Wahrnehmung haben: Er war wegen sexueller Nötigung einer Auszubildenden
zu einer Gesamtfreiheitsstrafe von 16 Monaten zur Bewährung verurteilt worden und bekam die Ausbildungsbefugnis für Auszubildende generell entzogen. Dagegen klagte er. Er habe immer ein gutes Verhältnis zu seinen (!) Auszubildenden gehabt. Deshalb habe er »in der
Hauptverhandlung vor dem Landgericht F. ... wegen des unglaubli-
chen seelischen, foltergleichen Drucks einen Nervenzusammenbruch
erlitten und habe der Verhandlung nur noch durch einen Schleier folgen können.« Und: »Seiner Ansicht nach sei er bereits genug gestraft,

da er sich diesem grausamen Strafverfahren habe unterziehen und seine politischen Ämter in der Stadt auf Grund des Mediendrucks habe aufgeben müssen. Auch habe er zivilrechtlich an Frau H. 4.000 Euro als Kompensation zu zahlen. Es erscheine nicht angemessen, ihn auch noch partiell durch Untersagung der Ausbildungsfähigkeit entmündigen zu wollen.«[6] Da sorgt sich Jemand um sein angemaßtes Recht, sich den Nachschub für sein Tun organisieren zu dürfen.

Dieses Buch wendet sich nicht an Belästiger. Andere Männer und Kollegen dürfen sich allerdings durchaus mit gemeint fühlen, wenn nach Verbündeten gesucht wird.

Die Veröffentlichung hat also zwei Anliegen. Zunächst soll gegen die Scham der Belästigten, so ernst sie auch genommen wird argumentiert werden, weil Schämen Belästigte blockiert und klein macht (Darstellung). Sodann aber werden breit juristische und praktische Ratschläge zur Durchsetzung der Rechte der Belästigten gegeben (Beratung). Das Vertrauen in Gegenstrategien soll gestärkt werden. Dabei gilt ein besonderer Schwerpunkt den Hinweisen, wie sexuelle Belästigung nachgewiesen werden kann, um ein belästigungsfreies Klima zu erreichen, und darauf, dass der Arbeitgeber hier in der Pflicht steht.

Was ist sexuelle Belästigung?

Benachteiligung im Sinne des Gesetzes

Der § 1 des 2006 verabschiedeten Allgemeines Gleichbehandlungs-gesetzes – AGG (einschlägige Entscheidungen hierzu in diesem Buch, vgl. S. 146 ff) verbietet jede Benachteiligung, auch die wegen des Geschlechts. § 2 AGG nennt den Umfang und den Anwendungsbereich der Benachteiligungsverbote und § 3 AGG benennt dann in Absatz 4 die sexuelle Belästigung als Benachteiligung wegen des Geschlechts. Diese ist nach § 7 AGG verboten. Daraus ergibt sich, dass alle Regelungen, die sich auf das Verbot von Benachteiligung beziehen, für die sexuelle Belästigung gelten. Die europäischen Normen sprechen im selben Sinn von »Diskriminierung«.

Die subjektive Wahrnehmung und die Sicht der Belästigten

Die Einstufung als sexuelle Belästigung ist subjektiv. Das zeigen konkrete Beispiele. So beantwortete ein neuer Personalleiter die Frage seiner Sekretärin, »welche Sekretariatsaufgaben er nicht benötige mit der Bemerkung, ›Frauen brauche er eigentlich nur zum Sex‹. Sie erklärte auf Befragen, dass sie dieser Bemerkung aber keine Bedeutung beigemessen und sie nicht als belästigend empfunden habe.«[7] In einem anderen Fall kam es zu einem Verfahren,[8] in dem es um die sexuellen Belästigungen durch einen Krankenpfleger ging. Vier Krankenpflegeschülerinnen hatten sich beschwert und sagten als Zeugin aus. Eine von ihnen berichtete: »Als ich ein Patientenzimmer aufgrund einer Entlassung säuberte, betrat Herr … dieses Zimmer, um mir bei der Arbeit zu helfen. Als er sah, dass ich bereits fertig war, sagte er: ›Oh, du bist schon fertig! Na ja, Handschuhe habe ich schon an, da fehlt nur die Vaseline und du musst dich bücken!‹« Sie wies ihn zurecht und verließ das Zimmer. Im Verfahren sagte sie aus, dass »sie sich selbst dadurch nicht sexuell belästigt fühlte«, vielleicht, weil sie Schlimmeres von ihm erlebt hatte, wie der Entscheidung zu entnehmen ist.

Sexuelle Belästigung ist kein Kompliment, sondern sie beleidigt die Belästigte.[9] Das Bundesarbeitsgericht (BAG) hat 2011 eine allgemeine und durchaus klare Definition von sexueller Belästigung formuliert:

»Das jeweilige Verhalten muss bewirken oder bezwecken, dass die Würde der betreffenden Person verletzt wird. Relevant ist entweder das Ergebnis oder die Absicht ... Für das ›Bewirken‹ genügt der bloße Eintritt der Belästigung. Gegenteilige Absichten oder Vorstellungen der für dieses Ergebnis aufgrund ihres Verhaltens objektiv verantwortlichen Person spielen keine Rolle ... Auf vorsätzliches Verhalten kommt es nicht an. ... Unmaßgeblich ist, wie er selbst sein Verhalten eingeschätzt und empfunden hat oder verstanden wissen wollte.«[10]

Es kommt also auf die Betroffene selbst an. Sie kann robust im Nehmen sein oder sehr empfindlich – wenn sie sich belästigt fühlt, muss sie geschützt werden. Eine Sanktionierung des Belästigers wird es jedoch nur dann geben, wenn auch bei einer zusätzlichen objektivierten Betrachtungsweise ein ahnungswürdiger Verstoß vorliegt. Aber auch dann, wenn sich die Belästigte nicht belästigt fühlt, kann durch das Verhalten des Belästigers »das Vertrauensverhältnis«, das »hinsichtlich der moralischen Integrität des Ausbilders bestehen muß, durch ein solches Verhalten erschüttert« sein.[11] Es geht, wie gezeigt werden wird, darum, für die Zukunft sexuelle Belästigungen generell zu unterbinden, und darum kommt es nicht auf tolerante oder schüchterne Einzelmeinungen von Belästigten an, auf die sich der Belästiger berufen könnte.

Die wirklichen oder vorgeblichen Absichten und Vorstellungen der Belästiger zählen gegenüber der Verletzung der Würde der Belästigten nicht. Der Belästiger hat zwar die Hoheit über sein Handeln, nicht aber über die Definition seines Handelns. Die Belästigte hat das letzte Wort. Dass es bei Willenserklärungen im Zweifel auf die Sicht der Person ankommt, der gegenüber die Erklärung abgegeben wird (»Empfängerhorizont«), gehört seit über 100 Jahren zu den Regeln des Bürgerlichen Gesetzbuches. Bei Handlungen ist es genauso.

Fünf Studien

Über die subjektive Sicht auf den Tatbestand der sexuellen Belästigung geben eine Reihe von Studien Aufschluss. Für die folgende kurze Übersicht wurden fünf dieser Studien ausgewählt.

Europaweit Gewalt gegen Frauen (2014)

Die Studie der Agentur der Europäischen Union für Grundrechte zum Thema sexuelle Belästigung,[12] bei der 42.000 Frauen in 28 EU-Staaten befragt wurden, benannte auch Gründe, warum die Empfindung von sexueller Belästigung sehr unterschiedlich sein kann, darum steht diese Studie hier am Anfang. Es erscheint kurios, dass nach dem Ergebnis der Studie in Dänemark, Schweden und den Niederlanden am meisten und in Litauen, Rumänien, Polen und Slowenien am wenigsten sexuell belästigt wird. Nach der Studie wurden zum anderen drei von vier (also 75 %) »berufs- oder in Führungspositionen tätigen Frauen« sexuell belästigt, jede vierte von ihnen in den letzten 12 Monaten. Es besteht insbesondere »für berufstätige Frauen in Leitungs- und Führungspositionen«, »Frauen mit Universitätsabschluss und Frauen in den höchsten Berufsgruppen« ein Risiko für sexuelle Belästigung. Das wird so erläutert, dass die »sich in besonders gefährdenden Bereichen« bewegen. Sie arbeiten abends noch vereinzelt im Büro oder fahren auf Dienstreisen.[13] Das Wahrnehmen von Abendterminen gefährdet diese genannte Gruppe besonders. Das Risiko ist abhängig vom Erwerbsmuster, ein Argument für das Nachtarbeitsverbot von Frauen war ja, dass sie nachts nicht auf den Straßen herumlaufen müssen sollten.[14] Nebenbei: Ein Überfall auf dem Nachhauseweg ist ein Arbeitsunfall.[15]

Sie unterliegen einem Dresscode, sollen attraktiv auftreten, Kittel gehören nicht dazu (das ist natürlich keine hinreichende Entschuldigung für Anmache). Es kann aber vor allem sein, dass bei dieser Gruppe die Frage nach erlebter sexueller Belästigung deshalb besonders hoch beantwortet wird, weil berufstätige Frauen besser darüber informiert sind, »wann ein Verhalten als sexuelle Belästigung einzuordnen ist«. Im Vergleich dazu haben in der Berufsgruppe »gelernter ArbeiterInnen« weniger, nämlich 44 % der Frauen sexuelle Belästigung erlebt, was aber wahrlich auch genug ist.

In der Einstufung als sexuelle Belästigung drücken sich also unterschiedliche historische und kulturell geprägte Wahrnehmungen aus. Auch die Unterschiede im Bildungsgrad und der Position in der Gesellschaft kommen hier ins Spiel. Die Studie nennt noch andere Gründe für die so unterschiedlichen Ergebnisse zwischen den Ländern: So kann mehr oder weniger akzeptiert sein, mit anderen Menschen über Erfahrungen von Übergriffen gegen Frauen zu sprechen. Dort wo das jedoch als Privatsache angesehen wird, werden Vorkommnisse auch eher verschwiegen. Auch könnte die Gleichstellung der Geschlechter zu höherer Bereitschaft führen, Fälle von Gewalt gegen Frauen zu berichten. Je gleichgestellter also die Position ist, die sie selbst oder andere Frauen haben, desto wahrscheinlicher fallen ihnen Übergriffe auf und werden benannt.

Womöglich geht es aber auch um Selbstschutz oder die Angst vor Isolation, wenn die Erfahrung sexueller Belästigung verneint wird. Belästigte möchten weder ihren Eltern noch ihrem Ehemann von der Belästigung erzählen.[16] Es scheint einfacher, eine sexuelle Belästigung zu verdrängen oder sie als harmlos einzustufen, als sich einzugestehen, dass die eigene Reaktion nicht so ganz überzeugend gewesen ist. Die Studie fasst zusammen: »Die Forschung hat gezeigt, dass jede Person eine eigene Vorstellung davon hat, was ›sexuelle Belästigung‹ darstellt. Unterschiede in der subjektiven Bedeutung, die Verhalten zugeordnet wird, spiegeln auch vorherrschende gesellschaftliche und kulturelle Werte, Normen und Einstellungen hinsichtlich der Geschlechterrollen und angemessenes Verhalten zwischen den Geschlechtern wider.«

Unter diesem Vorbehalt sind alle Zahlen zu lesen. Es ist nicht immer zu entschlüsseln, warum eine Frau sagt, dass sie sich nicht belästigt fühlt, ob sie das sagt, weil sie Belästigung nicht wahrnimmt, weil sie Übergriffigkeiten gewohnt ist oder die Souveränität ihres Körpers nicht achtet, weil sie ihrer Wahrnehmung nicht traut oder nicht zickig sein mag oder ob sie das angenehm fand, jedenfalls nicht als unangenehm erlebt hat.

Die genannte Studie der EU-Agentur hat dennoch konkrete Verhaltensweisen aufgeführt, die als Indikatoren für sexuelle Belästigung gelten können: Es wurde gefragt, wie oft genannte Beispiele in den letzten zwölf Monaten selbst erlebt wurden.[17]

Die Antworten zur Erhebung führen insbesondere zu folgenden Ergebnissen:

- 33 % der Frauen haben seit ihrem 15. Lebensjahr körperliche und/oder sexuelle Gewalt erfahren. Dies entspricht etwa 62 Millionen Frauen.
- 55 % der Frauen haben irgendeine Form der sexuellen Belästigung erlebt. 32 % der Opfer sexueller Belästigung nannten als TäterInnen Vorgesetzte, Kollegen und Kolleginnen oder Kunden und Kundinnen.
- 67 % meldeten die schwerwiegendsten Gewaltvorfälle innerhalb einer Partnerschaft nicht der Polizei oder einer anderen Organisation.

In der Bundesrepublik wird nach dieser Studie etwas überdurchschnittlich sexuell belästigt.

Bewertung durch Frauen und Männer (1991, Studie des Bundesministers für Jugend, Familie, Frauen und Gesundheit)

Wie eine recht alte, aber weiterhin sehr informative und parteiliche Studie des Bundesministers (das heißt so, auch wenn es Ministerinnen waren) für Familie, Frauen, Gesundheit zeigt, sind sich Männer und Frauen in hohem Maße einig, wenn es um die Bewertung von zufälligen Körperberührungen, unerwünschte Einladungen usw. geht.[18]

Die einzelnen Prozentzahlen sind da nicht so wichtig, auffällig ist nur, wie wenig sie zwischen den Geschlechtern differieren. Frauen neigen fast durchgängig etwas mehr dazu, bestimmte Verhaltensweisen als sexuelle Belästigung zu bestimmen. Nur da, wo sich Frauen zu 100 Prozent ganz sicher ist, dass ein Verhalten sexuelle Belästi-

Tab. 1: Was ist sexuelle Belästigung (in Prozent)

	Männer	Frauen	Erlebt
»Zufällige« Körperberührungen	26	31	70
Anzügliche Witze	40	39	81
Hinterherpfeifen, Anstarren, taxierende Blicke	36	41	84
Pornographische Bilder am Arbeitsplatz	75	71	33
Anzügliche Bemerkungen über Figur und sexuelles Verhalten im Privatleben	79	84	56
Unerwünschte Einladungen mit eindeutiger Absicht	84	90	35
Po-Kneifen oder -Klapsen	82	93	34
Anrufe, Emails oder SMS mit sexuellen Anspielungen	89	95	14
Unerwartetes Berühren der Brust / Genitalien	94	96	22
Androhung beruflicher Nachteile bei sexueller Verweigerung	94	97	5
Versprechen beruflicher Vorteile bei sexuellem Entgegenkommen	94	98	7
Aufforderung zu sexuellem Verkehr	94	100	12
Aufgedrängte Küsse	94	100	15
Zurschaustellen des Genitals	95	100	3
Erzwingen sexueller Handlungen, tätliche Bedrohung	98	100	3

gung ist (Aufforderung zu sexuellem Verkehr, aufgedrängte Küsse, Zurschaustellung des Genitals, Erzwingen sexueller Handlungen, tätliche Bedrohungen), da schwächeln Männer. Ihre Abweichungen bleiben da zwar auch gering, aber doch erstaunlich konstant unter 100 Prozent.

Die Studien der Bundeswehr (2008 und 2011)
Es gab 2008 eine Studie für den Bereich der Bundeswehr,[19] deren Ergebnisse wieder alarmierend waren und für Aufmerksamkeit sorgten (die in den Urteilen geschilderten Beispiele sind oft älter und drastischer).

Tab. 2: Sexuelle Belästigung bei der Bundeswehr 2005 (in Prozent)

	Frauen	Männer
Soldatinnen sind sexistischen Bemerkungen ausgesetzt	> 58,0	< 31,0
manchmal sexistische Bemerkungen	> 18,0	8,5
häufig	9,0	3,0
Unerwünschte körperliche Berührungen	19,0	8,0
Versuchte oder vollzogene sexuelle Übergriffe einschließlich Vergewaltigung und sexuelle Nötigung	4,6	3,6
Wurde nicht bestraft	44,0	
Wurde zu hoch bestraft	3,0	
Wurde zu niedrig bestraft	20,0	

Dieter Deiseroth, seit 2001 Richter am Bundesverwaltungsgerichtshof (BVerwG), fasst sie in einer Urteilsbesprechung[20] so zusammen: Mehr als die Hälfte der Soldatinnen war recht drastischen verbalen sexuellen Belästigungen ausgesetzt, unerwünschten körperlichen Kontakten knapp 20 % und massiven körperlichen Übergriffen knapp 5 %. Auch Soldaten wurden belästigt, auch von Frauen. Der Studie selbst ist zu entnehmen, dass es sich da um eine einzige körperliche Berührung durch eine weibliche Vorgesetzte handelte, es gab aber auch sexualisierte Witze von Frauen. Die Studie selbst fasst die Ergebnisse so zusammen: »Dies könnte ... darauf hindeuten, dass bei sexuellen Übergriffen der Aspekt des Macht- und Hierarchiegefälles mitunter einen größeren Stellenwert hat als der sexuelle Akt an sich.« 75 % der Soldatinnen, die von einer der Kategorien betroffen waren, machten den Vorfall nicht zum Gegenstand einer Meldung oder Strafanzeige. Von denjenigen, die eine Meldung erstatten, merkten 20 %, dass ihrer Beschwerde nicht nachgegangen wurde, und weiter 25 % fanden, dass die Untersuchungen nicht professionell waren.

In einer weiteren Studie der Bundeswehr wurden Daten bis 2011 ausgewertet. Danach wurden 55 % der befragten Frauen sexuell belästigt. 47 % bezogen das auf verbale Belästigungen, 25 % auf das ungewollten Zeigen pornografischer Darstellungen, 24 % auf unerwünschte sexuell bestimmten körperliche Berührungen und 3 % auf sexuellen Missbrauch.

55 % der befragten Soldaten befanden, dass Frauen den körperlich anspruchsvollen Aufgaben nicht gewachsen seien. Die Verteidigungsministerin zog aus den Ergebnissen den verblüffenden Schluss, »dass die Bundeswehr mit der gestarteten Attraktivitätsoffensive auf dem richtigen Weg ist.«[21]

Die Aufregung war seinerzeit groß, verebbte aber schnell, genau wie bei der Studie zu Gewalt gegen Frauen in Europa. Hoffentlich geht dies der neuesten Studie nicht genau so:

Die Studie der Antidiskriminierungsstelle des Bundes (ADS, 2015)
Die ADS hat 2015 eine aktuelle Studie[22] vorgestellt (siehe Tabelle 3, unten auf dieser Seite). Die Fragestellungen waren etwas anders, aber wieder gab es zwischen Frauen und Männern auch unterschiedlich erhebliche Differenzen bei der Einstufung eines Verhaltens als sexuelle Belästigung, und Betriebsräte und Personalverantwortliche (PV) hatten durchgängig einen deutlich sensibleren Blick auf sexuelle Belästigung als Frauen und Männer.[23]

Tab. 3: »Unter sexueller Belästigung verstehe ich ...« (Angaben in Prozent)

	Frauen	Männer	Betriebs-räte	PV in allen Abteilungen	PV in Personalabteilung
Anbringen aufreizender Bilder	72	55	77	79	83
Unerwünschtes Anstarren	67	64	77	79	79
Anzügliche Bemerkungen	74	60	86	85	83
Unerwünschte Berührungen	84	75	90	96	92
Explizite Aufforderungen wie »setz dich auf meinen Schoß«	92	87	94	98	98
Aufforderung zu sexuellen Handlungen	95	90	97	100	98

Die unterschiedliche Einstufung hängt mit der Kenntnis von Gesetzen zusammen, denn die abgefragten Beispiele folgten dem Katalog des § 3 Abs. 4 AGG. Das bedeutet, dass der Gesetzestext alle diese Beispiele als sexuelle Belästigung einstuft, ein beachtlicher Teil der Befragten dies aber nicht tut. Es handelt sich dabei nicht um Grauzonen, sondern um gesetzlich definiertes Unrecht. Dies hat natürlich auch Auswirkungen bei der Beantwortung der Folgefragen, ob nämlich sexuelle Belästigung bereits erlebt worden sei.

Es kann nur gemutmaßt werden, von wie vielen Beschwerden und/oder Gegenwehr diese Unkenntnis abgehalten hat. Das Diskriminierungsverbot nach Beschwerden, von dem nur 2 % der Befragten wussten, ist seit über 30 Jahren gesetzlich verbrieftes Recht, aber in den Betrieben faktisch unbekannt.

Tab. 4: »Selbst erlebt habe ich ...« (Angaben in Prozent)

	Frauen	Männer	Betriebs-räte	PV in allen Abtei-lungen	PV in Perso-nalab-teilung
Zweideutige Kommentare, Witze mit sexuellem Bezug	39	47	49	36	42
Bemerkungen mit sexuellem Inhalt	22	30	39	32	31
Unangemessene Fragen mit sex. Bezug zu Privatleben, Aussehen	28	19	27	16	16
Unerwünschte körperliche Annäherung, Berührung	19	12	24	15	19
Unerwünschte Umarmung, Küssen	13	10	17	11	14
Unerwünschte Emails, SMS, Fotos, Videos mit sex. Bezug	3	12	14	8	17
Unsittlich entblößt	3	3	0	2	2
Nötigung zum Ansehen pornographischen Materials	2	7	8	2	4
Aufforderung zu sexuellen Handlungen			5	3	3

Es gibt Unterschiede[24] in dem, was erlebt worden ist. Dabei ist unklar, ob etwa sexuell unterlegte Witze und Mails mehr eine Sache von Männerrunden ist und körperliche Berührungen nur zwischen einem Mann und einer Frau vorkommt. Wenn gefragt wird, ob eine der im Gesetz genannten Belästigungsformen schon selbst erlebt wurden, dann bejahen das 49% der Frauen und 56% der Männer, aber nur 17% der Frauen und 7% der Männer charakterisierten das auch selbst als sexuelle Belästigung. Die Hälfte der Befragten hat also sexuelle Belästigung schon selbst erlebt, was aber nur sichtbar wird, wenn nach konkreten Handlungen und nicht pauschal nach sexueller Belästigung gefragt wird. Offenbar schrecken viele Befragte vor dieser Wahrnehmung zurück. Bei Männern ist das ausgeprägter als bei Frauen.

Verursacher der sexuellen Belästigung sind bei Frauen und Männern weit überwiegend Männer. Frauen haben sexuelle Belästigung zu 6% von Frauen, aber zu 81% von Männern erlebt, Männer haben sexuelle Belästigung zu 30% von Frauen und zu 39% von Männern erlebt.

Ein sehr großer Rest war nicht zuzuordnen. Diese Antwort könnte damit zusammenhängen, dass Frauen nach einer anderen Studie[25] eher aus einer gemischten Gruppe heraus agieren. Ähnliche Ergebnisse hatten die Werte für beobachtetes Geschehen.[26] Den Ergebnissen[27] zur sozialen Zuordnung der Belästiger wäre näher nachzugehen. (s. Tab. 5/6)

Tab. 5: Verursacher, Beobachtende und Erlebende (Angaben in Prozent)

	Von Frauen beobachtet	Von Männern beobachtet	Von Frauen erlebt	Von Männern erlebt
Verursacherin Frauen	11	3	6	30
Verursacher Männer	67	75	81	39
Nicht zuzuordnen	22	23	14	31

Tab. 6: Wer belästigt? (Angaben in Prozent)

	Frauen	Männer
Kollegium, gleiche Hierarchiestufe	65%	81%
Kollegium, höhere Hierarchiestufe	31%	26%
Vorgesetzte auf höherer Hierarchiestufe	31%	14%

Tab. 7: Von wem ging die Belästigung aus (Mehrfachnennungen mögl., in %)

	Gruppe 1	Gruppe 2	Gruppe 3	Gruppe 4
Vorgesetzte	13	9	13	20
Kollege	16	20	26	21
Untergebene	2	1	1	0
Kunde/Klient	12	11	6	5
Ausbilder	3	2	4	1
Betriebs-/Personalrat	1	1	2	1
Männergruppe	3	5	4	3
Frau	0	1	1	1
Frauengruppe	0	0	0	0
Fremder	6	5	2	2
Sonstige	0	0	1	1

Dass Angehörige einer höherer Hierarchiestufen und Vorgesetzten weniger als Belästiger vorkommen, kann dem schlichten Umstand geschuldet sein, dass diese üblicherweise in geringerer Kopfstärke vertreten sind, es kann sich auch aus flachen Hierarchien erklären. Möglich ist aber auch die Form der sexuellen Belästigung. Wenn ein Kollege gleicher Hierarchiestufe etwa eine obszöne Mail im Kollegium rundverschickt, dann verschiebt das den Anteil innerhalb der Hierarchieebene.[28] Und eine Belästigung durch Mails oder SMS erlebten 13% der Frauen und 38% der Männer, das ist auffällig.

Jedenfalls stimmen diese Werte nicht mit der alten Studie von 1991[29] überein, bei der vier verschiedene Gruppen befragt wurden und Mehrfachnennungen möglich waren, und wo auf gleicher Ebene verhältnismäßig deutlich weniger belästigt wurde. (siehe Tab. 7)

Für die rechtliche Bewertung ist der Unterschied nicht wichtig, auch auf gleicher Ebene darf nicht belästigt werden.

Damit genug. Wer diese Veröffentlichung zur Hand genommen hat, wird sexuelle Belästigung nicht für eine Erfindung von weisen Frauen halten – und wird alarmiert sein darüber, wie sehr die Frauen sexuelle Belästigung mit sich selbst ausmachen.

Was also ist sexuelle Belästigung?
Abgrenzung und Grauzonen

Sexuelle Belästigung ist ein übergriffiger Annäherungsversuch. Natürlich geht es auch um Gewalt. Bei Vergewaltigung,[30] bei verdrehten Armen und dem Zufügen von Schmerzen ist die Situation aber eindeutig, auch die, als der Kommandeur eine Soldatin »im Nachthemd auf dem Weg zur Dusche in der Frauenunterkunft der Kaserne überraschte, sie heftig umarmte und auf den Mund küsste, mit den Händen an Ober- und Unterkörper ›begrabschte‹ und insbesondere an ihr Geschlechtsteil faßte.«[31] Dabei geht es auch um die Ohnmacht wegen körperlicher Unterlegenheit, aber nicht um die Angst vor Fehleinschätzungen. Weil derartige Situationen eindeutig und klar – wenn auch nicht erotisch – sind, werden sie in diesem Buch vernachlässigt. Komplizierter sind mehrdeutige Situationen.

Ganz ausnahmsweise wurde vom Gericht[32] einer belästigten Arbeitnehmerin ein missverständliches – aufforderndes – Verhalten unterstellt, der Bewertung stimme ich nicht zu, aber sie ist auch die Ausnahme einer verfehlten Schuldzuweisung.

Ein Verlassen der Grauzone lässt sich etwa an Verhaltensänderungen und auffälligen Wiederholungen erkennen. »Körperliche Berührungen werden oftmals erst dann zu einer sexuellen Belästigung, wenn gespürt wird, dass der gesuchte Körperkontakt nicht nur zufällig war; von den Örtlichkeiten her unnötig und gewollt distanzlos ist; sich gezielt wiederholt.«[33] Vielleicht kann der Kollege ja wirklich schlecht sehen, wenn er von hinten an den Schreibtisch tritt, um das Geschriebene zu lesen. Aber vielleicht ist es nur eine gute Ausgangsposition für Annäherung und die Grauzone wird verlassen:[34] »Darüber hinaus sagte die Zeugin E. aus, dass der Kläger auch ihr gegenüber körperliche Annäherungen vornahm. Es ist oft vorgekommen – auf Nachfrage durch das Gericht – fast alltäglich, dass der Kläger der Zeugin E. über den Rücken strich. Mit der Zeit nahm die Intensität dieser Berührungen zu. Bei einem Diktat hat die Zeugin den Mund bzw. den Atem des Klägers stark in der Nähe ihres Kopfes gespürt.«[35]

Da hilft es nur, rechtzeitig, öffentlich und endgültig und möglichst gemeinsam den Raum hinter dem eigenen Arbeitsplatz zur Tabuzone zu erklären und anzukündigen, dass Übertretungen als Übergriff gewertet und verfolgt werden sollen. Das gilt dann für Alle und ist sicher einfacher zu formulieren, als im konkreten Einzelfall sich gegen Streicheln und Massieren und viel weiter gehende Übergriffe zu verwahren.

Dabei ist die Situation nicht immer übersichtlich. Der Griff zum Unterarm kann auch eine Dominanzgeste sein, der Griff zum Oberarm hat deutlich sexuelleren Charakter und beim Griff zum Oberschenkel bleiben wenig Zweifel, es sei denn, der Belästiger sagt glaubwürdig, er sei gestolpert.

Anstrengend für Frauen sind die Situationen, die nicht so eindeutig scheinen, Situationen, in denen sie sich eigentlich für die gute Stimmung verantwortlich fühlen und wo sie plötzlich Attacken ausgesetzt sind. Oft stellen sie sich auch dann schützend vor Belästiger, wenn sie durch sein Verhalten geängstigt sind.[36] Sie schweigen oder tun, als ob nichts geschehen wäre, ihr »Nein« sprechen sie nicht aus. In einem hier mehrfach zitierten Urteil[37] fasst das Gericht zusammen: »Er wertet es offenbar als Ermunterung, wenn die Betroffenen nicht schreien, strampeln oder ihm auf andere Weise ›eine Szene‹ machen.« Aber Nein heißt Nein! Und eigentlich muss es richtig heißen: Wenn kein Ja, dann heißt das Nein. Das formuliert das Bundesverwaltungsgericht in einem Verfahren gegen einen Vorgesetzten in der Bundeswehr unmissverständlich: Wer sexuelle Handlungen vornimmt, »ohne sich vorher hinreichend zu vergewissern«, dass der Andere einverstanden ist, »greift in schwerwiegender Weise in dessen Intimsphäre ein.« Das gilt auch für gemeinsame Rangeleien unter mindestens Halbnackten, von denen einer übergriffig agiert und der andere rangelt.[38]

Vielleicht hilft es, das Nein-Sagen in unkomplizierteren Situationen zu üben – etwa wenn beim Einkaufen »ein bisschen mehr« in die Tüte gepackt wird, wenn jemand drängelnd vorgelassen werden will, wenn jemand im Büro wiederholt neckisch die Kekse klaut oder den frischen Kaffee wegtrinkt, wenn überstürzt Überstunden geleistet werden sollen… üben, üben, üben!!

»Von willkommenen persönlichen Beziehungen und Umgangsweisen lässt sich eine ›unerwünschte Verhaltensweise‹ etwa durch die Ein- oder Zweiseitigkeit dieses Verhaltens abgrenzen. Ein ›unverkrampfter Umgangston‹, der ggf. Anspielungen, Witze oder körperliche Berührungen nicht unerwünscht erscheinen ließe, zeichnet sich durch die Gegenseitigkeit seiner Verwendung aus.«[39] Das liest sich aber einfacher, als es in der Wirklichkeit ist, denn sehr viele Frauen haben ausgesagt, dass sie sich auf Anspielungen, Erzählen von sexuellen Erlebnissen und dergleichen eingelassen haben, weil die Atmosphäre es zu verlangen schien.

Frauen wollen »nicht als Außenseiterinnen dastehen, bei einer von ihnen wahrgenommenen Cliquenbildung nicht an den Rand gedrängt werden und es auch mit dem in der Dienststelle einflussreichen Beamten nicht verderben«.[40] Das ist verständlich, denn sie wollen die empfundene Benachteiligung nicht verstärken. Mitmachen ist zunächst immer einfacher. Wer sich aus welchen Gründen auch immer – Unsicherheit zum Beispiel – zunächst auf belästigende Handlungen oder Äußerungen aktiv eingelassen hat, sollte sich also nachweisbar gegenüber dem Belästiger äußern.[41]

Aber ungeachtet aller Subjektivität gibt es Gesetze, die sexuelle Belästigung definieren und Rechtsprechung, die Verhalten auslegt.

Gesetzliche Definition der sexuellen Belästigung

Was eine Belästigung ist, bestimmt § 3 Abs. 3 AGG, der Sonderfall der sexuellen Belästigung ist in § 3 Abs. 4 AGG so definiert:

»Eine sexuelle Belästigung ist eine Benachteiligung in Bezug auf § 2 Abs. 1 Nr. 1 bis 4, wenn ein unerwünschtes, sexuell bestimmtes Verhalten, wozu auch unerwünschte sexuelle Handlungen und Aufforderungen zu diesen, sexuell bestimmte körperliche Berührungen, Bemerkungen sexuellen Inhalts sowie unerwünschtes Zeigen und sichtbares Anbringen von pornographischen Darstellungen gehören, bezweckt oder bewirkt, dass die Würde der betreffenden Person verletzt wird, insbesondere wenn ein von Einschüchterungen, Anfeindungen, Erniedrigungen, Entwürdigungen oder Beleidigungen gekennzeichnetes Umfeld geschaffen wird.«

Gegenüber der Belästigung in § 3 Abs. 3 AGG ist die sexuelle Belästigung schärfer geahndet. Die unterschiedlichen Regelungen zu Belästigung und sexueller Belästigung fußen auf unterschiedlichen europäischen Richtlinien. Die Länder hatten sich jeweils verpflichtet, diese Richtlinien umzusetzen, und durch die Übernahme der Definitionen aus den Richtlinien wird die Herkunft dokumentiert.

Gemeinsam ist beiden Definitionen in § 3 Abs. 3 und 4 AGG, dass durch einen Belästiger ein »feindliches Umfeld« geschaffen wird, wie es das BAG zusammengefasst hat. Das müsse oberhalb einer bloßen Lästigkeitsschwelle liegen.[42] Betont wird vom BAG die weitreichende Bestimmung: »Der Begriff der unerwünschten Verhaltensweise ist umfassend zu verstehen. Er beinhaltet verbale und nonverbale Kommunikation gleichermaßen und kann etwa in Form von Beleidigungen, Verleumdungen, abwertenden Äußerungen, Schmierereien, körperlichen Berührungen oder Gesten zum Ausdruck kommen.«[43]

Dieses feindliche Umfeld ist Belästigung und sexueller Belästigung gemeinsam. Bei der allgemeinen Belästigung genügt in der Regel nicht ein einmaliges Verhalten, bei der sexuellen Belästigung können »auch einmalige sexuell bestimmte Verhaltensweisen den Tatbestand einer sexuellen Belästigung erfüllen.«[44]

Die diskriminierende Benachteiligung ist bei der sexuellen Belästigung sehr weit gefasst und wird regelmäßig bejaht, wenn eine sexuelle Komponente mitspielt. »Entscheidende Kriterien zur Bestimmung eines sexuell bestimmten Verhaltens sind nicht nur vom eigenen Sexualtrieb gesteuerte tätliche Übergriffe, sondern auch visuelle oder verbale Bezugnahmen auf Körperlichkeit und auf Privatheit in einer sexualisierten Form, d. h. mit einer impliziten oder expliziten Anspielung auf die Sexualität insbesondere der konkret konfrontierten Person. Der sexualisierte Charakter eines Verhaltens wird daran deutlich, dass die im dienstlichen Bereich generell vorgegebene psychische und körperliche Grenze zum individuellen Intimbereich überschritten wird und es zu einer Verletzung der (sexuellen) Würde des Beschäftigten kommt.« Bei der Aufzählung handelt es sich nur um Beispiele.[45] Eine sexuelle Belästigung ist niemals gerechtfertigt, kann also insoweit nicht entschuldigt werden.[46] Anders als früher nach § 2 Beschäftigtenschutzgesetz kommt es nicht mehr darauf an, dass die Frau in etwa unklaren Fällen ein belästigendes Verhalten »erkennbar« ablehnt!

Weil die Einstufung als sexuelle Belästigung also subjektiv ist, sind auch die verschiedenen im Internet zugänglichen Studien[47] zum Ausmaß sexueller Belästigung in ihren Ergebnissen uneinheitlich. Doch unbestreitbar bleibt: Sexuelle Belästigung ist keine Ausnahme, sie ist Alltag und kein Ausrutscher.

Beispiele aus der Rechtsprechung

In den Gerichtsurteilen finden sich eine Fülle von Beispielen und Sachverhalten, die als sexuelle Belästigung angesehen werden, wobei hier gewalttätige Übergriffe aufgrund ihres unstrittigen Charakters vernachlässigt wurden. Dabei zeigt sich, dass Gerichte manchmal weniger arglos sind als die Belästigten, die solche Verhaltensweisen auch mal für Zufall oder für einen aggressiven Übergriff halten mögen. Dafür die folgenden Beispiele aus Urteilen:

- Der gängige »Klaps auf den Po« (28 Mal gefunden!) ist immer sexuelle Belästigung;[48]
- die Frage, warum sie denn keinen Minirock anhätte und so auf die Leiter steigt;[49]
- Telefonnummern, mit Azubis gechattet, SMS und Facebook kommuniziert, »des Öfteren an den Armen und am Rücken angefasst« ... »seinen Arm um mich legte oder mir leicht in die Hüfte kniff.« Gleiches gilt für die Schilderungen, wonach der Kläger, wenn er ihr etwas erklärt, immer ganz nah mit seinem Stuhl an sie rückt oder sie an die Hand fasste;[50]
- den Raum nicht zu verlassen, wenn sich zwei Auszubildende dort umziehen müssen;[51]
- Einstellungsgespräch außerhalb der Dienstzeit und außerhalb der Diensträume (in einer Sauna!);[52]
- Fotos – speziell vom Brustbereich, Beine und/oder Po machen oder benutzen;[53]
- Arm um eine Auszubildende legen;[54]

- die Überreichung eines Gutscheinheftes mit pornografischen Darstellungen und Angebot der Einlösung an Kollegin;[55]
- ständig Geschenke überreichen;[56]
- offensichtlich und unverhohlen auf die Brüste starren – wenn die Belästigte mehr beschreibt als eine sehr vage Darstellung;[57]
- Fragen nach dem privaten Geschlechtsleben;[58]
- die allgemein übliche minimale körperliche Distanz nicht wahren und ständig heran drängeln;[59]
- eine Kundin aufzufordern, ihm den Nacken zu massieren.[60]

Wer rassistische, antisemitische und/oder sexistische Mails wissentlich weiterleitet, riskiert den Arbeitsplatz,[61] wird nicht belästigt,[62] sondern belästigt selbst und macht sich u. U. strafbar.[63] Bei Witzen kommt es darauf an. Das LAG Rheinland-Pfalz[64] hielt folgenden Witz für akzeptabel: »Woran erkennt man, dass ein Mann sexuell erregt ist? Er atmet.« Ich finde den Witz auch nicht so männerfeindlich wie der Arbeitgeber, der u. a. damit eine Kündigung begründen wollte.

Keine sexuelle Belästigung ist es, wenn eine Frau einen privaten Brief öffnet, der an eine andere Person gerichtet ist, welchen Inhalt auch immer sie vorfindet.[65]

Keine sexuelle Belästigung ...

Solange eine Liebesbeziehung im Betrieb einvernehmlich gelebt wird, ist es natürlich auch keine sexuelle Belästigung. Das ändert sich erst, wenn die Beziehung beendet wird, dann wird aus gemeinsamer Zärtlichkeit sexuelle Belästigung.[66] Aufgedrängte Beziehungen fallen selbstverständlich nicht unter gemeinsame Beziehungen, auch wenn sie sich als Liebe ausgeben.[67]

Es gibt aber auch Grenzfälle zur Geschmacklosigkeit und die Fälle, in denen ein Kollege reichlich zotige Mails schreibt und die verschiedenen Kolleginnen mit Schwung auf diesen Ton eingehen. Hier könnte frau fragen, was der Kollege eigentlich den ganzen Tag arbeitet, aber sexuelle Belästigung ist das nicht, weil alle Beteiligten einvernehmlich mitmachen.[68] Das gegenseitige Ausleihen von Pornofilmen ist auch keine sexuelle Belästigung.[69] Es ist nämlich bei der Beurtei-

lung einer sexuellen Belästigung »in die Betrachtung mit einzubeziehen, dass die Verhältnisse … von den betroffenen Zeuginnen wie auch
von Dritten als eher locker dargestellt werden, wenn auch in einem
durchaus unverfänglichen, die Grenzen z. B. harmloser Rangeleien
oder nicht ›stubenreiner‹ Witze zwischen Kolleginnen und Kollegen
nicht überschreitenden Umfang.«[70]

Es bleibt der Macho-Seufzer: Was darf Mann noch? Ab Seite 146
dieses Buches ist die Ausbeute an sanktionslosen Entscheidungen dargestellt. Die Antwort auf die Frage, »was Mann noch darf«, ist danach:
Nicht so viel, sobald sexuelle Absicht erkennbar ist.

Wer sind die Belästiger und wie verhalten sie sich?

Wenn etwa jede zweite Frau schon einmal am Arbeitsplatz sexuell belästigt worden ist, heißt das aber nicht, dass jeder zweite Mann Belästiger ist, denn die – in der Regel verheirateten – Männer sind auch Mehrfachbelästiger oder sogar Serienbelästiger, zum Teil über jahrelange Zeiträume, auch mehrere Belästigte gleichzeitig.[71] Es gibt also mehr Belästigte als Belästiger. Spitzenreiter war ein Bataillonskommandeur mit 34 männlichen Belästigten, die jeweils nichts voneinander wussten. Manche Männer schaffen sich ein »sexuelles Umfeld«.[72] Von einem Beamten heißt es in Bezug auf seine Belästigungen: »Im Hinblick auf ihre Vielzahl und Nachhaltigkeit belegten sie jedoch, dass sich der Beamte auf einer ständigen Suche nach sexuellen Gelegenheiten mit Anwärterinnen befunden habe.«[73] Serienbelästiger beschränken sich nicht auf ein Objekt ihrer Aktivitäten, sondern sie wenden das gleiche Verhaltensmuster immer wieder an. Schweigen und Aushalten führt dann dazu, dass dem Belästiger Freiräume für weitere Belästigungen eingeräumt werden.

Wie stereotyp diese Sexualität ist, zeigt sich an der Tatbestandsbeschreibung eines Urteils, wobei sich das Gericht gar nicht mehr die Mühe macht zu differenzieren, welche Untergebene er wohin gepackt hat: »Der Beamte hat im Dienst 9 Mitarbeiterinnen sexuell belästigt. Dies geschah zum einen durch nicht nur zufällige, unabsichtliche körperliche Berührungen, sondern durch bewusst gesuchten körperlichen Kontakt. So hat er den Frauen mehrfach gezielt an die Brust gefasst, hat in ihren Pullover geschaut, hat sie im Nacken, am Arm und Knie gestreichelt und gekitzelt, an der Taille sowie am Oberschenkel berührt. Er hat sie auch wiederholt geküsst und umarmt, bzw. hat versucht, entsprechende Handlungen vorzunehmen. Der Beamte hat die Mitarbeiterinnen zum anderen bewusst durch Bemerkungen sexuellen Inhalts belästigt. Neben geschlechtsbezogenen Äußerungen in Bezug auf Aussehen und Kleidung der Frauen hat er z. B. Fragen nach ihrer Unterwäsche, ihrer ›Periode‹ und ihrer Einstellung zu Intimschmuck gestellt. Ferner wollte er z. B. wissen, ob sie von ihrem Freund sexuell befriedigt würden, wie weit sie sexuell gingen und wo die ›Schmerzgrenze‹ liege.«[74]

Woran erkennt frau Belästiger? Zunächst gar nicht!

Der Belästiger ist kein Monster. Er fällt nicht brutal über Frauen her, sondern er gibt sich freundlich und hilfsbereit[75], um Nähe zu aufzubauen. Er scherzt gerne.

Es gibt durchaus Fälle spontaner sexueller Belästigung, weil die Gelegenheit günstig scheint, aber auch Belästiger, die gezielt und systematisch vorgehen: »Auch die Äußerungen der von der Beklagten angehörten weiteren Mitarbeiterinnen des Klägers zeigten, daß dieser offensichtlich insbesondere auch gegenüber neuen, jüngeren Reiseleiterinnen körperlichen Kontakt oder entsprechende Gelegenheit zu solchem suche. Die Beklagte habe deshalb damit rechnen müssen, daß der Kläger weiterhin bei entsprechenden Gelegenheiten nichts auslassen würde.«[76] In einem wegen der Dreistigkeit und Uneinsichtigkeit des Belästigers hier mehrfach zitierten Urteil[77] heißt es: »Der Beklagte hat gegenüber den betroffenen Zeuginnen massive sexuelle Übergriffe getätigt. Dabei ist der Beklagte gezielt und planmäßig vorgegangen. Mit Ausnahme der Zeugin … aber hat er sich immer junge und unerfahrene Dienstanfängerinnen ausgesucht, die neu in die Abteilung kamen. Über einen längeren Zeitraum hat er ganz gezielt versucht, ein kollegiales Verhältnis aufzubauen. Er hat den jungen Kolleginnen zunächst harmlose Komplimente gemacht, in einer Art, dass die gesellschaftliche Konvention ein ›danke‹ erfordert. In der Folge kam es dann zu gesellschaftlich gerade noch akzeptablen Berührungen, für die der

Beklagte – so die übereinstimmenden Aussagen – amtsbekannt war und denen die Zeuginnen nur schwer ausweichen konnten. Dann wurden die verbalen Äußerungen anzüglicher und gewagter. Sie befassten sich mit der Figur und dem Erscheinungsbild im Allgemeinen (›unmöglich schauen‹, ›verboten ausschauen‹, ›in der Hose sieht man ja alles‹) und gingen dann zu den einzelnen Körperteilen über (›toller Busen‹, ›sexy Po‹ u. ä.). Solche Äußerungen erfolgten über Teletext oder dann, wenn der Beklagte die Zeuginnen allein antraf, sei es im Gang oder im Büro. Letztlich suchte sich der Beklagte gezielt Zeiten und Gelegenheiten aus, in denen er die Zeuginnen alleine antraf (Gang, Büro, Aufzug). Dann kam es zu massiven sexuellen Belästigungen.«[78]

Ausflüchte der Belästiger

Belästiger stellen sich als unschuldig und sehr arglos dar. Etwas Sexuelles beabsichtigten sie niemals – und was sie konkret getan haben, war selbstredend keine Belästigung. Und wenn doch, dann machen das doch alle. Mit dieser Begründung appellierte etwa ein Belästiger, der mit ursächlich für den Selbstmord einer Kollegin war, an die Fürsorgepflicht seines Arbeitgebers. Da ein Drittel der Kolleginnen sich sexuell gemobbt fühle, sei sein Verhalten sozial adäquat gewesen.[79] Das ist ein besonders krasser Fall, aber die Behauptungen sind nicht selten infam, zuweilen eitel und/oder albern:

- Zunächst inszeniert er sich selbst als schuldloses Opfer: »Sie hat mit dem Arsch gewackelt.«[80] Oder: Das ist eine Verschwörung.[81]
- Er wertet die Belästigte ab und scheut sich auch nicht davor, die Belästigte, der er Jahre lang nachgestiegen ist, als verlogene Denunziantin hinzustellen; weil sie doch eine »eher unscheinbare und bieder wirkende Person«[82] sei, hat er sie natürlich nicht belästigt. Das ist eigentlich die infamste Form des Davonlügens, weil es so demütigend ist – wie gesagt, es geht hier nur um Fälle, in denen die Belästigungen nachgewiesen wurden. Oder er weist darauf hin, dass die Belästigte die BILD lese.[83]
- Aber seine Komplimente sind auch nicht immer besser »Hast du zugenommen, bist du schwanger oder hast du dir den Busen aufpumpen lassen?« – war natürlich ein Missverständnis.[84]

- Er wertet sich selbst auf und stellt seine eigene erotische Anziehungskraft positiv dar, er hätte gedacht, die Kolleginnen seien ihrerseits interessiert.[85]
- Dann hat er es natürlich nicht so gemeint und verharmlost sein Verhalten. »Das« (als Vorgesetzter Streicheln an Hals, Arm und Po, unter dem T-Shirt rumgrabschen und viel weiter) hatte doch »keinen sexuellen Hintergrund«[86], er ist einfach so kontaktfreudig und locker.[87] Unter »locker« fällt dann zum Beispiel der Spruch: »ihr Schlampen wollt ja eh bloß ficken«.[88]
- Er redet sich heraus. So wie der Polizist, der von der Polizistin, die zu ihm in das Auto stieg, mit heruntergelassener Hose, erigiertem Penis und bereitgelegten Papiertaschentüchern angetroffen wurde: »Ich wollte mir nur lange Unterhosen anziehen und die Nase putzen.«[89] Oder: Eine Passantin hatte berichtet, sie hätte »mehrfach freitags nach 14:00 Uhr, u. a. auch an diesem Tag gegen 14:40 Uhr, beobachtet, wie sich in einem Fenster der zweiten Etage des Technischen Rathauses eine Person männlichen Geschlechts mit einer Perücke (lange schwarze Haare) in rotem Gewande entblößt und seine Genitalien gezeigt hätte.« Der fragliche Beschäftigte bestritt, »regelmäßig freitags am Fenster seines Büros exhibitionistische Handlungen vorgenommen zu haben. Am 14. Oktober 2005 sei er nicht auf frischer Tat ertappt worden. Er habe sich umgezogen und sei dann eingeschlafen.«[90]
- Er ist motorisch so ungeschickt: Sie hat sich abrupt umgedreht und da hat meine Hand ihre Brust gestreift, völlig unbeabsichtigt und nur für Sekundenbruchteile.[91] Und: Er wird missverstanden, denn wenn er von hinten an ihren Po und von der Seite an ihren Busen greift, dann will er doch nur eine Fluse entfernen.[92]
- Er ist unwissend und niemand sagt ihm etwas oder informiert ihn.[93]
- Alle machen das so, es handelt sich bloß um betrieblich übliches Verhalten.[94]
- Er kann sich (z. B. aus Trunkenheit) an nichts erinnern. [95]

So viel guter Wille, so viele Missverständnisse – so viel Verantwortungslosigkeit für das eigene Tun und seine Folgen.

Eine Reaktion soll besonders dargestellt werden. Der verheiratete 57-jährige Hausmeister einer Kulturhalle mit Zugang zu den Umkleidekabinen von Kindergärten und Schulen hatte auf Facebook mit einer ihm unbekannten Zwölfjährigen Kontakt aufgenommen (die sich als 15-jährig ausgegeben hatte) und sie wiederholt bedrängt, ob sie »arschgefickt« werden wolle. Zu seinem wohlverdienten Pech war es die Nichte seiner Vorgesetzten und die Geschichte endete rasch mit einem Strafbefehl. Im dem Kündigungsschutzverfahren machte er geltend, das Jugendamt müsse eingeschaltet werden, weil die pflichtvergessenen Eltern der Jugendlichen ihr den Zugang zu PCs nicht versperrt hätten. Er verlangte den Schutz des Arbeitgebers vor seiner empörten Vorgesetzten.[96]

In dieser Flut von Ausflüchten gibt es nur zwei Ausnahmen! Ein Belästiger hat in den Hunderten Verfahren, die hier untersucht wurden, die gegen ihn zahlreich erhobenen Vorwürfe »uneingeschränkt« und ohne Ausflüchte eingeräumt und sich – unbeholfen – entschuldigt.[97] Da war Justitia geneigt, die »plumpen und primitiven Belästigungen« mit einer dienstlichen Herabstufung für hinreichend geahndet zu halten, zumal sich der etwas schlichte Mann auch freiwillig einer psychischen Gesprächstherapie unterzogen hatte, was zusätzlich milde stimmte. Ein anderer kam wegen der geäußerten Scham und seines Erschreckens über sich selbst ohne Sanktionen davon.[98]

Was sexuelle Belästiger jedenfalls regelmäßig nicht sagen, ist, dass es Liebe gewesen sei oder zumindest überwältigendes Begehren. Sie sind in der Regel verheiratet.

Wie ist das Verhältnis zwischen Belästigten und Belästiger?

Soziale Hierarchie: Alter und Betriebszugehörigkeit

Die Belästiger sind älter als die Frauen, die sie belästigten, manchmal viel älter.[99] Nicht immer sind die sozialen Daten komplett mitgeteilt, aber in allen genannten Fällen sind die Frauen immer jünger. Das aber nicht nur, weil sie jung und anziehend sind, sondern auch, weil sie unsicherer sind und weil korrespondierend dazu die Betriebszugehörigkeit kürzer ist. In einem Fall ist der Mann seit 1993 beschäftigt und belästigt die seit 2006 befristet Beschäftigte.[100] In einem anderen Fall ist er noch nicht lange beschäftigt, aber die Belästigte ist in ihrer Gegenwehr körperlich gehandicapt, weil sie stumm ist.[101] Am häufigsten kam es vor, dass der Mann zehn Jahre oder länger im Betrieb war, die belästigte Frau jedoch nicht länger als drei Jahre. Dadurch hat der Täter eine relativ gesicherte Stellung im Betrieb und ist gut vernetzt. Das wirkt sich häufig auf Sanktionen durch den Arbeitgeber aus, die bei langjährigen Mitarbeitern eher zurückhaltend sind.

Mit dieser Betriebszugehörigkeit werden die Aktivitäten eines Belästigers auch erklärt: »Andererseits ist nicht zu erklären, daß er ohne Anlass sofort nach Aufnahme des Praktikums auf die nachgewiesenen Belästigungen verfällt. Bei einer langjährigen Mitarbeiterin hätte er sich das wahrscheinlich nicht getraut. Auch diese Ausnutzung des Abhängigkeitsverhältnisses läßt – und zwar für sich und selbständig tragend – den Kündigungsgrund als ›wichtig‹ erscheinen.«[102] Diese Fragestellung spielte eine Rolle, weil fristlos gekündigt worden war und das geht nur aus wichtigem Grund, wie im weiteren Verlauf dieses Buches nachzulesen ist.

Berufliche Hierarchie: Die Sache mit der Macht

Sexualität ist sicherlich mehr als Macht, aber sexuelle Belästigung ist immer eine Art und Weise und ein Ergebnis von Machtausübung. Die Grenzen zum Mobbing sind fließend, manchmal wehren sich Belästigte nicht, weil der Belästiger vielfach mobbt,[103] und sexuelle Belästigung auch durchaus als Mobbingmittel eingesetzt werden kann.[104] Ein Bürgermeister hatte über Jahre Verwaltungsangestellte bei verschiedenen Gelegenheiten an Arm, Bauch, Hals, Hüfte Po, Rücken Schulter und Taille berührt und sich auf ihren Schoß gesetzt. Er wusste, dass sich die Frauen von ihm abhängig fühlten und verstärkte dieses Gefühl noch durch Aussagen wie: »Wer es bei mir verschissen hat, der hat es verschissen«. Das Gericht nahm ihm ab, dass es sich nicht um ein sexuell bestimmtes Verhalten gehandelt hatte: »Dieses Verhalten ist einerseits begünstigt worden ... durch seine Vorgesetzteneigenschaft, kraft derer er in überheblicher Art meinte, auf diese Weise mit seinen Mitarbeiterinnen umgehen zu dürfen. Die Zeuginnen waren somit aus der Sicht des Beamten weniger Zielscheibe und Objekt sexueller Begierde, auch wenn diese selbst eine Vielzahl seiner Annäherungen und Berührungen in dieser Weise auffassten mussten, als vielmehr Opfer seiner Machtausübung.«[105] Der Bewertung als asexueller Disziplinierung nach Gutsherrenart (dass »die körperlichen Berührungen einschließlich des sich »Auf-den-Schoß-setzens« durchaus auch dem Zweck gedient hätten, dem Gebot, private Telefongespräche oder private Unterhaltungen im Vorzimmer des Bürgermeisters zu unterlassen, Nachdruck zu verleihen.«) stimme ich keinesfalls zu, und es machte die Übergriffe auch nicht legitim.

Sexuelle Beziehungen sind aber auch Machtbeziehungen. Viele Frauen sagen: Es geht um die Demonstration von Macht. Das wird in Studien so bestätigt, das zeigt auch die hierarchische Struktur, wie sie in zahllosen Urteilen deutlich wird. Das mag auch damit zusammenhängen, dass belästigte Vorgesetzte unangenehme Situationen durch Anwendung ihrer exklusiven Machtmittel rasch beenden könnten. Belästigte Untergebene können das nicht.

Da belästigt also der Vorgesetzte die Untergebene,[106] speziell der Vorstandsvorsitzende die befristet Beschäftigte,[107] der Küchenchef die Cafémitarbeiterin,[108] der Koch die Küchenhilfe,[109] der Niederlassungsleiter die Sekretärin[110] oder die Assistentin,[111] der Kraftfahrzeugmechaniker die Putzfrau,[112] der Geschäftsführer die Mitarbeiterin[113] oder mehrere Mitarbeiterinnen,[114] der Reiseleiter die Animateurin,[115] der Verwaltungsangestellte die Leiharbeitnehmerin[116] (bei denen kann es aber auch mal der Gärtner[117] sein), der Behördenleiter die Mitarbeiterin,[118] der Steueramtsrat vier Steuerinspektorinnen und eine Steueramtsfrau,[119] der Oberarzt die Assistenzärztin,[120] der Vorarbeiter die Abrufkraft,[121] der Kommissionierer die Auspackerinnen,[122] der Personalleiter die stellvertretende Personalleiterin,[123] der Chef des Personalamtes die Anwärterinnen und Probezeitbeschäftigten,[124] der Einkäufer die Einkaufsassistentin,[125] der Leiter eines Gebäudes die Amtsbotin,[126] das männliche Aufsichtsratsmitglied die Managerin mit einem Jahreseinkommen von 110.000 Euro.[127]

Im öffentlichen Dienst lassen sich aufgrund der verwandten Allgemeinbegriffe (»der Beamte«, »die Mitarbeiterinnen«) die Hierarchien nicht so klar konkretisieren. Die Vorgesetzteneigenschaft wird bei der Strafzumessung erschwerend berücksichtigt, aber nicht immer im Einzelnen benannt. Aber es ist immer die gleiche hierarchische Situation, es belästigt der Beamte die Angestellte,[128] der Dienststellenleiter die Schreibkraft,[129] der Fachvorgesetzte neun junge Mitarbeiterinnen,[130] der Niederlassungsleiter die Posthauptsekretärin und die Postobersekretärin,[131] der Universitätskanzler die Mitarbeiterinnen.[132] Wenn der Lehrer belästigt, dann ist es selten die Kollegin,[133] sondern eher die Schülerin oder der Schüler,[134] auch mehrere[135] oder auch die Referendarin[136] und ausnahmsweise auch mal Schülerinnen und Kolleginnen zugleich. Nicht einmal wird von unten nach oben belästigt. In der Regel trifft alles zusammen zu. Die Belästiger sind älter, länger im Betrieb und haben die bessere Position. Entsprechend sind die Frauen gehandicapt durch mangelnde Erfahrung, durch die ungesicherte Stellung im Betrieb, durch die fehlende Sicherheit in den betrieblichen Strukturen.

Nur ein Belästigter sagte, er habe es aus Liebe getan.[137]

Aber halt: Es gibt einen Ausreißer: Da hat ein Verputzer sich über die Bauleiterin einer anderen Firma geärgert, die ihm Anweisungen geben durfte. Er versuchte offenbar ein soziales Gleichgewicht dadurch herzustellen, dass er sie plötzlich in eine dunkle Ecke drückte und ihr an die Brust fasste.[138]

Einschub: Auszubildende[139] und Praktikantinnen[140] werden von Männern in allen Berufsgruppen belästigt. Das LAG Sachsen[141] vermerkt dazu missbilligend ungewollt zweideutig: »Dies gilt zumal dann, wenn eine Praktikantin einen bestimmten Ausbildungsabschnitt letztlich in seinen Händen verbringt. Er muss sich eben zusammenreißen. Auch wenn die Praktikantinnen jung und hübsch sind, ist doch der Zweck ihres Aufenthaltes derjenige, etwas zu lernen. Nicht geht es darum, den Mitarbeitern des Beklagten Abwechslung zu verschaffen.« Auszubildende werden aus gutem Grund besonders geschützt.[142] Gerade hier kommt es besonders häufig vor, dass ein Belästiger gleich mehrere Auszubildende belästigt[143] – auch mit der dreisten Ausrede des über 50-Jährigen, er habe mit seinen ständigen Tätscheleien erzieherisch einwirken wollen auf die lässig dasitzenden Auszubildenden.[144]

Was nicht tun?
Was nicht ertragen?

Sexuelle Belästigung und ihre Folgen

- Die Folgen von sexueller Belästigung, gefühlter Ohnmacht und Entwürdigung werden in den Urteilen referiert, die nervliche Situation ist extrem angespannt:
- Mehrfach wird Ekel formuliert, ohne dass dies zu den Belästigern vorgedrungen wäre.[145]
- »Sie erlitt einen Nervenzusammenbruch, der mit starken Migräneanfällen, Depressionen, Weinkrämpfen, innerer Unruhe und Schlafstörungen einherging. ... Die Klägerin befindet sich nach wie vor in Behandlung.«[146]
- Sechs Monate war die Arbeitnehmerin P. arbeitsunfähig krankgeschrieben. Laut ärztlicher Stellungnahme der Ärztin war Ursache der Erkrankung »eine schwere akute Belastungsreaktion, die entstanden ist als Folge des Verhaltens ihres Arbeitskollegen.«[147]
- Nach Dauerbelästigung von täglichen SMS durch ihren Zugführer wurde eine Unteroffizierin mehrfach krankgeschrieben und schließlich versetzt.[148]
- Eine Arbeitnehmerin war wegen Depressionen in ambulanter und stationärer psychotherapeutischer Behandlung. Ursache der psychischen Erkrankung waren die sexuellen Übergriffe am Arbeitsplatz.[149]
- Hierher gehört auch die »mass. traumatisierte Pat. nach offensichtlichem Vergewaltigungsversuch.« Die Soldatin hatte das, was als Flirt mit ihrem Oberfeldwebel begann, nicht beenden können.[150]

- »Als Folge seines Verhaltens litt die Zeugin M. unter Magenschmerzen, Schlaflosigkeit und musste sich oft vor der Arbeit übergeben. Sie war deshalb auch des Öfteren arbeitsunfähig.«[151]
- Ihre vom gleichen direkten Vorgesetzten ebenfalls über einen langen Zeitraum zeitgleich grob belästigte Arbeitskollegin fing »nach mehrmonatiger Abstinenz wieder an zu trinken und erlitt am 28.05. … einen alkoholbedingten Zusammenbruch, woraufhin sie ärztlich versorgt wurde. Am 18.06. … erlitt sie erneut einen alkoholbedingten Zusammenbruch. Sie musste einige Tage stationär behandelt werden.«[152]
- Eine belästigte Referendarin musste in psychotherapeutische Notfallbehandlung aufgenommen werden.[153]
- Eine Beamtin wurde in eine begehrte Dienststelle versetzt, weil sie wegen ärztlicher Behandlung (ungewollte Kinderlosigkeit) in der Nähe einer Klinik sein sollte. Vermutlich die Kombination einer unterstellten Bevorzugung und die Phantasie, dass sie dauernd mit ihrem Mann schlafen werde, ließ die Situation eskalieren: »Ferner seien auch massivste sexuelle Fragen oder Aussagen gemacht worden. Hierzu hätten u. a. gehört: ›Hast du gut gefickt?‹ oder ›Du bekommst ihn vorne und hinten reingeschoben‹. Einer der Mitarbeiter habe vor der Klägerin sein Geschlechtsteil entblößt, ein anderes Mal habe er sich von hinten an sie angeschlichen und habe versucht, nach ihren Brüsten zu greifen bzw. dies zumindest angedeutet. ›Ich habe es heut Nacht zweimal gemacht. Wie oft hast Du es gemacht?‹« Es gab eine lange Liste von Beleidigungen und Übergriffen, aber die Geschichte ging nicht gut aus. Die depressive Erkrankung nach dieser zwei Jahre andauernden Belästigung wurde nach langen Krankheitszeiten und erfolglosen Arbeitsversuchen als Dienstunfall anerkannt. Sie war dienstunfähig mit 29 Jahren![154]
- Ein wahres Martyrium hatte auch eine Polizeimeisterin durchmachen müssen. Sie war von Beamtenkollegen sexuell belästigt und mit diskriminierenden Sprüchen belegt worden. Deren Verfahren wurden eingestellt, obwohl benutzte Bezeichnungen sexuell belästigend und gezielt diskriminierend waren »und mit der Pflicht zu respektvollem Verhalten gegenüber Kolleginnen nicht im Ein-

klang« stünden. Aber: »Da dieser Begriff jedoch häufig benutzter Bestandteil des auf der Dienststelle gängigen Sprachvokabulars gewesen sei und offenbar pauschal die vermeintliche dienstliche Bevorzugung von Frauen habe beschreiben sollen, sei sich der Beamte offenbar der Bedeutung und Tragweite seiner Äußerung nicht in vollem Umfang bewusst gewesen, so dass kein schuldhafter Pflichtenverstoß vorliege.« Die Polizeiobermeisterin verzichtete auf weitere Verfolgung und die Information an die Gleichstellungsbeauftragte und entzog sich durch Krankheit, der Psychiater bescheinigte ihr ausdrücklich, »dass bei ihr unter folgenden Voraussetzungen Arbeitsfähigkeit besteht: Es sollte ein kollegiales Arbeitsklima vorhanden sein.« Da ihre Dienstfähigkeit »im bisherigen Umfeld aus medizinischer Sicht nicht möglich« sei, wurde ihre Versetzung »ärztlicherseits befürwortet, da bei erneuter Kontaktaufnahme mit Kollegen, unter denen meine Patientin gelitten hat, ein Rückfall ihrer nervösen Störungen wahrscheinlich würde. Bei Frau G. hat sich eine derartige Aversion aufgrund der von ihr als quälend und erniedrigend erlebten Mobbingsituation gegenüber den dortigen Kollegen aufgebaut, dass ein Kontakt zu dem betroffenen Personenkreis zu einem Rückfall führen würde.« Sie war weiterhin dienstunfähig und verweigerte die Rückkehr in eine Dienststelle, bei der sie mit quälenden Beamten in dienstlichen Kontakt treten musste. Das Polizeipräsidium hielte es »vor dem Hintergrund einer extrem dünn gewordenen Personaldecke« für »nicht länger vertretbar, eine offensichtlich arbeitsfähige Beamtin, deren einziges Handicap darin zu bestehen scheine, in einer bestimmten Behörde aus psychischen Gründen nicht arbeiten zu können, solange nicht zu beschäftigen«, bis sie ordnungsgemäß versetzt werden könnte. Sie war über zwei Jahre dienstunfähig und sollte aus dem Polizeidienst entlassen werden. Und erst dann wehrte sie sich. Und sie bekam Recht: »Es spricht Vieles dafür, dass die Beeinträchtigungen der psychischen Gesundheit im Fall der Klägerin ihre Ursache in den beleidigenden beziehungsweise sexuell belästigenden Äußerungen durch Kollegen der 15. Einsatzhundertschaft sowie den damit verbundenen Weiterungen hatten.«[155]

- In einem Fall erlitt eine Belästigte »einen Nervenzusammenbruch, der mit starken Migräneanfällen, Depressionen, Weinkrämpfen, innerer Unruhe und Schlafstörungen einherging. ... Die Klägerin befindet sich nach wie vor in Behandlung.«[156]
- In einem anderen Fall war eine Belästigte sechs Monate lang arbeitsunfähig krankgeschrieben. Aus der ärztlichen Stellungnahme ging hervor, dass die Ursache der Erkrankung »eine schwere akute Belastungsreaktion ... als Folge des Verhaltens ihres Arbeitskollegen« war.[157]
- Eine andere Belästigte litt »unter Magenschmerzen, Schlaflosigkeit und musste sich oft vor der Arbeit übergeben«, sie war »des Öfteren« arbeitsunfähig.[158]

Stiller Rückzug ist keine Option

Meistens wird die sexuelle Belästigung nicht angeprangert. Der Verwaltungsleiter einer Behörde sprach eine ihm unbekannte dunkelhäutige Putzfrau auf der Treppe an und fragte »im nachgemachten gebrochenen Deutsch«: »Du mit mir in den Keller und bumsen?«, wobei er dabei »eine Hand gehoben und den Daumen zwischen Zeige- und Mittelfinger gesteckt« hat.[159] Der Beamte hatte sich, das sei erwähnt, auf die von ihm vermuteten mangelhaften Deutschkenntnisse der Belästigten – die tatsächlich sehr gut Deutsch sprach – und die schlechte Akustik im Treppenhaus berufen wollen, er habe doch nur nach ihrer Arbeitserlaubnis gefragt. Die Belästigte wurde in ein anderes Reinigungsobjekt versetzt, der Belästiger nur finanziell – durch eine Geldbuße und die Kürzung der Dienstbezüge – bestraft. Die Arbeitskolleginnen hatten den Vorgesetzten informiert. Die Belästigte hatte versucht, eine Bestrafung zu verhindern, sie wolle nicht, dass die Sache irgendwie weiterverfolgt werde. Sie sei ja nur eine »schwarze Putzfrau«; die Frauen hätten sowieso immer Schuld.

Mehrfach haben Soldatinnen wegen der Übergriffe das Feld geräumt und ihre Laufbahn abgebrochen.[160] Eine Kandidatin wurde nach dem Vorstellungsgespräch von ihrem zukünftigen Vorgesetzten derart bedrängt, dass sie ihre Bewerbung zurückzog, obwohl sie die Stelle bekommen hätte. Er sagte, er habe nur ein Vater-Tochter-

Verhältnis gewollt und ihr nur deshalb seine Hilfe unter Hinweis auf seine Vorgesetztenstellung aufgedrängt.[161] Frauen gehen eher, als dass sie ihre Ansprüche auf ein belästigungsfreies Arbeitsverhältnis geltend machen.[162]

Außerhalb des AGG haben sie das Recht auf fristlose Eigenkündigung nach entsprechender erfolgloser Abmahnung und auf Schadensersatzansprüche.[163] Aber sie müssen Acht geben, dass die Vorfälle dokumentiert sind, damit sie nicht noch wegen unberechtigter Aufgabe des Arbeitsplatzes ihre Ansprüche auf Arbeitslosengeld verlieren.[164] Empfohlen wird dieser Weg nicht, wenn sie die Belästigungen beweisen können, sollten sie nach §§ 15 oder besser 14 AGG vorgehen.

Auch beim Ende einer einvernehmlichen Beziehung sind es in der Regel die Frauen, die das Feld räumen. Respekt verdient die Frau, die nach dem Ende der Beziehung mit ihrem Vorgesetzten und ehemaligen Geliebten eine handgreifliche Auseinandersetzung mit diesem begann und, nun von ihm fristlos gekündigt, gegen diese Kündigung klagte – und den Prozess gewann.[165]

Nicht bewährt hat sich ...

- Kommentarlos akzeptieren.[166]
- Sich schämen und deshalb nichts sagen[167] und auch keine Hilfe suchen. Es ist wenig aussichtsreich, eigenen Kolleginnen nichts zu erzählen: »Letztere wurde ebenfalls von dem Beamten belästigt ... ohne daß beide Frauen von den jeweils negativen Erlebnissen der anderen mit dem Beamten wußten. Dabei spielte er die Zeuginnen gegeneinander aus, da er – z.B. in der Kaffeerunde – wechselseitig schlecht über sie redete. Auf diese Weise gelang es ihm schließlich, die Zeugin D von den anderen Mitarbeiterinnen zu isolieren. Sie hat hierzu erklärt, sie habe sich letztlich sehr allein gefühlt. Der Beamte habe immer so getan, als sei er der einzige, der zu ihr halte. Sein Verhalten habe sie sehr belastet. Sie habe es z.B. später nicht mehr ertragen, wenn ihr Mann sie von hinten umarmt habe; sie sei dann immer zusammengezuckt. Häufig habe sie wegen der Vorfälle geweint.«[168]

- Aus Solidarität oder Mitleid schweigen, weil Belästiger abgemahnt war. So betraf es dann schließlich zwei Frauen[169] oder eskalierte.[170]
- In den Zusammenhang der fehlgeleiteten Solidarität gehört die Geschichte einer jungen Praktikantin, die von ihrem Vorgesetzten »erniedrigt, beleidigt und sexuell belästigt wurde«. Die Einzelheiten sollen nicht referiert werden, sie schätzte es so ein, sie sei »so behandelt worden, wie alle andern Frauen und Kolleginnen der Kriminalaußenstelle auch«, eben erniedrigend, beleidigend und belästigend. Einmal war sie mit dem belästigenden Vorgesetzten und dessen Vorgesetzten zum Mittagessen in eine Gaststätte gegangen, wo Alkohol und beleidigende, sexuell gefärbte Sprüche der zwei Männer eskalierten. Bei Gericht wurde sie gefragt, warum sie nicht einfach weggegangen sei und ihre vorgesetzten Kollegen zurückgelassen hätte. »Die Erklärung der Zeugin, daß sie sich verpflichtet gefühlt habe, die beiden angetrunkenen und deshalb für fahruntüchtig erachteten Kollegen noch zur Dienststelle zurückzufahren, vermag – auch in Anbetracht der konkreten Ausbildungssituation – dieses Verhalten durchaus zu erklären ...«[171]
- Aus Angst vor Repressalien nichts sagen, das verlängert Belästigung um Wochen.[172]
- Aus Angst erstarren: »Sie habe sich daraufhin am Schreibtisch ganz klein gemacht und die Arme vor der Brust verschränkt, um sich vor Berührungen zu schützen. Der Beklagte habe dann doch eine Kopfbewegung von der Zeugin ausgenutzt und ihr einen Kuss auf die linke Wange gegeben.«[173]
- Sich durch Verkleiden verstecken: »Zu diesem Unterricht sei sie in einem knielangen Rock mit blickdichter Strumpfhose erschienen. Der Beklagte habe das Zimmer mit den Worten betreten: ›Das ist aber kalt heute, soll ich dir mal an die Brust fassen?‹«[174]
- Den Belästiger zu bitten, mit dem Belästigen doch bitte aufzuhören. Diese Strategie war regelmäßig erfolglos. Bitten passt offenkundig ins Beuteschema und belässt die Macht beim Belästiger. Er sieht Schwäche. In zwei Fällen wurde nach Betteln und/oder Flehen daraus eine Vergewaltigung.[175]

- Eine »lockere« Gesprächssituation und Begrüßungsküsschen usw. mit machen. Hier liegt die Gefahr im »usw.« Die Situation eskalierte bei einem verheirateten Beamten mit ausgeprägtem Selbstbewusstsein so, dass er – unter vielem anderen – die erste Kollegin im Fahrstuhl mit seinem Körper in die Ecke drückte und beischlafähnliche Bewegungen machte, die zweite Kollegin mit Gesten zum Geschlechtsverkehr aufforderte und sie später ebenfalls mit seinem Körper an der Wand festhielt und sich an ihr abrieb und noch später ihr den Fuß von hinten zwischen die Oberschenkel steckte, als sie vor einem Regal in der Hocke war und seinen Fußspann von der Scheide bis zum After an ihrem Genitalbereich abrieb, bei der dritten legte er beide Hände um den Hals und gab ihr einen Zungenkuss. Der Beamte verstand die ganze Aufregung nicht, es sei ein lockerer Umgangston gewesen, das sei alles »ohne sexuellen Hintergrund gewesen, … nur im Rahmen einer scherzhaften Auseinandersetzung.«[176]
- Durch »Mitmachen« bei den verbalen Äußerungen etwa durch schlagfertige Antworten sich schützen wollen.[177]
- Sich zu sicher sein und zu glauben, dass die Situation alleine beherrschbar ist, und den Spagat versuchen zwischen nicht brüskieren wollen und Abwehr. Eine Belästigte fand seine Hände plötzlich auf den Oberschenkeln, unter ihrem Slip, manipulierend an ihrem Genital, am Knöpfe öffnen der Bluse, am Streicheln der Brustwarzen, während sie das Auto fuhr und nur mit einer Hand Widerstand leisten konnte.[178]

Was tun?
Die Belästigten selbst –
rat- und hilflos?[179]

Das Überraschungsmoment beim Sekundensex

Natürlich gibt es kein Patentrezept. Jede Situation ist anders, jede Frau hat einen anderen Stil. Und häufig erwischt frau die Belästigung völlig unvorbereitet. »Die Berührungen geschahen immer blitzschnell und waren niemals zufällig, sondern absichtlich und zielgerichtet. Wegen der Schnelligkeit und der Kürze der Berührungen war es ihr nicht möglich auszuweichen.« So fasste ein Gericht den Ablauf zusammen.[180]

Gegenwehr ist schwer. Auffällig oft wird in den Tathergängen beschrieben, dass der Belästiger »von hinten« gekommen sei, dass die Belästigten also gar nicht gleich sehen konnten, wer da belästigte.[181] Da ist mehr Erschrecken als Sex. »Sie hörte Schritte hinter sich. Plötzlich streckten sich zwei Hände zwischen beiden Oberarmen und ihrem Oberkörper zu ihren Brustwarzen und zwirbelten sie mittels Daumen und Zeigefinger. Sie erschrak und stellte fest, daß es der Beamte war, der danach ohne ein Wort zu sagen weiterging. Von da ab nahm sie sich vor, besser aufzupassen und ihm nach Möglichkeit aus dem Weg zu gehen. Eine dienstliche Meldung unterließ sie, weil sie sich schämte, sich vor den dienstlichen Folgen einer solchen Meldung fürchtete und hoffte, er werde selbst einsehen, daß er das nicht machen könne.«[182] Das klappte nicht.

Auf den Fluren oder im Fahrstuhl erlebten 35 % der Frauen und 26 % der Männer sexuelle Belästigungen,[183] der Fahrstuhl erscheint ein geeigneter Ort für Sekundensex. Jedenfalls ist es in verschiedenen Verfahren so oder ähnlich vorgekommen, was der Vorgesetzte der beiden in einer Stellungnahme an den Belästiger wie folgt beschrieb: »Sie stiegen zu der Zeugin in den Aufzug des Gebäudes. Ohne dass die Zeugin hierzu Anlass gegeben hätte, drängten Sie die Zeugin mittels Ihres Körpers in die hintere Ecke der Liftkabine und drückten sich gegen sie. Die Zeugin hatte keinerlei Möglichkeit auszuweichen und wurde durch Ihr Gewicht in der Ecke der Liftkabine festgehalten. Anschließend führten Sie am Körper der Zeugin reibende, beischlafähnliche Bewegungen im Bereich des Unterleibs und der Oberschenkel aus. Ihnen war hierbei bewusst, dass die Zeugin mit der Durchführung derartiger sexueller Handlungen nicht einverstanden war, sondern sich diese lediglich gefallen lassen musste, da sie nicht ausweichen konnte, weil Sie sie mit Ihrem Körper in der Ecke des Lifts festhielten. Der gesamte Vorfall dauerte ca. 7 Sekunden. Als der Lift anhielt, ließen Sie von der Zeugin ab.«[184] Der gleiche Belästiger schob eine andere Untergebene »mit aufgeblähtem Oberkörper ohne Zuhilfenahme der Arme in eine Ecke des Aufzugs. Der Beamte drückte seinen Leib immer wieder an die Oberschenkel der ca. 12 cm größeren POMin R. und bewegte sich mit begattungsähnlichen Bewegungen hin und her. Der Vorgang dauerte ca. 5 bis 7 Sekunden.«[185] Körperlich ist hier nicht viel passiert, keine Schrammen, kein Blut. Aber das Gefühl der massiven Unterlegenheit und der Scham wird die Belästigte noch lange begleiten.

Besonders dreist hat sich dabei ein Vorarbeiter benommen, der sich von hinten an die seit kurzem befristet beschäftigte Abrufkraft schlich, die tief über eine Tiefkühltruhe gebeugt stand, aus der sie Ware entnehmen musste, und der dann von hinten ganz nah an sie herantrat und sie – unter dem Gelächter der Kolleginnen (!) – nah mit seinem Becken direkt berührte.[186] Zwangshaltung und Überrumpelung, da will frau nicht auch noch vorgehalten kriegen, sie habe nicht toll reagiert!

»Schlagfertigkeit ist etwas, worauf man erst 24 Stunden später kommt.«
(Mark Twain)

Es ist schwer, richtig, sofort und vor allem schlagfertig auf sexuelle Belästigung zu reagieren, weil mit fremden Händen am eigenen Po schlecht witzeln ist. Der Mitarbeiterin, die auf der Pflegestation während des Ausschöpfens heißer Suppe belästigt wird,[187] möchte man zurufen, die Situation zu nutzen und dem Belästiger die Suppe in den Schritt zu schütten. Auch wenn die Vorstellung entzücken mag, scheint uns das eher in der Theorie komisch, nicht aber auf einer Pflegestation.

Was tun? Schwierigkeiten bei Machtmissbrauch

Wie sich verhalten? »Mitarbeiter können sich gegen unangemessene Bemerkungen und Verhaltensweisen des Dienststellenleiters im sexuellen Bereich nur schwer zu Wehr setzen. Erfahrungsgemäß muss eine erhebliche Hemmschwelle überwunden werden, bis es überhaupt zu diesbezüglichen Beschwerden kommt. Gerade deshalb ist von einem Beamten in dieser Stellung äußerste Zurückhaltung zu fordern, auch dann, wenn er pflichtgemäß auf bestehende Beschwerdemöglichkeiten hinweist.«[188] Gerichte verstehen das Verhalten von Belästigten offenkundig oft besser als sie selbst.

Gegenwehr gegen Machtgebrauch und Machtmissbrauch ist immer schwierig und sexuelle Belästigung ist eine besondere Form von Machtausübung, auch ein Missbrauch von Sexualität zu Machtzwecken. Auch wenn es um eine ungerechtfertigte Zurechtweisung geht, um die willkürliche Urlaubsverweigerung, wenn frau das Wort abgeschnitten wird, ihrem Verhalten oder Sprechen mit Spott begegnet wird, ist es schwer, souverän zu reagieren. Insoweit verbirgt sich hinter der Frage »Was tun« die allgemeine Frage, wie mit Macht umzugehen ist. Hier gelten oft die die gleichen Strategien – und daran muss sich die Belästigte erinnern, wenn ihr im Moment nichts einfällt.

Frauen können nicht einfach weggehen (sollen sie auch nicht), wenn sie sexuell belästigt werden, schließlich verdienen sie am Arbeitsplatz ihr Geld. Frau weiß, sie wird den Belästiger immer wieder sehen. Das gilt nicht im gleichen Maß bei Belästigung durch Betriebsfremde (Käufer, Kneipenbesucher, Kunden), aber auch da kann es heikle Höflichkeiten geben.

Kann sich frau nur falsch verhalten?

Wenn sie...	*Dann...*
tut als wäre nichts und den Täter ignoriert,	will sie nicht als überempfindlich gelten und meint, sie könne sich so still entziehen.
sich schämt,	schützt das den Belästiger vor Aufdeckung und alle denken, sie wären die Einzige gewesen.
sich wehrt,	isoliert sie sich und gilt als Männerfeindin. Scham und Kritik werden lächerlich gemacht.
Bestrafung fordert und Verbündete sucht,	gilt sie als Nestbeschmutzerin, die stört. Der Belästiger wird zum Opfer.
denkt, sie sei selbst schuld, weil der Rock zu kurz war,	kann sie Verdächtigungen nur entgehen, wenn sie eine Burka trägt.
nicht um sich schlägt,	gilt die Einsicht in die eigene körperliche Unterlegenheit als sexuelles Einverständnis.
über ihre Reaktionen nachsinnt,	ärgert sie sich über sich selbst, dass ihr nichts Schlagfertiges eingefallen ist und denkt, die Gelegenheit zur Abwehr sei verpasst.
den Täter schont,	übernimmt sie die Verantwortung für das Klima. Sie verbleibt lieber in unangenehmer Situation, als anderen Angst zu machen.
die Aggression gegen sich wendet,	untergräbt das Erlebnis von Ohnmacht ihr Sicherheitsgefühl. Sie kann daran krank werden.
sich einlässt nicht aus Neigung, sondern aus Angst,	wird sie den Schaden tragen, wenn es vorbei ist. Der Betriebsklatsch isoliert sie, nicht ihn.
sich einreden lässt, dass sie freundliche Komplimente missverstanden hat,	wird nicht nur ihre körperliche Integrität, sondern auch ihr Wahrnehmungsvermögen missachtet.
nicht merkt, dass er doch angetrunken ist,	soll nicht der Saufbold und Belästiger schuld sein, sondern sie.
sie ihn outet, wann es ihr passt,	wird ihr fehlende Rücksicht auf die Psyche des Belästigers vorgeworfen.

 ALSO: kann sie ganz ungeniert machen, was ihr als geeignet erscheint, früher oder später.

Übrigens: Wenn Männer belästigt werden, dann fällt ihnen auch nicht immer etwas ein. Da gibt es das Beispiel von einem Dienstvorgesetzten bei der Bundeswehr, der nachts durch die Kojen schlich und unvermittelt »mit der Hand, jeweils durch den Vorhang ihrer Koje unter die Bettdecke in den Genitalbereich, an den Oberschenkel oder ans Gesäß« griff. Die Soldaten blieben ruhig liegen.[189] In einem anderen Fall versteckten sich zwei Wehrpflichtige vor den Nachstellungen ihres Vorgesetzten im Gebüsch, später auf der Rückfahrt belästigte der Hauptfeldwebel sie auf der Rückbank, in Anwesenheit des Bataillonskommandeurs, was die Wehrpflichtigen ohne Aufheben hinnahmen.[190] Bei einer anderen Busfahrt ertrug ein anderer Soldat »die Manipulation an seinem Geschlechtsteil schweigend …, um kein Aufsehen im Bus bei den übrigen Teilnehmern zu erregen«.[191] Ein Reservist, dem ein Soldat »mit fürsorglich klingenden Worten« eine Schlafgelegenheit angeboten und ihn so in sein Bett gelotst hatte, verhielt sich »aus Angst abwartend, weil er eine vergleichbare Situation noch nicht erlebt hatte«, er verschwand erst dann aus Bett und Zimmer, als der vorgeblich freundliche Gastgeber, dem betrunken kotzenden Mann Finger in den After steckte und sich an seinem Glied zu schaffen machte.[192] Die Beispiele zeigen: Frauen und Männer reagieren ähnlich defensiv auf sexuelle Belästigung. Da muss sich frau nicht genieren!

Was tun:
Wehren schadet frau nicht – Warum nicht ausprobieren?!

Manchmal wird die These vertreten, es sei hilfreich, wenn frau so tut, als ginge sie auf die Angebote ein, um den Belästiger in Sicherheit zu wiegen und ihn dann in die Flucht zu schlagen. Diese Taktik ist riskant – was ist, wenn der Belästiger meint, er müsse nun seine Männlichkeit mit Gewalt beweisen? Dies lässt folgender Sachverhalt befürchten: Zwei BGS-Beamte standen mit einer Beamtin auf dem Flur. »Als der Beamte zu seinen Kollegen hinzutrat, bemerkte er, er freue sich schon auf das Ende des Einsatzes, denn er sei schon wieder ›rattig‹. Die Zeugin T., die er dabei ansah und die den Begriff als ›sexuell interessiert‹ einzuordnen wusste, wollte sich in der Männerwelt ihrer BGS-Einheit, in der es außer ihr damals nur noch zwei weitere Beamtinnen gab, nicht zimperlich zeigen und den Beamten dadurch mundtot machen, dass sie ihm antwortete, sie hätte ›es‹ schon gehabt. Weiter sagte sie zu ihm, dass er sich Sex mit ihr nicht leisten könne, da Sex mit ihr teuer sei und 100 DM pro Viertelstunde kosten würde. Die umstehenden Gruppenmitglieder – auch die Zeugin T. – brachen darauf in lautes Gelächter aus. Nur der Beamte fühlte sich bloßgestellt und ärgerte sich darüber, dass die Zeugin einen Scherz auf seine Kosten gemacht hatte. Später trennte sich die Gruppe und alle begaben sich jeweils auf ihr Zimmer, um ihre Sachen auszupacken. Der Beamte betrat wenig später das Zimmer der Zeugin T., die noch mit Einräumen beschäftigt war und gerade ihr Bett bezog. Er baute sich ca. eineinhalb Meter vor ihr auf, hielt einen 200-DM-Schein im Rücken, zog diesen hervor und sagte: ›Ich hätte gern für 200 DM‹. Dann steckte er der Zeugin den Geldschein in den Ausschnitt ihres Mehrzweckanzuges, unter dem sie noch ein hoch geschlossenes T-Shirt trug. Als die Zeugin das Geld zu Boden warf, ergriff der Beamte ihre Schultern mit seinen Händen und drückte die Zeugin der Länge nach auf ihr Bett, so dass nur noch eines ihrer Beine auf dem Boden verblieb. Anschließend setzte sich der ca. 90 kg schwere Beamte auf ihre Oberschenkel, fixierte mit einem Knie ihren linken Arm und versuchte, ihren noch freien rechten festzuhalten. Die Zeugin forderte ihn auf, sofort von ihr herunter zu steigen und sie in Ruhe zu lassen, was der Beamte aber nicht tat. Vielmehr demonstrierte er ihr seine körperliche Überlegenheit, indem er ihr ins Gesicht blies. Darauf wiederholte die Zeugin – lauter werdend – ihre Aufforderung und schrie ihn an, dass er ihr wehtue. Nun ließ der Beamte von der Zeugin ab, nahm den Geldschein wieder an sich und verließ den Raum.«[193]

Was tun: Übungsvorschläge

Hier ein paar Ratschläge zum Re-Agieren in weniger exponierten Situationen: Das Ziel ist, die Situation unerotisch zu machen, sich gegen Machtmissbrauch zu wehren und sich durch die sexuellen Ausschmückungen und Attitüden nicht irritieren zu lassen. Und wenn der Mann sagt, er habe das doch nicht sexuell gemeint, kann frau immer noch sagen, sie habe das ja auch nicht so verstehen können.

Die Situation muss möglichst jeder Sexualität entkleidet werden und so der männliche Kaiser plötzlich und unerwartet ohne Kleider dastehen. Eine beherzte Dosis Lautstärke, ein unerwartetes Quäntchen Ironie, ein Spritzer Mütterlichkeit, eine Prise gelangweiltes Erstaunen, ein wenig geheuchelte Naivität, eine Handvoll Blickkontakt mit anderen, eine Spur Lächerlichkeit, ein Schuss Improvisation ergeben eine wundervolle, der Belästigten bekömmliche Mischung. Wenn eine Zutat fehlt, ist das egal, auch anderen Belästigten gelang das nicht im ersten Versuch, da hilft wieder nur üben, üben, üben.

Aktion	Reaktion
»Versehentliches« Tätscheln	Laut: du hast mich versehentlich getätschelt
Grenzwertiger Witz	Und was genau, bitte, ist daran jetzt komisch?
Dicht randrängen	Oh Entschuldigung, ich will dir auf keinen Fall zu nahe kommen.
In den Ausschnitt starren	Hast du ein Problem mit deinen Augen?
Ständiges Umarmen	Was ist mit deinem Deo?
Doofe Komplimente	Ich würde dir Komplimente ja gerne zurückgeben.
Von Erfolgen bei anderen Frauen erzählen	Da bin ich aber nicht mit gemeint.
Pfeifen	Kannst du auch die zweite Strophe?
Unangebrachte intime Fragen	Davon verstehst du noch nichts.
Türe von innen verschließen	Ich bin im Klimakterium und brauche Frischluft.
Näherrücken beim Zeigen von Dienstlichem	Findest du es nicht ein bisschen eng?
Hand auf das Knie legen	Ist das etwa deine Hand auf meinem Knie?
Taxierende Blicke	Na, was Neues entdeckt?
Mit beiden Händen die Brust umfassen	Du solltest dir mal die Nägel schneiden.
Alberne Koseworte	Meinst du das persönlich?
Ständige Anzüglichkeiten	Ich bin zum Arbeiten hier. Du nicht?

In Ratgebern wird auch empfohlen, sich einen platten Spruch zu Recht zu legen und den gnadenlos anzuwenden. Meine Favoriten sind: »Es ist noch kein Meister vom Himmel gefallen«, »Müßiggang ist aller Laster Anfang«, oder, weniger anzüglich: »Der Vogel frisst den frühen Wurm«. Und wenn dann gefragt wird, was das jetzt solle: »Da denk mal drüber nach«. Es kann auch jeder andere abwegige Spruch sein. Sexuelle Belästigung ist schließlich auch abwegig, und frau muss dann nicht improvisieren. Reaktionen aus dem nichtsexuellen Bereich können hilfreich gegen Sprachlosigkeit sein.

Der Instrumentenkoffer des AGG

Außerhalb des Arbeitsverhältnisses kein AGG

Belästiger können außerhalb des Arbeitsverhältnisses auch Bewährungshelfer,[194] Briefträger,[195] Polizisten,[196] Reiseleiter,[197] Schaffner,[198] Taxifahrer,[199] Verkäufer[200] und Wirte[201] sein. Je nach Situation wird es schwerer oder einfacher sein, sich zu wehren.

Auch bei Ärzten,[202] Klinikbeschäftigten,[203] Logopäden und Masseuren[204] und Therapeuten[205] gibt es – strafbare – sexuelle Belästigung. Sexuelle Beziehungen mit Patientinnen sind ein Kündigungsgrund auch bei unterstelltem Einvernehmen.[206] Die Abwehr sexueller Belästigung durch einen Therapeuten ist nicht leichter als am Arbeitsplatz, weil in der Regel zuvor Abhängigkeiten geschaffen wurden, die in einem Fall mit der schamlosen Erklärung begründet wurde, aufgezwungene Sexualität diene dem therapeutischen Zweck der Selbstbehauptung.[207] Entsprechende Verfahren enden übrigens – das zeigen die oben zitierten Entscheidungen – in der Regel mit dem Entzug der Approbation.[208]

Dies sollen nur Hinweise zu einschlägigen Entscheidungen sein. In diesen Fällen ist das AGG wirkungslos, weil es auf das Arbeitsverhältnis bezogen ist, denn das Benachteiligungsverbot des § 19 AGG für zivilrechtliche Benachteiligung außerhalb des Arbeitsverhältnisses greift nicht.

Innerhalb des Arbeitsverhältnisses:
Geringe Kenntnis der eigenen Rechte

Die ADS-Studie 2015 hat nicht nur nach Erfahrungen mit sexueller Belästigung gefragt, sondern auch danach, wie Belästigte sich verhal-

Tab. 8: Wenn ich belästigt werde, ist es mein Recht...

Arbeitgeber, Vorgesetzte oder andere im Betrieb zu informieren und mich zu beschweren	50%
Mich auch gerichtlich zur Wehr zu setzen und auf Schadensersatz oder Entschädigung klagen	49%
Vom Arbeitgeber zu verlangen, notwendige Maßnahmen zu ergreifen, um mich vor sexueller Belästigung zu schützen	19%
Mich unmittelbar zur Wehr zu setzen (verbal, körperlich)	9%
Meine Arbeit einzustellen, wenn mein Arbeitgeber keine oder ungeeignete Maßnahmen ergreift	2%
Es dürfen mir keine Nachteile entstehen, wenn ich gegen Belästigung vorgehe	2%

ten können. Gefragt nach den Rechten, die Einzelne nach dem Gesetz bei sexueller Belästigung haben, ergaben sich folgende Antworten:[209]

Diese Unkenntnis ist das alarmierende Ergebnis der Studie!

Im weiteren Verlauf dieses Textes wird belegt werden, dass alle diese oben genannten Möglichkeiten seit knapp zehn Jahren nach dem AGG geltendes Recht sind, gleichartige Regelungen gab es aber schon lange vorher.

Sinn, Geltungsbereich und Fristen

Das AGG soll Belästigungen unterbinden. Sexualität stört betriebliche Abläufe. Es wird in einschlägigen Zeitschriften immer schwadroniert, dass ein Flirt die Arbeitsmotivation hebe, empirisch ist das aber nicht belegt – sexuelle Belästigung ist sowieso einseitig und damit flirtfrei.

Das AGG ist auf Vermeidung ausgerichtet. Es geht nicht um Bestrafung. Dass als Sanktion auch Geld fließen kann, ändert daran nichts, das ist ein Fall für normales Zivilrecht, nicht Strafrecht.

Das AGG gilt für alle ArbeitnehmerInnen, die zur Berufsbildung Beschäftigten, arbeitnehmerähnliche Personen und BewerberInnen auch nachwirkend (§ 6 Ab. 1 AGG). Dass BewerberInnen einbezogen werden, ist vernünftig, denn diese sind besonders schutzlos.[210] Es gilt auch im öffentlichen Dienst.[211]

Wichtig ist, dass sehr knappe Fristen einzuhalten sind. Ansprüche nach dem AGG auf Beseitigung der Beeinträchtigung bzw. deren Unterlassung und Geltendmachung von Schadensersatz sind innerhalb von zwei Monaten (§§ 15 Abs. 4, 21 Abs. 5 AGG) oder durch Klage (§ 167 ZPO) geltend zu machen. Das ist die wichtigste Regelung. Das kann sehr knapp werden, wenn eine Belästigte sich zunächst unschlüssig ist, wie sie sich verhalten soll.

Nähere Hinweise zu den Fristen und Rechten aus dem AGG finden sich auf den Seiten 119 ff in dieses Buches.

Was tun: Das Beschwerderecht (§ 13 AGG)

Zunächst kann sich die Belästigte beschweren und darf deswegen nicht benachteiligt werden (§§ 13 iVm 16 AGG).

Wo die richtige Anlaufadresse ist, muss der Arbeitgeber bekannt machen (§ 21 Abs. 5 AGG).

Auch § 612a BGB verbietet die Benachteiligung wegen einer Beschwerde, das ist ein allgemeiner Gedanke, dass aus einer Beschwerde kein Nachteil erwachsen darf und eine Frage der politischen Kultur.[212] Aber mit der Beschwerde hat sie für ihre Behauptungen auch den Schutz des AGG (siehe § 16 AGG), und § 16 Abs. 1 S. 2 AGG schützt ausdrücklich ebenso diejenigen, die der Belästigten beispringen.

Sie darf wegen ihrer Beschwerde nicht versetzt werden, wenn es etwa um eine Trennung vom Belästiger geht.

Wenn die Form der Beschwerde in einer Betriebsvereinbarung geregelt ist,[213] dann sollte diese Form auch eingehalten werden, gesetzliche Vorgaben gibt es da nicht. Bei anonymen Beschwerden hat die Belästigte keine Kontrolle über den Fortgang des Verfahrens und vermutlich wird der Belästiger sowieso rekonstruieren können, wer sich da beschwert hat.

Auf die Position des Belästigers kommt es dabei nicht an, nach dem Gesetzeswortlaut kann es der Arbeitgeber, der Vorgesetzte, der Kollege oder eine andere Person sein. Als Dritte (»andere Person«) im Sinne des Gesetzes kommen alle in Frage, die berufsbedingten Zugang zur Belästigten haben, also auch Auffüller, Fensterputzer, Geschäftspartner – hier wird der Arbeitgeber mit dem Abbruch der

Geschäftsbeziehungen drohen müssen,[214] Handwerker,[215] Kunden, Lieferanten und Zusteller. Vor allem aber: das Beschwerderecht entsteht, sobald sich die Beschäftigte belästigt fühlt, sie muss das nicht vorab juristisch durchprüfen.

Die Beschwerde selbst ist nun nicht so effektiv, denn dem Gesetz ist Genüge getan, wenn der Arbeitgeber der Belästigten mitteilt, dass er ihre Beschwerde geprüft und verworfen hat – mit der Maßgabe, dass er sie später nicht benachteiligen darf, auch wenn er der Beschwerde nicht abhilft. Auch das Betriebsverfassungsrecht kennt ein Beschwerderecht, zunächst das eher folgenlose aus § 84 BetrVG, das dem Beschwerderecht hier vergleichbar ist, das aber diesen nachwirkenden Schutz bei einer erfolglosen Beschwerde nicht formuliert. § 85 BetrVG, das weitergehende Beschwerderecht, gibt mehr Rechte, weil der Betriebsrat ihr helfen und auch über die Einigungsstelle externe Kompetenz zu Hilfe holen kann (für den öffentlichen Dienst § 68 Nr. 3 BPersVG bzw. die Gesetze der Länder). Nähere Hinweise zur Beschwerdestelle auf Seite 120 f dieses Buches.

Was tun: Die Arbeit einstellen – Das Leistungsverweigerungsrecht (§ 14 AGG)

Im Arbeitsrecht kann die Arbeit immer eingestellt werden, wenn die Arbeitsbedingungen nicht zumutbar sind (§ 273 BGB).

Voraussetzung der Arbeitseinstellung nach § 14 AGG ist, dass die Belästigte den Arbeitgeber nachweisbar auf die Belästigung hingewiesen hat. Wenn der dann nichts oder nichts Erfolgsversprechendes tut, kann nach § 14 AGG die Belästigte die Arbeit einstellen und sie behält ihren Anspruch auf Entgelt. Hier geht es also nicht um eine unmittelbare Reaktion auf einen erstmaligen Vorfall. Aber die Leistungsverweigerung sollte nicht ohne Rechtsrat riskiert werden, denn die Grenze zur Arbeitsverweigerung ist schmal. Es wird auch dringlich davon abgeraten, mit Fristsetzungen und Ultimaten schriftlich die Auseinandersetzung zu betreiben, denn das kann schnell eskalieren.[216]

Das Ergebnis der angemahnten Arbeitgebermaßnahmen muss das belästigungsfreie Arbeitsverhältnis sein und die Leistungsverweigerung muss erforderlich sein, um dieses bei Untätigkeit des Arbeitgebers zu erreichen. Das bedeutet auch, dass dieses Recht gegebenenfalls nicht sofort durchgesetzt werden muss, wenn z. B. ein Handelsvertreter sexuell belästigt hat, der erst im nächsten Frühjahr wieder vorbeikommen wird. Nähere Hinweise auf Seite 121 dieses Buches.

Was tun: Entschädigung und Schmerzensgeld (§ 15 AGG)

Die Belästigte kann finanzielle Genugtuung verlangen (§ 15 AGG), hier wird unterschieden zwischen Schadensersatz wegen eines Vermögensschadens (Abs. 1) und wegen einer Entschädigung (Abs. 2). Vermögensschaden kann im Bereich der sexuellen Belästigung etwa der Aufwand für ärztliche Behandlung sein. Erfasst, aber nicht empfohlen, ist auch ein Anspruch auf Erstattung des Vermögensschadens, wenn die Belästigte ihren Arbeitsplatz verloren hat, diesen Verlust abzuwenden, ist ja der Sinn dieses Buches. Denn wenn ihre Prozessaussichten für einen Anspruch auf Schadensersatz bzw. Entschädigung reichen, kann sie genauso gut in Ruhe ihre Ansprüche aus § 14 AGG geltend machen und ihren Arbeitsplatz behalten.

Der Anspruch richtet sich gegen den Arbeitgeber, weil dieser verantwortlich auch für Diejenigen ist, die in seinem Auftrag handeln. Der Arbeitgeber haftet nicht nur für sich, sondern auch für Diejenigen, die in seinem Auftrag handeln: »Der Arbeitgeber haftet nach § 278 BGB für Schäden, die einer seiner Arbeitnehmer dadurch erleidet, dass ihn sein Vorgesetzter schuldhaft in seinen Rechten verletzt.«[217]

Die Ansprüche sind nicht abschließend, wie sich aus § 15 Abs. 5 AGG ergibt. Unberührt bleiben also Ansprüche aus §§ 823, 252 oder 1004, auch 628 BGB,[218] also Ansprüchen auf Schadensersatz oder Unterlassung. Gegenüber §§ 280 Abs. 1 oder 253, 311 Abs. 2 BGB, also Ansprüchen auf Schadensersatz und Schmerzensgeld ist § 15 AGG spezieller. Nähere Angaben zu den Fristen (zwei Monate) finden sich auf Seite 119 f dieses Buches.

Was noch tun: Verbündete suchen

Was tun: Reden!

Verbündete suchen ist immer richtig, das ist ein erprobter gewerkschaftlicher Grundsatz, wenn es gegen Machtmissbrauch geht.

Unerlässlich ist es, sich jemandem anzuvertrauen. Am sichersten ist die Beschwerdestelle des Betriebes (siehe unter Der Instrumentenkoffer des AGG), aber wenn es noch nicht so offiziell sein soll, können das vorerst FreundInnen, die Gewerkschaft, die Gleichstellungsbeauftragte, Kolleginnen oder Kollegen, Mitglieder des Personal- oder Betriebsrates oder Vorgesetzte sein. Bei der Suche nach Verbündeten kann sich ergeben, dass es auch andere Kolleginnen gibt, die mit dem gleichen Mann gleiche Erfahrungen gemacht haben. Das macht es leichter, das Problem offen anzusprechen.

Das kann nämlich klappen, wie in dem folgenden Fall aufgezeigt wird »Noch vor Ende des Gesprächs gab der Beamte die Beine von Frau W. frei, trat neben sie, beugte sich plötzlich über sie und griff ihr an die linke Brust. Die Mitarbeiterin war wie gelähmt. Der Beamte verließ dann das Vorzimmer, wobei er fragte, ob jetzt alles geklärt sei; sollte sie, Frau W., beim nächsten Mal nicht, wie besprochen, reagieren, ›werde er sie über das Knie legen‹«. Frau W. suchte anschließend unverzüglich die Frauenbeauftragte, Frau N., auf und berichtete ihr von dem Vorfall. Diese ging dann allein zu dem Beamten, um mit ihm die Angelegenheit zu besprechen. Später suchten Frau W. und Frau N. den Beamten gemeinsam auf. Seine dabei zum Ausdruck gebrachte Entschuldigung nahm Frau W. nicht an. Sie beendete mit sofortiger Wirkung ihre Vorzimmertätigkeit bei dem Beamten. Und: aus Anlass des vorliegenden Sachverhalts wurde der »Beamte … zu einer anderen Dienststelle der Deutschen Post AG – … – in B. versetzt.«[219] Das geschah zwar nicht im ersten Anlauf, aber doch erfolgreich. Die Dienststelle war 190 km entfernt.

Auch bei der gerichtlichen Verfolgung der Ansprüche zahlt es sich aus, wenn die Belästigte sich vorher ein bisschen vernetzt hat, wenn sie also sagen kann, wer ihre Reaktion anschließend erlebt hat (siehe unter ZeugInnen vom Hörensagen). Wenn andere Kolleginnen erzählen, dass sich der Belästiger auch sonst unangemessen verhalten hat, wird das berücksichtigt.[220]

Aus zahlreichen Urteilen ergibt sich, dass ein Einzeltäter keine Einzelbelästigungen begeht; er ist nicht freundlich und korrekt zu allen anderen und nur zu einer nicht. Wenn jemand sexuelle Witze erzählt und eine Belästigte hinterher zu jemandem, der auch nicht losgeprustet hat, sagt, derartige Witze finde sie doof, ist das vielleicht nicht so schwer, wie in großer Runde zu kontern. Sie muss ein bisschen austesten, wer als Verbündete in Frage kommt. Belästiger würden sich wundern und sich möglicherweise zurückhalten, wenn sie vorher wüssten, wer nachher alles die Aussagen der Belästigten bestätigt hat. Da sind auch reichlich Männer dabei.[221]

Der Vorfall sollte auf jeden Fall möglichst schnell kommuniziert werden. In Zweifelsfällen spielt bei Gericht der Zeitpunkt der Beschwerde immer eine Rolle, weil er als Indiz für das Ausmaß des Schocks gilt.[222] Das ist vielleicht für Betroffene jetzt nicht so hilfreich, aber der Zeitdruck verkürzt ja auch die Leidenszeit.

Was tun: Selbst Verbündete sein!

Wenn es heißt, dass frau Verbündete suchen soll, dann heißt das auch, dass sie selbst – ebenso wie nicht belästigende Männer – auch Verbündete sein soll. Der Belästiger und nicht die Belästigte muss isoliert werden. Wer nicht selbst betroffen ist, kann leichter kühl kontern. Solidarität hilft, das kann auch mal nur ein scharfes, hörbares Luftholen bei einer unpassenden Bemerkung oder einem Witz sein. Und manchmal reicht ein freundliches Zwinkern, ja alles, was die Belästigte aus einer isolierten Situation herausholt und wofür der Mut der Verbündeten reicht.

Eine Zeugin sagte aus, der Geschäftsführer einer gemeinnützigen GmbH, in diesem Beispiel der Kläger, habe »häufig selbst die ... Zeitung mitgebracht, die auf der zweiten oder dritten Seite häufig Bilder von unbekleideten jungen Frauen enthalte. Der Kläger habe sie und die Zeugin E des Öfteren gefragt, wie sie denn diese Bilder fände oder was sie denn von dem Busen dieser oder jenen Frau halte. Er habe dabei eindeutig auf die Brust der Frauen oder auf die Geschlechtsorgane gezeigt. Der Kläger habe auch mehrmals gefragt, was sie denn von einem ›flotten Dreier‹ halte. Ihr sei dies sichtlich unangenehm gewesen und der Kläger habe einmal gesagt: ›Schau mal, jetzt bekommt Frau G mal einen roten Kopf‹«. Die Zeugin E hat diese Aussage glaubhaft bestätigt und ergänzend anschaulich ausgeführt, »der Kläger habe ihr und der Zeugin E auch ein Kamasutra-Buch gezeigt und gefragt, wie sie diese oder jene Stellungen fänden.« Wenn der Reihe nach drei Belästigte und ein Zeuge die heftigen Belästigungen bestätigen, dann wäre es doch sicher hilfreich gewesen, sie hätten sich beizeiten gegenseitig unterstützt. So hatte auch hier eine der Zeuginnen das Arbeitsverhältnis gekündigt, weil sie die Belästigungen nicht mehr ertrug. Nachdem sich eine Belästigte erstmals offenbart hatte, dauerte es noch ein Vierteljahr, dann war der Geschäftsführer gekündigt. Die belastenden sexuellen Belästigungen hatten bis dahin über zwölf Jahre gedauert, wobei die Zeuginnen untereinander durchaus unsolidarisch reagierten. Niemand muss sich über eine Arbeitskollegin die Bemerkung anhören, Frauen müssten »einfach nur richtig durchgefickt werden, dann wäre der Hormonhaushalt wieder in Ordnung und Frauen hätten auch keine Probleme mehr«; und niemand muss mit dem Belästiger Einschätzungen über die Verklemmtheit der belästigten Arbeitskollegin austauschen. Diese drei Zeuginnen fanden erst sehr spät als Verbündete zusammen.[223]

Was tun: Die Gewerkschaften

Das AGG fordert in § 17 unter der Überschrift »Soziale Verantwortung der Beteiligten« auch die Gewerkschaften zur Mitarbeit auf, räumt ihnen aber darüber hinaus keine Rechte ein. Das ist weniger, als europarechtlich vorgedacht war,[224] und entspricht so der zögerlichen Umsetzung europäischer Vorgaben nach umfassenden Ankündigungen.[225] Gewerkschaften können lediglich bei groben Verstößen des Arbeitgebers gegen das AGG tätig werden und sind nicht auf den Geltungsraum des Betriebsverfassungsgesetzes beschränkt, wo sie es bisher schon konnten.[226]

Nun sind Gewerkschaften zunächst Betriebe wie andere auch mit den gleichen Verpflichtungen zum nichtdiskriminierenden Umgang. Aber man darf auch mehr von ihnen erwarten.

Die Europäische Kommission[227] empfiehlt neben klaren Grundsatzerklärungen u. a.: »Zum Beispiel könnten sich die Gewerkschaften dafür einsetzen, daß alle ihre Funktionäre/Funktionärinnen und Vertreter/Vertreterinnen in Fragen der Gleichbehandlung, einschließlich des Problems der sexuellen Belästigung, unterwiesen werden, und daß Informationen über dieses Problem und über die Grundsätze der Gewerkschaft in diesem Bereich in von ihr unterstützte und gutgeheißene Lehrgänge aufgenommen werden.« Sie empfiehlt ebenfalls in ihrem Verhaltenskodex speziell ausgebildete Ansprechpartner Innen. »Ferner ist es ratsam, daß die Gewerkschaften sicherstellen, daß es genügend Gewerkschaftsvertreterinnen gibt, die sexuell belästigte Frauen unterstützen können.« Solche wichtigen Informationen sollten nicht nur in der gewerkschaftlichen Öffentlichkeit mitgeteilt werden.

Gewerkschaften haben eine wichtige Außenfunktion bei der Willensbildung der ehrenamtlichen FunktionärInnen und bei der Vertretung der Mitglieder. Sie haben öffentliche Funktionen, indem sie beratende Funktionen bei den Betriebs-/Personalräten haben. Die Haltung ihrer FunktionärInnen muss eindeutig und darf auch dann nicht augenzwinkernd sein, wenn der sexistische Witz des Betriebsratsvorsitzenden komisch scheint.

GewerkschaftsfunktionärInnen sollen auf Betriebsversammlung und/oder Einzelberatung aufklären und teilnahmsvoll sein. Sie können gemeinsam Wege zur Gegenwehr überlegen und Unterstützung organisieren. Das Thema kann in Schulungsangebote eingebunden werden, also nicht nur bei freundlichen Frauenseminaren, sondern auch bei allgemeinen Schulungen für Betriebsratsmitglieder und/oder FunktionärInnen.

Gewerkschaften kümmern sich um Gleichheit im Entgelt und Frauenförderung, um Vereinbarkeit von Familie und Beruf. Auch dies ist ein Beitrag gegen sexuelle Belästigung, weil es den Respekt vor Frauenerwerbstätigkeit erhöht.

Was tun: Die Betriebsratsgremien

Auch die Betriebsvertretungen sind unter der Überschrift »Soziale Verantwortung der Beteiligten« im AGG zur Mitarbeit aufgefordert. Ihre Rechte wurden aber nicht erweitert und Personalräte sind nicht erwähnt.

Der Betriebsrat sollte sich, wenn er von Belästigungen erfährt, umgehend einschalten und zwar unabhängig davon, ob es zu offiziellen Beschwerden kommt. Das Vorgehen muss mit der Belästigten abgestimmt sein, aber immer soll der Betriebsrat um ein offensives Wehren werben. Sind erst einmal Beschwerden beim Arbeitgeber eingegangen oder muss sich der Betriebsrat offiziell mit einer Beschwerde befassen, ist eine Regelung häufig schwierig. Dann geht es bei den Belästigern häufig nur noch darum, das Gesicht zu wahren, aber nicht um friedliche Arbeitsbedingungen.

Auch das Beschwerdeverfahren nach § 85 BetrVG kann offensiv genutzt werden, es hat den Vorteil, dass der Betriebsrat über die Einigungsstelle fremde Kompetenz an Bord holen kann.

Es wird als Indiz für eine geringe subjektive Beeinträchtigung durch sexuelle Belästigung angesehen, wenn keine Hilfe durch die Belästigte ersucht wurde.[228]

In den gerichtlichen Entscheidungen haben Betriebsräte mit wenigen Ausnahmen die Entscheidungen des Arbeitgebers mitgetragen, selbst fristlosen Kündigungen zugestimmt, sie auch initiiert[229] und sich damit auf die Seite der Belästigten gestellt. Das ist ein guter Anfang. Sie machen dadurch deutlich, dass sie Belästigung auch seitens guter, allseits beliebter Kumpel nicht dulden.

Betriebsräte müssen darauf achten, dass die Belästigte nicht diskriminiert wird, weil sie sich gewehrt hat, dass nicht sie es ist, die versetzt wird. Bei Serienbelästigern wird ihre Nachfolgerin die gleichen Probleme bekommen.

Auch auf Betriebsversammlungen kann der Wille des Betriebs- und Personalrates deutlich kundgetan werden. Dies ist der Raum, die Unternehmenskultur zu beeinflussen.

Der Betriebsrat hat bei betrieblichen Bildungsmaßnahmen gem. § 98 Abs. 5 BetrVG die absolute Mitbestimmung und damit auch ein Initiativrecht. Er sollte besonders gefährdete Frauen (Auszubildende, Praktikantinnen, prekär Beschäftigte) in Bezug auf Themen und Teilnahme auch besonders berücksichtigen. Und er muss selbst auf Schulung gehen.[230]

Er kann Öffentlichkeit herstellen, alleine oder mit Hilfe der Gewerkschaft.[231]

Und er wird dabei auf Interesse stoßen. Es soll kein Pranger errichtet werden, das ist Mittelalter.

Wer gegenüber dem Betriebsrat Mutmaßungen über sexuelle Belästigung äußert, ist geschützt – auch dann, wenn die Gerüchte nicht stimmen und wenn sie später aufgebauscht werden.[232]

Wenn der Arbeitgeber auf die Vorschläge nicht eingeht, kann der Betriebs- und Personalrat »vom Arbeitgeber gemäß § 17 Abs. 2 Satz 1 AGG aktive Maßnahmen zur Unterbindung und zum Schutz gegen die Wiederholung einschlägiger Übergriffe des Geschäftsführers fordern, soweit und solange der Arbeitgeber nicht selber bereits erfolgsversprechend tätig geworden ist.«[233]

In Betrieben gibt es inzwischen einen Verhaltenskodex oder Ethikrichtlinien oder eine Betriebsvereinbarung über partnerschaftliches Verhalten am Arbeitsplatz. Bei der ADS-Studie 2015 haben nur gut 20 % der Betriebsräte und Personalverantwortlichen von einer Betriebsvereinbarung gewusst (Es gibt eine Betriebs- oder Dienstvereinbarung: Betriebsräte 22 %, Personalverantwortliche in anderen Abteilungen und Personalverantwortliche in Personalabteilungen 25 % Ja).[234] Offenbar verstauben solche Betriebsvereinbarungen nach dem Abschluss. Sie werden nicht als Erfolg gefeiert, nicht immer wieder erwähnt oder in Erinnerung gebracht. Doch zum Abheften ist die schönste Betriebsvereinbarung zu schade. Auch wenn das Papier nur ausgehängt und nicht gelebt wird, war die Arbeit an ihr vertane Zeit.

Es können Grundsätze vereinbart werden zum Verhalten im Betrieb, die Benachteiligung oder Anweisung zur Benachteiligung, Belästigung, Mobbing und sexuelle Belästigung ausschließen. Eine solche Betriebsvereinbarung kann alle Beschäftigten im Betrieb sensibilisieren und Gegenwehr leichter machen. Inwieweit sie das betriebliche Geschehen beeinflusst, wird vom Einzelfall abhängen. Ob die Regelungen mitbestimmungspflichtig sind, hängt von der Ausgestaltung ab.[235]

Die schiere Wiederholung des Gesetzestextes ist natürlich nicht mitbestimmungspflichtig, weil Betriebsparteien über die Anwendung von Gesetzen nicht zu befinden haben, § 87 BetrVG spricht einleitend von Angelegenheiten, für die es keine gesetzliche oder tarifliche Regelung gibt.[236] Es muss nicht in einer Betriebsvereinbarung geregelt werden, dass Belästigten aus einer Beschwerde keine Nachteile erwachsen dürfen, das steht schon so in § 16 Abs. 1 AGG. Gleichwohl kann es ermunternd sein, Selbstverständlichkeiten zu erwähnen.

Mitbestimmungspflichtig (§ 87 Abs. 1 Nr. 1 und 6 BetrVG) ist im Einzelfall etwa

- die geplante Steuerung von Arbeitnehmerverhalten durch bestimmte Maßnahmen, verbindliche Regelungen werden nicht vorausgesetzt,
- Regelungen über im Betrieb stattfindendes privates Verhalten,
- das Verbot »des Zeigens oder Verbreitens von Bildern, Karikaturen oder Witzen sexueller Natur«,
- die Einführung eines Beschwerdeverfahrens,
- die Einführung von einem Verhaltenskodex, weil »das Verhalten der Arbeitnehmer und die betriebliche Ordnung« geregelt werden soll,[237]
- die Kontrolle und Überwachung von Computerdaten.[238]

Die Betriebsvereinbarung kann den Arbeitgeber zudem auf Schulungen und Seminare zum Thema Schutz und Abwehr von Diskriminierung, sexueller Belästigung, Rechtsschutz für Betroffene und Handlungsverpflichtungen der Vorgesetzten verpflichten. Die ADS-Studie 2015 erbrachte bei Personalverantwortlichen und Betriebsräten die Zustimmung von 60% zu der Aussage: »Es gibt in meinem Betrieb keine Maßnahmen, die mir bekannt sind.« Und nur 7% bestätigten ein Schulungsangebot.

Ab Seite 108 dieses Buches ist eine Betriebsvereinbarung von VW Baunatal abgedruckt. Es wird nicht in allen Betrieben ein so ausgefeiltes Instrumentarium geben, sie hatte einen langen Vorlauf an Diskussionen und es dauerte eine ganze Zeit, bis es zum Abschluss kam. Doch diese Diskussionen sind der Kern einer betrieblichen Regelung. Sie verändern das Klima.

Die damalige stellvertretende Betriebsratsvorsitzende, Renate Müller, schreibt dazu:

»Wichtig war und ist, dass wir damals ein Kommunikationskonzept und ein Seminar- und Schulungskonzept mit verhandelt haben. Alle Vorgesetzten waren aufgefordert und hatten die Möglichkeit sich schulen zu lassen, zum einen, was den Inhalt, das Verfahren und ihre eigenen Rolle und Verantwortlichkeit angeht, zum anderen, um eine gewisse Sensibilität im Umgang mit dem Thema zu erlangen.

Begleitet war die Kommunikation mit großen Plakaten und einer Broschüre.

Es konnte sich niemand mehr so leicht wegducken oder nicht hinsehen.

Natürlich gab es Gegenwind, aber letztendlich war klar, sexuelle Belästigung, Mobbing und Diskriminierung werden nicht geduldet, sind keine Kavaliersdelikte, sondern Verstöße gegen die BV und die Arbeitsordnung und ziehen arbeitsrechtliche Konsequenzen, bis hin zur Entlassung nach sich.

Die BV in der heutigen Form musste dann noch mal kompatibel mit dem allgemeinen Gleichstellungsgesetz gemacht werden.

Meine Erfahrung ist, wenn das Thema eingeführt ist, ist es ein ständiger Prozess, die Menschen zu sensibilisieren. Letztendlich ist es ein Stück Unternehmenskultur, an der ständig gearbeitet werden muss und die Vorgesetzten haben dabei ihre wichtige Rolle.«

Und ganz wichtig ist natürlich, dass die Betriebsräte selbst sich tadellos verhalten. Es darf nicht der Eindruck entstehen, sie könnten ihr Betriebsratsamt missbrauchen, um sexuelle Vorteile einzufordern. Von solchen Einforderungen haben aber Belästigte berichtet.[239] Betriebsräte sind Teil der Gesellschaft und deshalb in diese Veröffentlichung einzubeziehen, sie sind fehlbar wie Pfarrer und Politiker auch, die sich an sich um das Wohl ihrer Mitmenschen kümmern (sollen). In der Studie 1991[240] waren Betriebsräte mit 2 % der Belästiger erfreulich selten vertreten, weit hinter Vorgesetzten und Kollegen mit 29 und 50 %.

Wegen Belästigung gekündigte Betriebsräte haben bessere Prozesschancen. Sie können nur mit Zustimmung des Betriebsrates bzw. nach Ersetzung der Zustimmung durch die Arbeitsgerichtsbarkeit gekündigt werden (§ 103 BetrVG). Wenn die Zustimmung vom Gericht nicht erteilt wurde, ist eine nachfolgende Kündigung aussichtslos.[241] Extrem schwierig ist es, den richtigen Zeitpunkt für die Kündigung zu finden. So sind die Kündigungen bis auf eine an formalen Voraussetzungen gescheitert, es wurde zu früh und auch zu spät gekündigt.[242]

Es wurde eingangs referiert, dass Betriebsräte als Gremium sich für ein belästigungsfreies Klima stark machen, Kündigungen initiieren oder ihnen ausdrücklich zustimmen. Hier[243] sind einige Verfahren aufgelistet, bei denen in allen Fällen die Betriebsräte als Organ die Zustimmung zur Kündigung verweigert haben, wenn es um einen ihrer Betriebsratskollegen ging; nicht einmal haben sie einer beabsichtigten Kündigung zugestimmt. Das Verhalten der Betriebsratsgremien ist häufig überaus parteilich. Dabei haben sie gem. § 75 BetrVG »darüber zu wachen, dass alle im Betrieb tätigen Personen nach den Grundsätzen von Recht und Billigkeit behandelt werden, insbesondere, dass jede Benachteiligung von Personen ... wegen ihres Geschlechts oder ihrer sexuellen Identität unterbleibt.« Die Solidarität gilt in diesen referierten Konfliktfällen aber eben nicht den Belästigten, wie die Beispiele zeigen.

Eine Zeugin (Auszubildende) hatte ausgesagt, das Betriebsratsmitglied sei mit einer Peitsche und einem Katalog für Sexartikel gekommen und habe gesagt, darauf stehe sie ja wohl. Der Betriebsrat hat in diesem Zusammenhang den Katalog bestritten und zur Peitsche zustimmend zitiert, damit habe demonstriert werden sollen, dass die Auszubildenden »auf Trab gebracht« werden sollten,[244] das sei doch spaßig. Nein, ist es nicht.

Wenn der Betriebsratsvorsitzende – seit 1970 im Betrieb – fünf untergebene junge Frauen belästigt, die zwischen 1961 und 1970 geboren sind, indem er – unter anderem – ihre Brust abtastet, unter den Rock greift, öffentlich ihre Brustwarzen bewertet, und wenn er wegen ähnlicher Verfehlungen bereits abgemahnt ist und mit Zustimmung des Betriebsrats vorübergehend nicht mehr ausbilden durfte, dann wüsste frau gerne, ob ein siebenköpfiger Betriebsrat, ALLE Beschäftigten vertritt oder nur den Betriebsratsvorsitzenden, wenn er die Zustimmung zur Kündigung verweigert. Das BAG[245] hat das Verfahren zurückverwiesen, weil es Nachfragen zu den Fristen gab, sich aber eindeutig auf die Seite der Belästigten und gegen den Belästiger gestellt.

Ein anderer Betriebsratsvorsitzender war »wegen sexueller Belästigung von Mitarbeiterinnen der Arbeitgeberin in drei (minderschweren) Fällen zu einer Geldstrafe von 180 Tagessätzen zu je 110,00 DM verurteilt worden«,[246] der Betriebsrat verweigerte die Zustimmung zur Kündigung, weil das Urteil »falsch« sei. Richtig ist, dass die Arbeitsgerichte an Verurteilungen der Strafgerichte nicht gebunden sind. Der Betriebsratsvorsitzende war erfolgreicher Streikführer, zwei der Belästigten waren vorher Betriebsratsmitglieder gewesen, im Betrieb sind zu 90 % Frauen beschäftigt gewesen.[247]

Der Betriebsratsvorsitzende hatte, wie andere belästigende Betriebsräte auch,[248] argumentiert, hier versuche nur der Arbeitgeber, ihn wegen seines gewerkschaftlichen, nicht wegen seines sexuellen Engagements aus dem Betrieb zu jagen. Die Kündigung scheiterte an formalen Fehlern.

In einem anderen Verfahren[249] scheute der Betriebsrat nicht davor zurück, die belästigte Auszubildende persönlich als Lügnerin anzugreifen und charakterlich abwertende Urteile über sie abzugeben. Erst ein – männlicher – Zeuge hatte die junge Frau ermuntert, sich zu wehren. Das Gericht hielt sie nach eigener Vernehmung für völlig glaubwürdig und strich insbesondere heraus, dass sie in keiner Weise das Geschehen aufbausche.

Die Frauen- und Gleichstellungsbeauftragten

Das Engagement gegen sexuelle Belästigung ist in die Stellenbeschreibung von Frauenbeauftragten eingeschrieben. Unter Hinweis darauf wurden Bewerbungen von Männern auf die Stelle von Frauenbeauftragten regelmäßig abgelehnt. Es ist jedoch auffällig, wie selten in den ausgewerteten Urteilen die Belästigten sich an Frauenbeauftragte gewandt haben. Eine übel belästigte Frau verzichtete ausdrücklich auf die Information der Frauenbeauftragten wohl in der vergeblichen Hoffnung auf Frieden.[250] Es ist die Beamtin, deren Martyrium oben bei den Folgen sexueller Belästigung geschildert wird. In all den Hunderten von gesichteten Urteilen gingen nur in sechs[251] Fällen die Belästigten zur Frauenbeauftragten bzw. zur Beschwerdestelle oder drohten wenigstens damit. In manchen Urteilen haben die Gerichte zu Lasten der Belästigten bewertet, dass sie sich nicht Hilfe bei den Frauen-/Gleichstellungsbeauftragten gesucht hatten.

Dieses Ergebnis ist frappierend und kann eigentlich nur so gedeutet werden, dass die Frauen-/Gleichstellungsbeauftragten in der Regel derartige Konfliktlagen geräuschlos und abschließend in ihrem Zuständigkeitsbereich selbst regeln.

gesetzliche Vorgaben

Direktionsrecht

**Ermahnung/
Abmahnung**

Versetzung

Kündigung fristgemäß

Kündigung fristlos

Was haben Arbeitgeber beizutragen?

Der Arbeitgeber ist verantwortlich und gehört damit eigentlich an den Anfang, er hat den Hut auf.

Das AGG regelt in § 12 AGG die Pflichten des Arbeitgebers noch vor den Rechten der Beschäftigten und zeigt auch dadurch, dass sexuelle Belästigung nicht vorrangig durch den beherzten Widerstand der Belästigten verhindert werden soll, sondern dass die »Organisationspflichten des Arbeitgebers«[252] diese auszuschließen hat.

»Der Arbeitgeber ist verpflichtet, eine sexuelle Belästigung von Arbeitnehmerinnen zum Anlaß zu nehmen, gegen den Angreifer geeignete und angemessene Gegenmaßnahme zu ergreifen. Nach den Umständen des Einzelfalls kann eine Kündigung gerechtfertigt sein.«[253]

Das schwarze Loch der Arbeitgebermaßnahmen

Die mehrfach zitierte Studie der ADS belegte hier allerdings erschreckende Unkenntnis und dokumentiert damit auch fehlende Kenntnisse und/oder Aktivitäten des Arbeitgebers (s. Tab. 9, nächste Seite).

Es gibt gesetzliche Vorläufer, aber das AGG gilt seit fast zehn Jahren. Sexuelle Belästigung ist Benachteiligung wegen des Geschlechts, und bei Benachteiligungen »hat der Arbeitgeber die im Einzelfall geeigneten, erforderlichen und angemessenen Maßnahmen zur Unterbindung der Benachteiligung wie Abmahnung, Umsetzung, Versetzung oder Kündigung zu ergreifen.« So klar geregelt, so unbekannt. 2 % der Befragten (s. o.) wussten, dass sie ihre Arbeit einstellen dürfen, wenn der Arbeitgeber keine geeigneten Maßnahmen ergreift und dass ihnen aus einer Beschwerde keine Nachteile erwachsen dürfen. Auch die möglichen Maßnahmen unterhalb von Ermahnung, Abmahnung,

Tab. 9: Kenntnis von Arbeitgebermaßnahmen

	Allgemein	Betriebsräte und PVe
Es gibt in meinem Betrieb keine Maßnahmen, die mir bekannt sind	46%	60%
Es gibt eine präsente Ansprechperson/ Beschwerdestelle	29%	49%
Betriebs- oder Dienstvereinbarung oder Leitbild existiert	9%	18%
Informationen werden zur Verfügung gestellt	7%	10%
Schulungen werden angeboten	5%	7%
Sexuelle Belästigung kommt als Thema in der Ausbildung vor	1%	1%
Weiß nicht	14%	

Versetzung und Kündigung, die allgemein der Gewährleistung eines belästigungsfreien Klimas dienen sollen, finden offenkundig nicht hinreichend statt: Unter zehn Prozent der Befragten wissen von Betriebs- oder Dienstvereinbarungen oder Leitbildern, bekommen Informationen oder Schulungen. Vollends unverständlich ist der niedrige Informationsstand bei Personalverantwortlichen und Betriebsräten.

Die Europäische Kommission hat einen »Verhaltenskodex für Arbeitgeber zur Beendigung sexueller Belästigungen« empfohlen.[254] In ihrem eigenen Bereich wurde die Verpflichtung des Arbeitgebers exakt formuliert, »Beschwerden wegen sexueller Belästigung im Dienst umfassend, zügig und mit der gebotenen Diskretion zu prüfen sowie den Beschwerdeführer über das weitere Vorgehen in seiner Angelegenheit zu unterrichten.«[255]

Was muss der Arbeitgeber tun?

Gesetzliche Vorgaben

Die Verpflichtung des Arbeitgebers, Beschäftigte vor Benachteiligung und damit vor sexueller Belästigung zu schützen, wird in § 12 AGG noch vor den Rechten der ArbeitnehmerInnen genannt:

(1) Der Arbeitgeber ist verpflichtet, die erforderlichen Maßnahmen zum Schutz vor Benachteiligungen wegen eines in § 1 genannten Grundes zu treffen. Dieser Schutz umfasst auch vorbeugende Maßnahmen.

(2) Der Arbeitgeber soll in geeigneter Art und Weise, insbesondere im Rahmen der beruflichen Aus- und Fortbildung, auf die Unzulässigkeit solcher Benachteiligungen hinweisen und darauf hinwirken, dass diese unterbleiben. Hat der Arbeitgeber seine Beschäftigten in geeigneter Weise zum Zwecke der Verhinderung von Benachteiligung geschult, gilt dies als Erfüllung seiner Pflichten nach Absatz 1.

Dass sexuelle Belästigung eine Benachteiligung im Sinne des Gesetzes ist, wurde bereits erläutert. Der Arbeitgeber muss präventiv tätig werden, bevor der erste Belästiger zugegriffen hat.

Informationspflichten

Wichtig ist zunächst, dass der Arbeitgeber seine Position in dieser Frage klar vermittelt. Das kann auf Betriebsversammlungen geschehen. Es reicht nicht, wenn er es nur einmal sagt und danach von ihm aus nichts mehr geschieht.

- Nach § 12 Abs. 2 S. 2 AGG ist allerdings zunächst ausreichend, dass er die Beschäftigten in geeigneter Art und Weise »auf die Unzulässigkeit von Benachteiligungen« hinweist. Das war es dann aber schon an gesetzlich konkretisierter Prävention. Diese Umsetzung der gesetzlichen Prävention ist lächerlich wenig. Wenn verglichen wird mit den gesetzlichen Vorgaben beim Gesundheitsschutz,[256] wo Zielsetzung und Instrumentarium zur Erhaltung der Arbeitskraft hinreichend beschrieben werden, bei Schwerbehinderten unter der Aufgabenstellung Vermeidung von Schwierigkeiten im Arbeitsleben,[257] so ist das die übliche Vernachlässigung von Fraueninteressen.

- Der Arbeitgeber ist weiter verpflichtet, das AGG und die Klagefrist für Verletzungen nach § 61b ArbGG auszuhängen und die Stellen bekannt zu geben, wo sich Belästigte beschweren können (§ 12 Abs. 5 AGG).

Beschwerdestelle

Der Arbeitgeber muss nach § 13 AGG eine verantwortliche Stelle benennen, bei der sich die Belästigte beschweren kann. Die Einrichtung ist unabhängig von der Zahl der weiblichen Beschäftigten, denn sie ist für Benachteiligungen aus jedem Grund da. Die ADS-Studie 2015 erbrachte allerdings das Ergebnis, dass nur 51 % der befragten Personalverantwortlichen und Betriebsräte und nur 29 % der befragten Beschäftigten von einer *Beschwerdestelle* bzw. einer präsenten Ansprechperson im Betrieb wussten. Und nur 10 % der Personalverantwortlichen haben bei einer Beschwerde die Beschwerdestelle eingeschaltet. Näheres zur Einrichtung der Beschwerdestelle findet sich auf Seite 120 f dieses Buches. Wenn der Arbeitgeber nicht ausreichend und wiederholt schult, die Beschwerdestelle nicht einrichtet und ausstattet und wenn er die einschlägigen Gesetze nicht aushängt, dann setzt er sich dem Verdacht aus, dass er nicht hinreichend gegen Diskriminierung streitet.

Weitere Verpflichtungen des Arbeitgebers

- Der Arbeitgeber ist auch nach dem Handelsgesetzbuch allgemein zur *»Aufrechterhaltung der guten Sitten und des Anstandes«*[258] verpflichtet.

- Der Arbeitgeber muss dafür sorgen, dass in den Räumen *keine pornographischen Darstellungen* hängen. Er hat das Hausrecht. Dabei kommt es nicht darauf an, ob in den Räumen Frauen arbeiten oder nicht, im Zweifel werden die Räume von Frauen geputzt, und das AGG verbietet allgemein »sichtbares Anbringen« entsprechender Darstellungen. Wenn gemeint wäre, dass es um »für Frauen sichtbares Anbringen« ginge, dann wäre es dort formuliert worden. Der Arbeitgeber sollte das schon im eigenen Interesse tun, wenn er Minderjährige beschäftigt. Das gilt auch für Kalender und für Arbeitgeberpublikationen.[259] Und es gilt auch für die Aushänge der Berufsgenossenschaften. Niemand kann sich darauf berufen, dass eine pornographische Darstellung Kunst sei, denn Kunst und Pornographie schließen sich nicht aus; es bleibt eine pornographische Darstellung, auch wenn sie Kunst ist. Eine allgemeine Definition von Pornographie gibt es nicht, der Pornographiebegriff der Rechtsprechung bezieht sich auf Darstellungen, die »unter Hintansetzung sonstiger menschlicher Bezüge sexuelle Vorgänge in grob aufdringlicher, anreißerischer Weise in den Vordergrund rücken und ausschließlich oder überwiegend auf die Erregung sexueller Reize abzielen.«[260] Oder: »Als pornographisch zu werten ist eine Darstellung, die keine gedanklichen Inhalte – mögen sie auch anstößig oder schockierend sein – vermittelt, sondern ausschließlich einen sexuellen Reiz auslösen soll und dabei die im Einklang mit allgemeinen, wenn auch gewandelten, gesellschaftlichen Wertvorstellungen gezogenen Grenzen des sexuellen Anstands eindeutig überschreitet.«[261] Konkreter wird es leider nicht.

- Der Arbeitgeber kann den *Mailverkehr und den Internetzugang beschränken*, der Verstoß gegen ein ausdrückliches Verbot kann sogar eine Kündigung rechtfertigen.[262] In der Regel wird das Mailen auch mit sexistischen Inhalten aber in der Regel ohne Abmahnung nicht zu sanktionieren sein. Und wenn private Mails stillschweigend geduldet werden, dann gilt das erst recht.[263]

- *Privates Telefonverhalten* kann auch dann Maßnahmen rechtfertigten, wenn die Telefongespräche abgerechnet werden, weil es immer auch gleichzeitig um Arbeitszeit geht und weil der Arbeitgeber nicht hinnehmen muss, dass er bei Telefonsexnummern als Kunde registriert wird.[264]

Haftung für andere handelnden Personen

Selbstverständlich ist er auch für diejenigen verantwortlich, die in seinem Namen handeln (§ 278 BGB). Wer als Geschäftsführer oder Vorgesetzter nicht gegen sexuelle Belästigung durch Andere einschreitet, riskiert seinen Job.[265] Auf Verschulden des Arbeitgebers kommt es nicht an.[266] Der Arbeitgeber muss bezahlen und kann allerdings auch nach § 280 BGB beim Belästiger Ersatz verlangen.

Allerdings reichen manchmal freundliche Regeln nicht. Dann sind deutliche Sanktionen angebracht.

Was kann der Arbeitgeber tun?

Allgemein: Eskalation der Mittel

Der Arbeitgeber muss im Falle sexueller Belästigung aktiv werden. Das AGG formuliert in § 12 weiter:

(3) Verstoßen Beschäftigte gegen das Benachteiligungsverbot des § 7 Abs. 1, so hat der Arbeitgeber die im Einzelfall geeigneten, erforderlichen und angemessenen Maßnahmen zur Unterbindung der Benachteiligung wie Abmahnung, Umsetzung, Versetzung oder Kündigung zu ergreifen.

(4) Werden Beschäftigte bei der Ausübung ihrer Tätigkeit durch Dritte nach § 7 Abs. 1 benachteiligt, so hat der Arbeitgeber die im Einzelfall geeigneten, erforderlichen und angemessenen Maßnahmen zum Schutz der Beschäftigten zu ergreifen.

Die Formulierung des ehemaligen Beschäftigungsschutzgesetzes hatte konkret klargestellt: »Sexuelle Belästigung am Arbeitsplatz ist eine Verletzung der arbeitsvertraglichen Pflichten oder ein Dienstvergehen.« Die Reaktionen bei Verstößen sollten berechenbar sein. Und sie sollen notfalls eskalieren:[267] Der Arbeitgeber ist gem. § 12 Abs. 3 AGG verpflichtet zu einem – belästigungsfreien Arbeitsverhältnis – und damit dafür verantwortlich. Wenn er Belästigungen mit jeweils geeigneten Maßnahmen nicht vorbeugend verhindern kann, muss er reagieren, mit dem Ziel sexuelle Belästigungen zu ahnden, um dadurch für die Zukunft Belästigungen auszuschließen.

»Nach dem in § 12 Abs. 3 AGG übernommenen Verhältnismäßigkeitsgrundsatz hat bei sexuellen Belästigungen der Kündigung des Arbeitsverhältnisses – von Extremfällen abgesehen – regelmäßig eine Abmahnung vorauszugehen. Sind mehrere Maßnahmen geeignet und möglich, die Benachteiligung infolge sexueller Belästigung für eine Arbeitnehmerin abzustellen, so hat der Arbeitgeber diejenige zu wählen, die den Täter am wenigsten belastet. Dies gilt umso mehr, wenn in der Dienststelle eine Dienstvereinbarung gilt, die gestufte Gegenmaßnahmen des Arbeitgebers für den Fall sexueller Belästigungen vorsieht.«[268] »Es liegt im Ermessen des Arbeitgebers, mit welchen Maßnahmen er auf Belästigungen eines Arbeitnehmers durch einen Vorgesetzten reagiert. Der Arbeitnehmer kann die Entlassung des Vorgesetzten in der Regel nicht verlangen. Er hat aber einen Anspruch auf die Ausübung rechtsfehlerfreien Ermessens durch den Arbeitgeber. Der Arbeitgeber muss nur solche Maßnahmen ergreifen, die er nach den Umständen des Einzelfalles als verhältnismäßig ansehen darf und die ihm zumutbar sind. Wenn allerdings nach objektiver Betrachtungsweise eine rechtsfehlerfreie Ermessensentscheidung des Arbeitgebers nur das Ergebnis haben kann, eine bestimmte Maßnahme zu ergreifen, hat der Arbeitnehmer Anspruch auf deren Durchführung.«[269] Danach kann eine Kündigung in der Regel nicht verlangt werden, solange noch nicht abgemahnt worden ist, aussichtslose Maßnahmen sind dem Arbeitgeber nicht zuzumuten.

Ab Seite 146 dieses Buches ist eine Auswahl gerichtlicher Entscheidungen aufgelistet. Daraus ist abzulesen, dass es keinen Automatismus gibt. Der Belästiger, der nachvollziehbar bereut, der sich hinreichend entschuldigt und der Ersttäter ist, wird besser wegkommen als der Serientäter, der nicht versteht, warum die Belästigten so zicken. Es kommt auch auf die soziale Lage des Belästigers an und darauf, wie grob der Übergriff ist. Das sind alles Einzelfallentscheidungen. Aber eins ist den Entscheidungen gemeinsam: Es geht um Prognose und Prävention, nicht um Bestrafung, um Zukunft und nicht um Vergangenheit.

»1. Belästigt ein Arbeitnehmer Andere sexuell, hat der Arbeitgeber dies durch geeignete und angemessene Maßnahmen wie Abmahnung, Versetzung oder Kündigung für die Zukunft zu unterbinden (§ 12 Abs. 3 AGG). 2. Auch im Falle einer sexuellen Belästigung ist die Kündigung des Arbeitsverhältnisses unverhältnismäßig, wenn eine Abmahnung erfolgversprechend ist. 3. Ob eine Abmahnung im Falle einer sexuellen Belästigung entbehrlich ist, weil der Arbeitnehmer hätte erkennen können, dass der Arbeitgeber ein solches Verhalten nicht hinnehmen werde, hängt auch davon ab, wie eindeutig die Personalführung des Arbeitgebers ist. Soweit die Personalführung, repräsentiert durch die jeweiligen Vorgesetzten, keine Zweifel aufkommen lässt, dass sexuelle Belästigungen jeder Art nicht toleriert werden und zu Konsequenzen führen, ist es für den Arbeitnehmer offenkundig, welche Folgen ein entsprechendes Verhalten haben kann.«[270]

Welche Maßnahme der Arbeitgeber ergreift, das ist ihm überlassen, er muss das jeweils mildeste Mittel nehmen, das aber hinreichend weh tut, um auf den Belästiger einzuwirken und das belästigungsfreie Klima wiederherzustellen.[271]

Das kann im Einzelfall eine Abmahnung sein, die ist aber entbehrlich, wenn das Verhalten hinreichend grob und uneinsichtig (siehe dazu unten) war. Es kann auch eine Versetzung sein. Viel zu häufig sind es die Frauen, die das Feld räumen, weil sie das Klima nicht aushalten. Und natürlich kann auch eine – sogar fristlose – Kündigung das geeignete Mittel sein, damit das Arbeitsklima nicht mehr von pseudoerotischen Klapsen und Grabschen und Quatschereien beeinträchtigt wird.

Direktionsrecht

Zum Direktionsrecht gehört zunächst die Befugnis des Arbeitgebers, dem Belästiger eine andere Arbeit zuzuweisen, damit die Störung aufhört.[272] Ob das einfach so geht, hängt vom Inhalt des Arbeitsverhältnisses ab, andernfalls sind Versetzung und oder Änderungskündigung das geeignete Mittel (siehe unter Versetzung und Änderungskündigung).

Wenn aber allgemeine Appelle und freundliche Bekundungen nicht ausreichen, dann müssen der Arbeitgeber seinerseits und auch die Belegschaftsvertretungen konkreter werden.

Es mutet vielleicht seltsam an, wenn hier Tipps gegeben werden, wie ein Arbeitgeber Beschäftigte loswerden kann. Doch sollen die Belästigten aus Scham still ihren Arbeitsplatz verlieren, weil sie sich nicht offenbaren mögen?

Ermahnung und Abmahnung

Die ADS-Studie 2015 erbrachte das Ergebnis, dass nach Beschwerden über sexuelle Belästigung in über 40 % der Fälle abgemahnt und in gut 20 % eine Abmahnung angedroht, aber noch nicht durchgesetzt worden sei. Der Arbeitgeber kann ermahnen. Die Ermahnung beanstandet ein Verhalten und erinnert an die vertraglichen Pflichten.[273] Die Ermahnung ist nicht zwingend notwendig, bevor mit den Maßnahmen eskaliert wird.

Er kann abmahnen: »Eine Abmahnung liegt vor, wenn der Arbeitgeber in einer für den Arbeitnehmer hinreichend deutlich erkennbaren Art und Weise Fehlverhalten beanstandet und damit den Hinweis
verbindet, daß im Wiederholungsfalle der Inhalt oder der Bestand
des Arbeitsverhältnisses gefährdet sei.«[274] Also hier tritt zu dem Tadel
die Androhung von Konsequenzen. Eine Abmahnung ist immer dann
erforderlich, wenn eine Verhaltensänderung bei hinreichender Deut-
lichkeit erwartet werden kann. Es geht hier wieder nicht um Bestrafung für die Vergangenheit, sondern um die Steuerung zukünftigen
Verhaltens.[275]

Die Abmahnung muss der Arbeitgeber selbst aussprechen, die
Stellungnahme der betrieblichen Beschwerdestelle ist nicht ausrei-
chend.[276] Und die Abmahnung ist – nach angemessener Zeit – aus der
Personalakte zu entfernen, das kann auch vereinbart werden.[277]

Versetzung

Eine Versetzung ist »die Zuweisung eines anderen Arbeitsbereichs, die
voraussichtlich die Dauer von einem Monat überschreitet, oder die mit
einer erheblichen Änderung der Umstände verbunden ist, unter denen
die Arbeit zu leisten ist. Werden Arbeitnehmer nach der Eigenart ihres
Arbeitsverhältnisses üblicherweise nicht ständig an einem bestimmten
Arbeitsplatz beschäftigt, so gilt die Bestimmung des jeweiligen Arbeitsplatzes nicht als Versetzung.« So steht es im Gesetz.[278] Damit ist
gemeint, dass bei nicht ständigem Arbeitsplätze (etwa bei Monteuren)
nicht jeder Arbeitseinsatz mitbestimmungspflichtig ist. Eine Versetzung
kommt insbesondere dann in Betracht, wenn die Arbeit so organisiert
ist, dass Männer und Frauen getrennt werden können.[279]

Der Betriebsrat ist zu beteiligen.[280]

Sehr häufig beschränkt sich der Belästiger aber nicht auf ein Opfer,
so dass auch an einem anderen Arbeitsplatz Belästigungen zu erwarten sind. Wenn es aber reine Männerarbeitsbereiche gibt, dann ist das
eine Option.[281]

Wenn eine Versetzung aus Bestandsschutzgründen nicht möglich
ist, kommt auch eine Änderungskündigung (siehe unter Änderungskündigung) in Frage.

Anspruch auf Kündigung des Belästigers?

Der Arbeitgeber kann den Belästiger kündigen. Die ADS-Studie 2015 erbrachte das befremdliche Ergebnis, dass nur 1% der Personal-verantwortlichen in der Personalabteilung der Auffassung war, dass Kündigungen ein probates Mittel gegen sexuelle Belästigung sei. Dies mag sich daraus erklären, dass eine Kündigung als die härteste Reaktion des Arbeitgebers anzusehen ist, und dass sie davon aus-gingen, das auf einer niedrigeren Schwelle zufriedenstellend regeln zu können.

. In der Regel kann die Entlassung eines Belästigers nicht verlangt werden; das folgt, wie eingangs unter Eskalation der Mittel dargestellt, daraus, dass immer erst die milderen Mittel versucht werden müssen. Bei besonders massiven Übergriffen kann die Fürsorgepflicht gegen-über den Belästigten dann allerdings eine Kündigung notwendig ma-chen.[282]

»Eine sexuelle Belästigung i.S.v. § 3 Abs. 4 AGG stellt nach § 7 Abs. 3 AGG eine Verletzung vertraglicher Pflichten dar. Sie ist ›an sich‹ als wichtiger Grund i.S.v. § 626 Abs. 1 BGB geeignet. Ob die sexuelle Belästigung im Einzelfall zur außerordentlichen Kündigung berechtigt, ist abhängig von den Umständen des Einzelfalls, u.a. von ihrem Umfang und ihrer Intensität.«[283]

Auch bei lange unbeanstandeter Belästigung – im konkreten Fall[284] wurde sie in Kenntnis der Vorgesetzten über Jahre hinweg fortgesetzt– kann der Arbeitgeber dann nicht auf der Stelle fristlos kündigen. Er muss erst versuchen, den Belästiger zur Verhaltensänderung zu brin-gen. Sonst könnte der Eindruck entstehen, dass der Kündigungsgrund sexuelle Belästigung nur vorgeschoben sei. Für die Belästigte ist das kein Nachteil, sie hat ja ihren Anspruch auf bezahlte Freistellung, wenn sie gefährdet ist.

Da es keine absoluten Kündigungsgründe gibt, kommt auch ein genereller Katalog nicht in Frage. Nur ausnahmsweise reichen ver-bale Belästigungen.[285] Arbeitsgerichte sind an strafrechtliche Verurtei-lungen nicht gebunden.[286] Aber immer muss der Reihe nach geprüft werden. Was tut hinreichend weh, um eine Verhaltensänderung ver-lässlich zu bewirken?

Bei der Kündigung wird ein konkreter Sachverhalt unterstellt, der dann für eine Kündigung reichen muss – immer unter der Voraussetzung, dass vorher die Stufen Abmahnung und Versetzung für unzureichend gehalten werden konnten. Nur ausnahmsweise ist das entbehrlich, nämlich dann, wenn der Vorfall so gravierend ist, dass der Belästiger unter keinen Umständen damit rechnen konnte, dass der Arbeitgeber das billigt. Dann gilt der Vertrauensbereich als betroffen. Dann kann sofort gekündigt werden.

Auch wenn der Belästiger ohne jede Einsicht oder Wiederholungstäter[287] ist, wird nicht vermutet, dass er sein Verhalten nunmehr ändert, dann muss gekündigt werden. Bei Wiederholungsbelästigern gilt das Gebot des möglichst milden Mittels nicht mehr:

»Ist der Arbeitnehmer wegen gleichartiger Pflichtverletzungen schon einmal abgemahnt worden und verletzt er seine vertraglichen Pflichten gleichwohl erneut, kann regelmäßig davon ausgegangen werden, es werde auch weiterhin zu Vertragsstörungen kommen. Dabei ist nicht erforderlich, dass es sich um identische Pflichtverletzungen handelt. Es reicht aus, dass die jeweiligen Pflichtwidrigkeiten aus demselben Bereich stammen und somit Abmahnungs- und Kündigungsgründe in einem inneren Zusammenhang stehen. Entscheidend ist letztlich, ob der Arbeitnehmer aufgrund der Abmahnung erkennen konnte, der Arbeitgeber werde weiteres Fehlverhalten nicht hinnehmen, sondern ggf. mit einer Kündigung reagieren.«[288]

Tat- und Verdachtskündigung

Die Kündigung wegen sexueller Belästigung ist als verhaltensbedingte Kündigung möglich als Tatkündigung oder als Verdachtskündigung,[289] der Arbeitgeber kann beide Kündigungen aussprechen, aber er darf die Beweggründe nicht vermischen.[290] Bei der Verdachtskündigung darf er nicht aus einzelnen, für sich unverfänglichen Begebenheiten einen Verdacht konstruieren.[291] Wenn die Indizien stark sind, kann eine Verdachtskündigung auch dann gerechtfertigt sein, wenn das mutmaßliche Opfer sexuelle Kontakte verneint.[292] Vor Ausspruch der Verdachtskündigung muss aber zwingend Gelegenheit gegeben werden, die Verdachtsmomente zu entkräften.[293] Die Anforderungen an die Wirksamkeit einer Verdachtskündigung sind nicht geringer,[294] aber trotz der rechtlichen Zulässigkeit widerspricht das dem allgemeinen rechtlichen Grundsatz in dubio pro reo. Bei der Tatkündigung sagt der Arbeitgeber, dass er diese Belästigungen nicht wünsche und dass der Belästiger das dennoch getan hat, wie die Belästigte als Zeugin bestätigen könne. Das ist an sich ein ganz normaler Vorgang. Wenn es um Zu-Spät-kommen, um Diebstahl, um unsachgemäße Arbeit geht, dann stehen oft Zeugen und Zeuginnen bereit, die den Vorgang bestätigen können. Und dann kommt es natürlich auf die Glaubwürdigkeit der Zeuginnen und Zeugen an. Bei der sexuellen Belästigung ist der Arbeitgeber auf eine Verdachtskündigung nicht angewiesen, weil er ja eine Zeugin hat, die kann die Tat bezeugen. Ich kann nicht nachvollziehen, warum in so vielen Fällen Arbeitgeber Verdachtskündigungen ausgesprochen haben, so, als würden sie die Aussagen der Belästigten nur als ausreichend für einen Verdacht, nicht aber für den Nachweis der Belästigung ansehen. Es ist rechtlich zulässig, vorsichtig, aber es diskriminiert die Zeuginnen.

Druckkündigung

Bei der Druckkündigung verlangt zunächst der Betriebsrat vom Arbeitgeber die Entlassung »betriebsstörender Arbeitnehmer« (§ 104 BetrVG).[295] Es gibt aber auch den Druck von Anderen:

Auch Geschäftspartner oder KollegInnen können mit Nachteilen für den Fall drohen, dass eine bestimmte Person nicht gekündigt wird. Bei sexueller Belästigung könnten ArbeitnehmerInnen geltend machen, dass sie mit dem Belästiger wegen der Belästigung nicht mehr zusammenarbeiten wollen, und dass sie gehen, wenn er nicht gehen muss. »Eine Druckkündigung liegt vor, wenn Dritte unter Androhung von Nachteilen für den Arbeitgeber von diesem die Entlassung eines bestimmten Arbeitnehmers verlangen.«[296] Druckkündigungen kommen nach Kindesmissbrauch vor. Wenn aber der Arbeitsbereich nicht berührt ist, wenn es sich also auch nicht um Kollegenkinder[297] handelt, sollte die Ahndung von Straftaten dem Staat überlassen bleiben. Wenn 300 Beschäftigte streiken, weil ein sexueller Straftäter als Freigänger wieder arbeitet,[298] dann ist das Selbstjustiz und Hexenjagd – und sowieso hat ein sozial integrierter Straftäter weniger Gelegenheit zum Rückfall. Das Streikrecht soll der Verbesserung der Arbeits- und Lebensbedingungen vorbehalten bleiben. Nach früherer Auffassung mussten Betroffene zu dem geltend gemachten Druck nicht einmal angehört werden,[299] das ist nicht rechtsstaatlich, weil sich Druck auch jederzeit organisieren lässt. »Gründe, die eine den Betriebszwecken dienliche weitere Zusammenarbeit zwischen den Parteien nicht erwarten lassen, können nur solche sein, die das persönliche Verhältnis zum Arbeitgeber, die Wertung der Persönlichkeit des Arbeitnehmers, seiner Leistung oder seiner Eignung für die ihm gestellten Aufgaben und sein Verhältnis zu den übrigen Mitarbeitern betreffen.«[300]

Entsprechendes gilt für wichtige Kunden.[301] Zunächst muss wie immer nach dem milderen Mittel gesucht werden und das bedeutet auch, dass der Arbeitgeber versuchen muss, diejenigen, die ihm mit Nachteilen drohen umzustimmen.[302] Der Betriebsfrieden muss wiederholt und ernsthaft gestört sein.[303] Bei einer Druckkündigung kann ausnahmsweise auch eine betriebsbedingte Kündigung in Frage kommen.[304]

Änderungskündigung

Möglich ist auch eine Änderungskündigung, das bedeutet gem. § 2 KSchG eine Kündigung des Arbeitsverhältnisses mit dem gleichzeitigen Angebot zu anderen, in der Regel schlechteren Arbeitsbedingungen weiter zu arbeiten. Dieses Angebot kann abgelehnt oder angenommen werden, eine Klage kann beschränkt werden auf dieses Angebot oder die ganze Änderungskündigung betreffen. Diese kann angezeigt sein, wenn der Belästiger von der Belästigten getrennt werden soll und wenn dies nicht über das Direktionsrecht des Arbeitgebers oder eine Versetzung zu bewerkstelligen ist. Die Änderungskündigung ist wegen ihrer Formerfordernisse juristisch etwas heikel.[305] Die Voraussetzungen für eine Kündigung müssen vorliegen.

Eine Auflistung der Entscheidungen findet sich ab Seite 146 dieses Buches. Sie belegen, dass Belästigung beendet werden kann.

Fristlose Kündigung

Wenn das Ausmaß der Belästigungen derart frauenfeindlich ist, dass der Belästiger unter keinen Umständen mit der Duldung seines Tuns rechnen durfte, dann ist der Vertrauensbereich betroffen und der Arbeitgeber kann auch ohne Abmahnung kündigen.

Sogar die fristlose Kündigung kommt nach § 626 BGB dann in Betracht, wenn die Fortsetzung des Arbeitsverhältnisses bis zu seinem regulären Ende nicht zugemutet werden kann. Sobald der Arbeitgeber die tragenden Gründe für eine Kündigung zusammen hat, muss er innerhalb von zwei Wochen handeln, sonst ist die Kündigung bereits aus formalen Gründen unwirksam.[306]

Das gilt auch für die fristlose Kündigung von Schwerbehinderten,[307] sie sind nicht vor Sanktionen geschützt,[308] allerdings muss auch zu ihren Gunsten berücksichtigt werden, wenn ihre Behinderung für die beanstandete Belästigung ursächlich ist.[309]

Die fristlose Kündigung wird sicher immer dann erwogen werden, wenn etwa eine Auszubildende sexuell belästigt wird. Hier reicht die Frage nach der Echtheit der Oberweite und die anschließende Berührung für eine fristlose Kündigung – sogar nach 30 Jahren Betriebszugehörigkeit.[310]

Die fristlose Kündigung ist bei gravierender Belästigung auch angezeigt, wenn Belästiger und Belästigte auf engem Raum zusammenarbeiten und eine andere Arbeitsmöglichkeit nicht möglich ist.[311]

Wenn der Arbeitgeber einen sachlichen Grund hat für seine Untätigkeit – zum Beispiel den ungewissen Ausgang eines Ermittlungsverfahrens – kann daraus nicht geschlossen werden, dass er nicht kündigen werde und er darf das Ergebnis abwarten. Verdachtskündigungen schaffen endgültige Verhältnisse, und sie sind rechtsstaatlich heikel, darum ist Abwarten empfehlenswert.

Arbeitgeber als Belästiger

Wenn der Arbeitgeber im Arbeitsverhältnis der Belästiger ist, dann wird es schwierig.[312] Natürlich wird er sich selbst nicht mit der Begründung kündigen, dass er nicht sexuell belästigen darf, aber die Belästigte kann ihn auch nicht entlassen. An juristischen Möglichkeiten greifen hier nur die Vorschriften, die ihn in der Ausübung des Berufs einschränken. Aber auch Berufsverbote können verhängt werden und wurden verhängt, das gesetzliche Instrumentarium ist vorhanden.[313]

Das rettet nicht den Arbeitsplatz der Belästigten, aber es gibt wenigstens keine belästigten Nachfolgerinnen. Zu Sanktionsmöglichkeiten siehe das Kapitel »Außerhalb des Arbeitsverhältnisses kein Allgemeines Gleichbehandlungsgesetz«.

Und natürlich bestehen für die Belästigte die Ansprüche auf Leistungsverweigerung, Entschädigung und Schadensersatz (§§ 14 und 15 AGG), wie unter diesen Stichpunkten oben skizziert und ab Seite 120 dieses Buches näher ausgeführt wird.

Wenn der Arbeitgeber Auszubildende sexuell belästigt oder wenn er nicht einschreitet, wird in der Regel die Ausbildungseignung aberkannt.[314] In einem Fall wurde einem Ausbildungsbetrieb »auf Grund rechtskräftiger Verurteilung wegen sexuellen Missbrauchs von Schutzbefohlenen in 110 Fällen« durch den Firmeninhaber die Ausbildungsbefugnis entzogen. Es waren mindestens vier Auszubildende und er tat es immer wieder. Der Firmengründer wechselte die Position und wurde Prokurist, sein Sohn alleiniger Geschäftsführer. Dem Betrieb wurde auferlegt sicherzustellen, dass dieser Prokurist und Firmengründer nicht mehr mit Auszubildenden in Berührung käme. Dem wollte der Sohn nicht nachkommen, weil der Vater doch eine günstige Sozialprognose habe, dem folgte das Gericht aber nicht.[315] Dieser Tatbestand dürfte ein überzeugendes Beispiel für ein verstümmeltes Unrechtsbewusstsein sein.

Exkurse

Dem eigenen Wohle dienen: Beamte

»Ein Beamter, der innerhalb des Dienstes Mitarbeiterinnen oder Mitarbeiter sexuell belästigt, verletzt in schwerwiegender Weise Würde und Ehre der Betroffenen, stört den Dienstfrieden und beeinträchtigt deshalb seine Pflicht zu achtungs- und vertrauensgerechtem Verhalten … Vor allem weibliche Beschäftigte müssen im Dienst vor sexuellen Belästigungen seitens ihrer Vorgesetzten und Kollegen sicher sein«.[316]

Das AGG findet Anwendung auch für Beamte (§ 24 AGG). Im Beamtenrecht gelten jedoch Besonderheiten, die hier nur gestreift werden. Der Gedanke der Prävention, also die Vermeidung zukünftiger sexueller Belästigungen, wird durch Strafmaßnahmen ergänzt, wobei es regelmäßig zu Doppelbestrafungen kommen kann.[317]

Auch außerdienstliches Verhalten kann herangezogen werden,[318] nach strafrechtlicher Verurteilung gibt es weitere interne Strafmaßnahmen. Der Hang eines Beamten zur sexuellen Belästigung gilt als schädliche Neigung und als Charaktermangel, der mit dem Berufsbeamtentum unvereinbar ist.[319]

Das gilt in besonderem Maße dann, wenn außerdienstliche sexuelle Präferenzen in hohem Maße Rückschlüsse auf die Dienstausübung zulassen, wie es etwa aus dem Besitz von Kinderpornografie bei Lehrern und Polizisten geschlossen werden kann.[320]

Es gibt es ein ganzes Bündel von möglichen Maßnahmen, das sich nach dem Bundesdisziplinargesetz (BDG) vom 05.02.2009 richtet. Dort sind in § 5 folgende Arten von Disziplinarmaßnahmen aufgelistet:

(1) Disziplinarmaßnahmen gegen Beamte sind:
    1. Verweis (§ 6)
    2. Geldbuße (§ 7)
    3. Kürzung der Dienstbezüge (§ 8)
    4. Zurückstufung (§ 9) und
    5. Entfernung aus dem Beamtenverhältnis (§ 10)
(2) Disziplinarmaßnahmen gegen Ruhestandsbeamte sind:
    1. Kürzung des Ruhegehalts (§ 11) und
    2. Aberkennung des Ruhegehalts (§ 12).
(3) Beamten auf Probe und Beamten auf Widerruf können nur Verweise erteilt und Geldbußen auferlegt werden. Für die Entlassung von Beamten auf Probe und Beamten auf Widerruf wegen eines Dienstvergehens gelten § 34 Abs. 1 Nr. 1 und Abs. 3 sowie § 37 des Bundesbeamtengesetzes.

Die Aberkennung des Ruhegehalts wird durchaus praktiziert.[321]

Die Disziplinargesetze der Länder regeln Gleiches, aber nicht identisch. Wegen dieses unterschiedlichen rechtlichen Bezugsrahmens (Bund, verschiedene Bundesländer) wird die Darstellung der rechtlichen Folgen hier vernachlässigt.

Nach Leibeskräften: Schule

Schülerinnen und Schüler werden besonders geschützt. Auch der Unterricht selbst soll frei von »Irritationen« sein.[322] Übergriffe sind aber kein Unterfall sexueller Belästigung, nicht nur Unrecht, sondern strafbewehrtes Unrecht, sie unterliegen strafrechtlicher Verfolgung.[323] Fundstellen zu Entscheidungen sind in den Endnoten aufgelistet.[324] Das Bundesverwaltungsgericht ist da eindeutig: »Unter der Geltung der erhöhten Strafandrohung des § 184b Abs. 5 StGB ist in den Fällen des Besitzes kinderpornographischer Schriften angesichts der Dienstpflichten von Lehrern der Orientierungsrahmen die Entfernung aus dem Beamtenverhältnis.«[325] Wegen der Nähe des Delikts zu den anvertrauten Kindern und Jugendlichen wird unterstellt, dass er auch im Dienst sexualisiert agiert und deswegen darf er nicht Lehrer bleiben.

Fordern statt fördern: Hochschule

Auch an der Hochschule werden sexuelle Übergriffe aus gutem Grund[326] besonders geahndet, wobei bestürzend ist, ein wie hohes Maß an Angst die Belästigten haben.[327] Da sind Lebensentwürfe gefährdet, wenn der Professor mitten im Verfahren etwa der Promotion sexuelle Gegenleistung für inhaltliche und formale Förderung will. Aber es sind nicht nur die Professoren und Mitarbeiter an der Universität, die machen 10 % aus, 90 % sind Kommilitonen, die sich an Studentinnen vergreifen. Mehr als die Hälfte der Studentinnen erfuhr sexuelle Übergriffe und Gewalt.

Handarbeit: Fahrlehrer

Bei Fahrlehrern endeten die Verfahren mit der Verurteilung bzw. dem Widerruf der Fahrlehrererlaubnis.[328] Es wurden – im Verhältnis zur Schule – vergleichsweise viele Verfahren gefunden. Die vergleichsweise Häufigkeit mag drei unterschiedliche Gründe haben, die alle ins Schema passen: (1.) Er kann den Aufenthaltsort bestimmen. (2.) Die Frauen sind jung, und es waren immer mehrere Belästigte. (3.) Sie sind abhängig von ihm in Bezug auf das Bestehen der Fahrprüfung. Aber diese Abhängigkeit ist zeitlich begrenzt, danach wird frau den Fahrlehrer mit den vielen Händen nie wiedersehen müssen, das macht die Einleitung von Verfahren einfacher.

Vermintes Gelände: Polizei und Bundeswehr

Bei Polizei und Bundeswehr gehört Machtausübung zum Berufsbild. Es wäre naiv anzunehmen, dass die Aufgabe von Polizei und Militär, das staatliche Gewaltmonopol zu sichern und anzuwenden, nicht immer wieder zu einem Kult der Macht führt, die »normal« erscheint. Mit der Öffnung dieser Einrichtungen auch für Frauen gab es beim männlichen Personal erhebliche Irritationen und massive Ängste.[329] Das bringt eine Variante ins Spiel, nämlich sexuelle Belästigung aus befürchtetem Machtverlust.

Dieser Befund wird bestätigt durch die Studie des Zentrums für Militärgeschichte und Sozialwissenschaften der Bundeswehr »Truppenbild ohne Dame?«,[330] wonach sich die Soldaten in der Bundes-

wehr gegenüber den Soldatinnen benachteiligt fühlten. Der sexualisierte Ton in den Kasernen ist ausweislich der Urteile nicht rau, wie es
immer beschönigend heißt, sondern vielfach pubertär und diskriminierend. Es ist nicht vertrauensbildend, wenn ein Oberleutnant einen
Wehrpflichtigen mehrfach auffordert, »seine Äußerung, er könne drei
Meter weit onanieren, unter Beweis zu stellen«.[331] Dieser Vorbehalt
gilt auch gegenüber dem Inspektionschef, der neben praktizierter Belästigung »In-den-Arm-nehmen einer Soldatin oder … Kraulen ihres
Nackens ebenso wie der Griff an ihre Brüste, das Klopfen auf ihr
Gesäß oder die manuelle Annäherung in Richtung Ausschnitt« – im
Unterricht Soldaten öffentlich nach ihrem letzten Geschlechtsverkehr
fragte.[332]

Bei der Bundeswehr ging es zunächst um sexuelle Belästigungen
gegenüber Zivilangestellten oder um homosexuelle Belästigungen,
aber natürlich streng hierarchisch von oben nach unten, wie sich an-
hand der Dienstgrade dokumentieren lässt.[333] Dass Männer sich in
derart unterlegenen Positionen auch nicht als Helden aufführen, wurde bereits weiter oben referiert, als es um das angeblich immer falsche
Verhalten der Belästigten ging. Das Bundesverwaltungsgericht urteil-
te 2001, es mache keinen Unterschied, »ob es sich um hetero- oder
homosexuell bedingtes Fehlverhalten oder um persönlichkeitsbeding-
te Neigungssexualität handelt …«[334]

Eigene Moralvorstellungen zu Treue und Kameradschaft wurden
gepflegt, indem etwa der Dienstherr den Hüter der Ehe der Soldaten
spielt.[335] Die ausschweifende öffentliche Schilderung eigener sexueller Aktivitäten und das Werben um Aufmerksamkeit mit den Worten
»Jetzt juckt mich mein Schwanz« oder »Jetzt krieg ich einen Steifen«[336]
zeugen überdies von erschreckend pubertärem Verhalten.

Ähnliches gilt für die Polizei. In den einschlägigen Urteilen tritt
deutlich sexuell eingefärbte Aggressivität zu Tage. Frauen, aber auch
Männer werden die Vertrauenswürdigkeit jenes Polizisten (Polizei-
obermeister, Leiter einer Ermittlungskommission) in Frage stellen,
der Frauen generell als »Spaltenpisser« bezeichnet, das aber nicht
ehrverletzend gemeint haben will.[337] Im Zusammenhang mit der vermeintlichen Bevorzugung einer Kollegin, die ihr geneidet wurde, fiel

der Begriff »Schlitz- oder Fotzenbonus«,[338] der unterstellt, dass Frauen systematisch bevorzugt (und nicht nur gefördert) würden.

Bei der Polizei fallen die Verfahren zum Bundesgrenzschutz auf. Hier macht sich bemerkbar, dass es sich um einen besonders militarisierten Bereich bei der Polizei handelt. Manche Anmutungen, die ausgewachsene Polizisten[339]– wiederum strikt hierarchisch – mobilisieren, sind von bestürzender Dürftigkeit: Da hat jemand »eine Magnesium-Brausetablette in die Hand genommen und vor Kriminaloberkommissarin XXX gehalten. Dabei habe er gesagt, dass sie sich ›die Tablette unten reinstecken solle, da dies schön sprudeln würde.‹«[340] Möchte frau da nachts in eine Verkehrskontrolle geraten? Oder wie witzig finde ich, wenn »ein Beamter nackt mit Polizeimütze auf einem Tretroller über den Flur des neuen Polizeipräsidiums in Frankfurt fährt«?[341]

Oder wie erwachsen ist es denn, wenn ein Leitender Regierungsdirektor in seinem Büro eine ihm unterstellte Referentin »mit einer aus dem Bereich der Selbstverteidigung stammenden, überraschenden Handbewegung gegen ihren erkennbaren Willen an ihren Händen ergriffen, sie auf seinen Rücken gezogen und in dieser Position einige Schritte weit und einige Sekunden lang durch sein Dienstzimmer getragen«[342] hat? Die Belästigte hat später ausgesagt, sie sei sich vorgekommen wie ein strampelnder Maikäfer und hatte panische Sorge, jemand könne reinkommen und sie so sehen und gar vermuten, sie strampele freiwillig. Der gleiche Beamte hat einer anderen Referentin »gegen ihren ausdrücklich erklärten Willen seine angeblichen Beobachtungen geschildert, die er auf einer Toilette des Bundestages über Größe und Aussehen des Geschlechtsteils des Abgeordneten S. gemacht habe«, und das dann noch anzüglich in Bezug auf ihre Person kommentiert.[343] Oder wie muss frau sich ein Klima vorstellen, in dem mehrere Polizeimeister-Anwärter in einen »regelrechten Wettkampf im Ablassen von Blähungen« eintreten und Kolleginnen ins Gesicht rülpsen?[344]

Der Vorfall, von dem eine Polizistin erzählt, passt auch mehr in das Vorschulalter: ihr Vorgesetzter, ein Hauptkommissar, hat sie in sein Zimmer, in dem mehrere Kollegen anwesend waren, gerufen »und sie

dort aufgefordert, sich auf ein Trainingsgerät zu setzen und sich aus-
zuziehen, damit ›Doktorspielchen‹ gemacht werden könnten.«[345] Ich
vermute, dass auch viele Männer derart sexistische Verhaltensweisen
für abschreckend und erschreckend infantil halten und mit solchen
Kollegen höchst ungern zusammenarbeiten.

Es muss nur beiläufig erwähnt werden, dass stets streng hierarchisch von oben nach unten belästigt wird.[346]

Wie heißt es in den Einstellungsverfügungen zweier Disziplinarverfahren? »Die von dem Beamten verwendete abwertende Bezeich-
nung für Frauen gehöre in der Einheit zum gängigen Sprachgebrauch
und sei dort wertfrei und nicht negativ belegt.«[347] Darauf berief sich
auch der Beamte, der neben mannigfaltigen Handgreiflichkeiten
insbesondere am Po bei verschiedenen Untergebenen auch gerne
von »Titten und Ärschen«, insbesondere auch vom »geilen Enten-
arsch«[348] sprach: »Der Umgangston bei kasernierten Polizeieinheiten
sei anders, stellenweise äußerst drastisch. Daraus erkläre sich, dass
die verwendeten Begriffe durchaus nicht unüblich seien. Der Beamte
habe die ihm anvertrauten Kolleginnen angefasst aufgrund des kame-
radschaftlichen Verhältnisses.«[349] Und wie sagte der Polizeimeister-
anwärter zu seiner Entschuldigung? Er habe sich »nicht regelmäßig,
sondern nur vereinzelt unkorrekt und beleidigend geäußert und verhalten.«[350]

Sexualität und Gewalt

Von diesen Gewaltphantasien auf einem Verkehrsschild in Korsika distanziere ich mich. Das empfehle ich nicht.

Warum schießfreudige korsische Machos nicht nur auf blanke Verkehrsschilder, sondern häufig auch auf den Genitalbereich arbeitender Männer auf Verkehrsschildern (gerne auch mit Kühen und Schafen, nicht aber mit Schulkindern) zielen, kann nur vermutet werden: Die Bauarbeiter haben oftmals arabische Wurzeln, und es wird nicht auf Kopf oder Herz gezielt, sondern auf den Genitalbereich, so dass sie sexuell ausgeschaltet werden, Sexismus und Rassismus sind Brüder. Und so gab es Disziplinarverfahren[351] auch wegen rechtsradikaler Gedankengänge und sexueller Belästigung gleichzeitig. Das wird hier nicht vertieft. In diesem Buch sind brutale Übergriffe nicht Gegenstand, weil das juristisch und reaktionsmäßig leichter überschaubar ist. Aber es soll doch gesagt werden, dass die Verknüpfung von Sexualität und Gewalt nicht selten ist[352] und zu sadistischen Exzessen führen kann.

Ich will das abschließend mit zwei Beispielen illustrieren, die ich in meiner Tätigkeit als Rechtssekretärin der Gewerkschaften erlebt habe. Naturgemäß macht sich da frau bei den Arbeitgebern keine Freunde. Aber zwei üble Nachreden, die mir von Betriebsräten zugetragen wurden, haben mich erschreckt. Der eine Arbeitgeber sagte: »Die sollte man teeren und federn und nackt aus der Stadt jagen.« Und der andere: »Der wünsche ich ein Kind von 40 Pfund.« Und am meisten hat mich erschreckt, dass die freundlichen Betriebsräte dem Arbeitgeber gegenüber den Mund gehalten haben.

Handlungsbedarf

Was also tun? Alle vorgestellten Studien riefen große Überraschung und Verurteilung hervor.[353] Die sexuelle Wirklichkeit in Betrieben schien mit jeder Studie neu entdeckt worden zu sein. Doch eher selten wurde der Fragen nachgegangen, wie sexuelle Belästigung praktisch eingeschränkt und endlich nachhaltig beseitigt werden könnte.

Tab. 10: Handlungsbedarf (Angaben in Prozent)

	Alle	Betriebsräte und Personalverantwortliche
Bessere Schulungen von Personalverantwortlichen und Betriebsrät_innen	82	69
Mehr Aufklärung in Schulen und über Medien	81	74
Verschärfung der beruflichen Konsequenzen für Täter_innen	77	57
Notwendigkeit präsenter Ansprechpartner_innen	76	63
Weniger sexualisierte Darstellung von Frauen in den Medien	55	48
Mehr Frauen in Führungspositionen	43	44
Mehr Aufklärung im Betrieb		52
Es muss gar nichts unternommen werden	14	10

Die Studie der ADS[354] erbrachte über die gesetzlichen Ansprüche hinaus folgenden Handlungsbedarf (siehe Tabelle 10):

Auffällig ist, dass in diesen Antworten der Arbeitgeber als Adressat von Forderungen nicht vorkommt. Aber es müssen alle aktiv werden, vorrangig der Arbeitgeber, wie gezeigt wurde und wie nicht oft genug wiederholt werden kann. Freilich muss er, wie die Erfahrung auch auf anderen Konfliktfeldern zeigt, dazu nachdrücklich angehalten werden. Die Umfragen zeigen, dass die betriebliche Wirklichkeit vom Gesetz weit entfernt ist. Ein ambitionierter Gesetzgeber mit Selbstachtung und Gestaltungswillen kann nicht hinnehmen, dass seine guten Absichten so ignoriert werden – zu Lasten der Belästigten.

Dabei geht ohne Kontrollen fast nichts. Der Aufruhr beim Mindestlohn gibt eine Ahnung, was passiert, wenn Frauen- und Gleichstellungsbeauftragte oder der Zoll die Betriebe auch nur hinsichtlich der ausgehängten Gesetze und Informationen kontrollierten! Geborene Sachwalter wären die Berufsgenossenschaften, in deren Aufgabenkatalog[355] die Vermeidung von sexueller Belästigung zu integrieren ist. Wünschenswert sind dann Sanktionen, die nicht darauf angewiesen sind, dass eine mutige Belästigte Forderungen stellt. Nicht die Belästigte, sondern der Arbeitgeber ist für das belästigungsfreie Klima verantwortlich. Das muss Richtschnur aller Aktivitäten sein. Hilfreich wären Bußgeldvorschriften, wie sie etwa das Betriebsverfassungsgesetz bereits kennt. Die Einstufung zumindest als Ordnungswidrigkeit würde die Verantwortlichkeit des Arbeitgebers unterstreichen.

Vielleicht könnte ein vorsichtiger Beginn darin bestehen, die Erfüllung der formalen Anforderungen (s. o.) des AGG abzufragen und Verletzungen der Pflichten gegebenenfalls zu ahnden. Die Belästigte wäre in einem solchen Verfahren natürlich gegebenenfalls Zeugin.

Jetzt wurde ein Gesetzentwurf bekannt, der im Sexualstrafrecht die Situation der vergewaltigten Frau endlich verbessern soll, weil höhere Anforderungen an ein behauptetes Einvernehmen gestellt werden. Die Schwelle zum kriminellen Übergriff wird also niedriger, das wird Auswirkungen auch auf den Tatbestand der Belästigung haben. Die Istanbul-Konvention die das vorgibt (Übereinkommen des Europarats zur Verhütung und Bekämpfung von Gewalt gegen Frauen und häuslicher Gewalt, (www.humanrights.ch/de/internationale-menschenrechte/europarat-abkommen/gewalt-gegen-frauen/) aus dem Jahr 2011, die das sexuelle Selbstbestimmungsrecht stärken soll, ist bis jetzt von 18 Mitgliedsstaaten, von Albanien bis zur Türkei ratifiziert, nicht aber von der Bundesrepublik Deutschland und auch nicht vom Heiligen Stuhl.

Verbündete werden aktiv

Wie eine Betriebsvereinbarung aussehen kann:
Das Beispiel VW

Partnerschaftliches Verhalten am Arbeitsplatz
(BV 2/96 NEU, Gültig ab 01.01.2007)

Präambel

Eine Unternehmenskultur, die sich durch ein partnerschaftliches Verhalten am Arbeitsplatz

auszeichnet, bildet die Basis für ein positives innerbetriebliches Arbeitsklima und ist damit eine wichtige Voraussetzung für den wirtschaftlichen Erfolg eines Unternehmens.

Jede Art von Diskriminierung durch Benachteiligung und Belästigung,

- insbesondere in Form von sexueller Belästigung und Mobbing, ist eine schwerwiegende Störung
- des Arbeitsfriedens. Diskriminierung verletzt das Persönlichkeitsrecht jedes Einzelnen und steht im Widerspruch zu den in den Konzernleitlinien verankerten Werten wie z. B. Respekt. Damit ist sowohl jeder Beschäftigte[*356] als auch das Unternehmen verpflichtet, Diskriminierungen zu unterbinden und ein partnerschaftliches Klima zu fördern und aufrecht zu erhalten. Dies gilt auch für Werbung und Darstellung in der Öffentlichkeit.

1. Geltungsbereich

Diese Betriebsvereinbarung gilt
räumlich: Für die Standorte der Volkswagen AG
persönlich: Für alle Beschäftigten der Volkswagen AG.

2. Grundsätze

Jeder Beschäftigte ist verpflichtet, jede Art von Diskriminierung zu unterlassen und ein respektvolles, partnerschaftliches Miteinander zu ermöglichen. Hierzu gehört, die Persönlichkeit jedes anderen zu respektieren.

Nicht statthaft ist jede Art von *Diskriminierung* in Form der
- Benachteiligung oder Anweisung zur Benachteiligung,
- Belästigung bis hin zum Mobbing sowie
- sexuellen Belästigung
- zum Beispiel aus Gründen der Rasse, der ethnischen Herkunft, des Geschlechts, der Religion, der Weltanschauung, einer Behinderung, des Alters oder der sexuellen Identität.

Eine *Benachteiligung* liegt vor, wenn jemand eine ungünstigere Behandlung erfährt als eine andere Person in einer vergleichbaren Situation. Dazu gehört auch, wenn dem Anschein nach neutrale Kriterien und Verfahren zu einer Benachteiligung führen.

Zu *Belästigungen* zählen alle Verhaltensweisen, mit denen die Würde einer Person verletzt wird oder werden soll. Alle Einschüchterungen, Anfeindungen, Erniedrigungen, Entwürdigungen oder Beleidigungen im Umfeld einer Person gehören dazu.

Mobbing liegt vor, wenn eine oder mehrere Personen systematisch wiederholt eine Person direkt oder indirekt anfeinden. Zum Beispiel durch
- absichtliches Zurückhalten von arbeitsnotwendigen Informationen oder sogar Desinformation oder
- unwürdige Behandlungen durch Vorgesetzte, wie z.B. die Zuteilung kränkender, unlösbarer, sinnloser oder gar keiner Aufgaben.

Unter *sexuelle Belästigung* fallen unerwünschte
- sexuelle Handlungen und Aufforderungen zu diesen,
- sexuell bestimmte körperliche Berührungen,
- Bemerkungen sexuellen Inhalts sowie
- unerwünschtes Zeigen und sichtbares Anbringen von pornographischen Darstellungen.
- Was als sexuelle Belästigung empfunden wird, ist durch das subjektive Empfinden des Betroffenen bestimmt.

Eine unterschiedliche Behandlung stellt grundsätzlich dann keine Diskriminierung dar, wenn sie der Beseitigung bestehender Nachteile dient oder aus sonstigen Gründen sachlich gerechtfertigt ist, z. B. wegen beruflicher Anforderungen. Die genannten Grundsätze gelten gleichermaßen für das Verhalten von Beschäftigten gegenüber Dritten (z. B. Fremdfirmenangehörigen und Kunden).

Sollte ein Beschäftigter einen Verstoß gegen das beschriebene Diskriminierungsverbot wahrnehmen, so ist er verpflichtet, hierüber entweder seinen betrieblichen Vorgesetzten, das Personalwesen oder den Betriebsrat zu informieren.

3. Beratung
Jeder Beschäftigte kann sich, wenn er sich diskriminiert fühlt, an benannte Berater wenden. Diese haben die Aufgaben:
- die Betroffenen zu beraten, zu unterstützen und ggf. zu schützen
- auf Wunsch des Betroffenen in getrennten und/oder gemeinsamen Gesprächen mit den beteiligten Personen den Sachverhalt festzustellen und ggf. zu dokumentieren,
- über die tatsächlichen und arbeitsrechtlichen Zusammenhänge und Folgen einer Diskriminierung im vorgenannten Sinne am Arbeitsplatz aufzuklären.
- Die Beratung soll möglichst zeitnah stattfinden. Sie hat das Ziel, den Konflikt einvernehmlich zu lösen.

Das Anforderungsprofil und die Auswahl der Berater werden zwischen Personalwesen und Betriebsrat festgelegt.

4. Beschwerderecht

Jeder Beschäftigte kann sich bei der zuständigen Stelle im Personal-wesen beschweren, wenn er sich diskriminiert fühlt.

Die Beschwerde ist zu prüfen und das Ergebnis dem Beschäftigten mitzuteilen. Soweit dies notwendig ist, leitet das Personalwesen erfor-derliche Maßnahmen ein.

Die Regelungen des Betriebsverfassungsgesetzes über das all-gemeine Beschwerderecht bleiben unberührt. Die Beschwerde darf nicht zu Benachteiligungen führen. Anonyme Beschwerden werden grundsätzlich nicht weiter verfolgt.

5. Vertraulichkeit

Über die Informationen und Vorkommnisse, persönlichen Daten und Gespräche ist gegenüber Dritten, die am Verfahren nicht beteiligt sind, absolutes Stillschweigen zu bewahren.

6. Maßnahmen

Verstoßen Beschäftigte gegen das Diskriminierungsverbot, so sind im Einzelfall die geeigneten, erforderlichen und angemessenen Maß-nahmen nach der Arbeitsordnung oder arbeitsrechtliche Maßnahmen wie z. B. Abmahnung, Umsetzung, Versetzung oder Kündigung zu er-greifen. Die Durchführung erfolgt unter Berücksichtigung der Beteili-gungsrechte des Betriebsrats.

Zur Abhilfe kann auch ein Beratungs- oder Therapieangebot er-folgen.

7. Fördermaßnahmen

Aus- und Fortbildung

Das Unternehmen gewährleistet die Erstellung zielgruppenspezifi-scher Schulungen und Seminare. Im Rahmen der beruflichen Aus-und Fortbildung von Volkswagen-Beschäftigten erfolgen regelmäßige, zielgruppenspezifische Schulungen im erforderlichen Umfang zum Thema Schutz und Abwehr von Diskriminierung, sexueller Belästi-gung und Mobbing, Rechtschutz für Betroffene und Handlungsver-pflichtungen der Vorgesetzten.

Dies gilt insbesondere für

- betriebliche Vorgesetzte,
- Ausbilder/Ausbilderinnen,
- betriebliche Ausbildungsbeauftragte,
- Beschäftigte des Personalwesens und des Gesundheitsschutzes sowie Mitglieder des Betriebsrates.

Information und Aufklärung
Die umfassende Information und Aufklärung der Beschäftigten über partnerschaftliches Verhalten erfolgt durch zielgruppenorientierte Medien.

8. Schlussbestimmung

Die Betriebsvereinbarung tritt am 01.01.2007 in Kraft. Sie kann mit einer Frist von 3 Monaten zum Jahresende, erstmals zum 31.12.2008, gekündigt werden.

Die Betriebsvereinbarung 2/96 »Partnerschaftliches Verhalten am Arbeitsplatz« wird durch diese Vereinbarung ersetzt.

Im Übrigen bleiben die gesetzlichen Bestimmungen über Benachteiligungsverbote unberührt.

Wolfsburg, den 08.12.2006
Volkswagen AG
Gesamtbetriebsrat
Unternehmensleitung

Angehörige von Fremdfirmen

Die in der Betriebsvereinbarung enthaltenen Verhaltensgrundsätze sollen gleichermaßen für die bei Volkswagen tätigen Angehörigen von Fremdfirmen gelten. Eine Missachtung dieser Verhaltensgrundsätze kann ein Werksverbot für Fremdfirmenangehörige nach sich ziehen.

VW Betriebsvereinbarung Nr. 01/07 vom 08.12.2006
»Partnerschaftliches Verhalten am Arbeitsplatz – BV 2/96 NEU«

Wie ein Aushang des Betriebsrates aussehen kann

Liebe Kolleginnen und liebe Kollegen,

sexuelle Belästigung ist Unrecht. Wir verstehen unter sexueller Belästigung ein unerwünschtes, sexuell bestimmtes Verhalten, wozu auch unerwünschte sexuelle Handlungen und Aufforderungen zu diesen, sexuell bestimmte körperliche Berührungen, Bemerkungen sexuellen Inhalts sowie unerwünschtes Zeigen und sichtbares Anbringen von pornographischen Darstellungen gehören.

Sexuelle Belästigung bezweckt oder bewirkt, dass die Würde der betreffenden Person verletzt wird, insbesondere wenn ein von Einschüchterungen, Anfeindungen, Erniedrigungen, Entwürdigungen oder Beleidigungen gekennzeichnetes Umfeld geschaffen wird.

So wird sexuelle Belästigung im Allgemeinen Gleichbehandlungsgesetz AGG – definiert. Es hängt am Schwarzen Brett aus, ihr könnt es nachlesen unter § 3 Abs. 4 AGG.

Wenn jemand sagt, ein Spruch sei nicht diskriminierend gemeint gewesen, dann sagen wir, dass es darauf überhaupt nicht ankommt. Entscheidend ist, wie ein Spruch ankommt. Wenn elf losprusten und eine Kollegin betreten guckt, weil sie sich sexuell belästigt fühlt, spielt es überhaupt keine Rolle, ob Ihr das übertrieben findet oder nicht, und egal, ob der Witz komisch war oder nicht.

Wer sich dagegen verwahrt, wer sich beschwert, wer verlangt, dass solche Sprüche aufhören, wird uns als Verbündete haben. Das geht notfalls auch anonym, ist dann aber schwieriger, weil eine Zeugin ausfällt. Und wenn es um mehr geht als um doofe Witze, dann gilt das umso mehr.

Wir haben im Betriebsrat Kollegin X als Ansprechperson bestimmt, aber Ihr könnt natürlich frei wählen, wem Ihr euch anvertraut.

Unsere Sprechstunde ist bekanntlich …

In der Beschwerdestelle ist AB verantwortlich, die Ihr ABC jederzeit erreichen könnt.

Herzliche Grüße Euer Betriebsrat

Kleine Rede auf der Betriebsversammlung

Auf Betriebsversammlungen kann der Personalchef als Verbündeter verpflichtet werden, nach einem Referat zum Thema seine Autorität auszuspielen, damit das Thema nicht in Gelächter oder Abfälligkeit untergeht. Es ist schlimm genug, dass wir uns da rückversichern müssen, denn sexuelle Belästigung ist eine Benachteiligung wie andere auch und nicht komisch. Aber natürlich ist eine geeignete Person für so eine Rede auch die Person, bei der eine Beschwerde nach § 13 AGG vorgebracht werden kann.

Liebe Kolleginnen und Kollegen,
wir wollen alle, dass in diesem Betrieb alle unbeschwert ihrer Arbeit nachgehen.

Was macht eine Blondine, wenn der Computer brennt?
Sie drückt die Löschtaste.
Das war jetzt nicht wirklich witzig, aber ein paar haben schon geschmunzelt.
Ich habe noch was: In jedem Mann steckt was Gutes. Und wenn es nur ein Küchenmesser ist. Erwischt. Das fandet Ihr nun gar nicht komisch. Man kann sich eben leichter über Blondinen lustig machen als über Männer.
Niemand soll schief angesehen werden, weil sie nicht die gleichen Witze komisch findet wie man selbst, also spart euch sexistische Witze für den Feierabend auf. Eure Freunde können euch die Freundschaft kündigen oder mit lachen. Das ist unbenommen. Aber hier im Betrieb hätten wir gerne einen diskriminierungsfreien Raum. Und was wir überhaupt nicht wollen, ist, dass Firmenneulinge getestet werden, wie viel Spaß sie denn so verstehen.

Und wenn Ihr glaubt, Sexismus fände bei uns nicht statt, dann wart Ihr offenbar noch nie ABC (konkretes Beispiel).
Sexuelle Belästigung am Arbeitsplatz ist Unrecht und ein Arbeitsvertragsverstoß. Das kann euch Herr XY gerne genauer sagen und auch die Konsequenzen darlegen, die bis zur Kündigung reichen

können. Wir als Betriebsrat werden uns jedenfalls bei einem Konflikt zwischen einer Belästigten und einem Belästiger ohne Ansehen der Person auf die Seite der Belästigten stellen, belästigte Männer sind stets mit gemeint.

Und was sexuelle Belästigung ist, steht im Gesetz, in § 3 Allgemeines Gleichbehandlungsgesetz; das könnt Ihr am Schwarzen Brett nachlesen, nämlich: »Eine sexuelle Belästigung ist eine Benachteiligung« – also eine gesetzlich unzulässige Benachteiligung, »wenn ein unerwünschtes, sexuell bestimmtes Verhalten, wozu auch unerwünschte sexuelle Handlungen und Aufforderungen zu diesen, sexuell bestimmte körperliche Berührungen, Bemerkungen sexuellen Inhalts sowie unerwünschtes Zeigen und sichtbares Anbringen von pornographischen Darstellungen gehören, bezweckt oder bewirkt, dass die Würde der betreffenden Person verletzt wird, insbesondere wenn ein von Einschüchterungen, Anfeindungen, Erniedrigungen, Entwürdigungen oder Beleidigungen gekennzeichnetes Umfeld geschaffen wird.« Diese gesetzliche Definition umfasst also alles in Wort, Bild und Tat, was an unerwünschtem Verhalten denkbar ist.

Vor allem, so sagen die Gerichte, kommt es immer auf die Bewertung der Belästigten an. Da kann ein Scherz leicht ins Auge gehen.

Wir haben im Betriebsrat Kollegin X als Ansprechperson bestimmt, aber Ihr könnt natürlich frei wählen, wem Ihr euch anvertraut.

Unsere Sprechstunde ist bekanntlich …

In der Beschwerdestelle ist AB verantwortlich, die Ihr ABC jederzeit erreichen könnt.

Wie ein Flugblatt für die Damentoilette aussehen kann

Auf der Sitzung eines Ortsfrauenausschusses kamen wir zu dem Ergebnis, dass niederschwellige Aktionen vielleicht gut passen. Die Kolleginnen dort erreichen, wo sie ungestört sind, schien uns eine defensive, aber wirkungsvolle Idee die auch von Frauenhäusern praktiziert wird: Dort können mit oder ohne Zustimmung des Arbeitgebers Flyer aufgehängt oder ausgelegt werden. Der Arbeitgeber dürfte seine Zustimmung eigentlich nicht verweigern, wenn er seine Verpflichtung aus dem AGG ernst nimmt.

Liebe Kollegin,
Wir sind hier nicht die Sittenpolizei, sondern wir wollen, dass Kolleginnen Aufzüge und lange Gänge unbehelligt durch doofe Sprüche, lästiges Pfeifen usw. benutzen können. Das alles und noch mehr ist sexuelle Belästigung und damit ein Angriff auf unseren Status als gleichberechtigte Arbeitnehmerin.

§ 3 Abs. 4 AGG beschreibt das so:
»Eine sexuelle Belästigung ist eine Benachteiligung« – also eine gesetzlich unzulässige Benachteiligung, »wenn ein unerwünschtes, sexuell bestimmtes Verhalten, wozu auch unerwünschte sexuelle Handlungen und Aufforderungen zu diesen, sexuell bestimmte körperliche Berührungen, Bemerkungen sexuellen Inhalts sowie unerwünschtes Zeigen und sichtbares Anbringen von pornographischen Darstellungen gehören, bezweckt oder bewirkt, dass die Würde der betreffenden Person verletzt wird, insbesondere wenn ein von Einschüchterungen, Anfeindungen, Erniedrigungen, Entwürdigungen oder Beleidigungen gekennzeichnetes Umfeld geschaffen wird.« Diese gesetzliche Definition umfasst also alles in Wort, Bild und Tat, was an unerwünschtem Verhalten denkbar ist.

Manchmal ist frau unsicher, wie etwas gemeint ist und ob sie berechtigt ist, sich zu wehren. Es ist aber nicht wichtig, wie es gemeint ist, sondern es kommt darauf an, wie es ankommt.

So formuliert es das Bundesarbeitsgericht (09.06.2011 Aktenzeichen 2 AZR 323/10): »Das jeweilige Verhalten muss bewirken oder bezwecken, dass die Würde der betreffenden Person verletzt wird. Relevant ist entweder das Ergebnis oder die Absicht ... Für das »Bewirken« genügt der bloße Eintritt der Belästigung. Gegenteilige Absichten oder Vorstellungen der für dieses Ergebnis aufgrund ihres Verhaltens objektiv verantwortlichen Person spielen keine Rolle ... Auf vorsätzliches Verhalten kommt es nicht an. ... Unmaßgeblich ist, wie er selbst sein Verhalten eingeschätzt und empfunden hat oder verstanden wissen wollte.«

Das bedeutet, dass die Frau in ihrer Beurteilung maßgeblich ist, ob etwas eine sexuelle Belästigung ist, der Mann mag sagen, er habe es nicht böse gemeint, das ist egal.

Sexuelle Belästigung ist verboten und sie kann auch für den Belästiger Folgen bis hin zur Kündigung haben. Keine Frau muss sich sexuelle Belästigung gefallen lassen. Sie kann sich beraten, sich beschweren und sich wehren. Nur hinnehmen sollte sie das nicht. Darum hat der Betrieb eine Beschwerdestelle eingerichtet: ABC

Vertraulichkeit ist gewährleistet und es kann gemeinsam entschieden werden, was die geeignete Reaktion ist.

Die Erfahrung zeigt, dass Belästiger sich mehr als ein Opfer suchen. Wenn Ihr selbst meint, das sei alles nicht so schlimm, dann denkt bitte an die Auszubildende, die sich schlecht wehren kann.

Hilfreiche Adressen

- Antidiskriminierungsstelle des Bundes, siehe unter der Homepage www.antidiskriminierungsstelle.de
- www.hilfetelefon.de zur Ermittlung nahegelegener Hilfsangebote
- Das Fragentelefon ist erreichbar unter der Telefonnummer 030/ 18 555 18 65.
- Das Hilfetelefon Gewalt gegen Frauen ist 365 Tage im Jahr, rund um die Uhr erreichbar und das erste bundesweite Beratungsangebot für Frauen, die von Gewalt betroffen sind. Unter der Nummer 08000 116 016 und via Online-Beratung können sich Betroffene, aber auch Angehörige, Freunde sowie Fachkräfte anonym und kostenfrei beraten lassen. Qualifizierte Beraterinnen stehen den Anrufenden vertraulich zur Seite und vermitteln bei Bedarf Unterstützungsangebote vor Ort.
- Das örtlich zuständige Büro der DGB Rechtsschutz GmbH mit

kostenlosem Rechtsschutz für Gewerkschaftsmitglieder ist leicht zu ermitteln: www.dgbrechtsschutz.de. Der Weg dorthin führt über die jeweilige Gewerkschaft.

- Hilfe kann auch bei den Frauen- und Gleichstellungsbeauftragten angefragt werden: www.frauenbeauftragte.de

Eigene Adressen / Notizen:

Rechtsberatung für den Alltag

Der Instrumentenkoffer des AGG – juristische Hinweise

Fristen (§§ 15 Abs. 4 bzw. 21 Abs. 5 AGG)

Die Frist beginnt mit der ersten Belästigung,[357] und obwohl erwartet werden kann, dass der Belästiger wieder zulangt oder rumquatscht, ist er nach zwei Monaten frei von jeder Schuld, wenn es sich um abgeschlossene Handlungen handelt. Wenn die Handlungen zusammenhängen, beginnt die Ausschlussfrist mit der letzten Tat.[358] Tarifvertraglich Ausschlussfristen gehen vor, sie sind unterschiedlich lang, je nach Tarifvertrag. Es gibt wenige kürzere, meistens sind sie länger, aber einige sind auch nur geringfügig länger, so dass sie auch nicht immer mehr Spielraum bringen. Sie erfassen allerdings in der Regel nicht Ansprüche, die aus unerlaubten Handlungen bzw. von außerhalb der Vertragsbeziehungen resultieren.[359] So wie es bei Missbrauch in § 78b StGB Sonderregelungen der Verjährung gibt, müsste auch hier die Anknüpfung des Fristbeginns an das Ende des Arbeitsverhältnisses diskutiert werden, wie es auch in Manteltarifverträgen gebräuchlich ist.[360]

Das BAG[361] hatte hier allerdings keine Bedenken gehabt und die kurze Frist sogar über den Wortlaut hinaus auch auf ausgedehnt auf Ansprüche, die sich auf den gleichen Lebenssachverhalt, aber eine andere Anspruchsgrundlage beziehen.[362] Es bezieht sich dabei auf andere kurze Fristen im Arbeitsrecht. Die Situation ist allerdings mit einer diskriminierenden Ablehnung (Klagefrist zwei Monate), dem Ablauf einer Befristung (Klagefrist drei Wochen) oder einer Kündigung (Klagefrist drei Wochen) überhaupt nicht vergleichbar, denn mit der Ablehnung einer Bewerbung, dem Ablauf der Befristung oder der Kündigung sind die arbeitsvertraglichen Beziehungen zunächst beendet, so dass es keine verständliche Scheu gibt, den (ehemaligen) Arbeitgeber zu verklagen. Es bleibt abzuwarten, ob hier nicht das Bundesverfassungsgericht wieder monieren wird, dass durch die unterbliebene Vorlage beim EuGH zur Klärung der korrekten Auslegung europäischer Vorgaben der gesetzliche Richter umgangen wurde.[363] Unberücksichtigt bleibt auch, dass sich manchmal ein Geschehen erst durch die Wiederholung zur sexuellen Belästigung verdichtet, denn frau will beim ersten beiläufigen Berühren vielleicht noch an einen Zufall glauben.

Die Geltendmachung der Ansprüche muss schriftlich sein (§ 15 Abs. 4 AGG), wenn es um Ansprüche auf Entschädigung und Schadensersatz geht, sonst nicht (§ 21 Abs. 5 AGG). Es reicht zur Fristwahrung, dass die Klage bei Gericht eingegangen und zügig zugestellt worden ist.[364]

Nach den allgemeinen Regeln des Beweisrechts (s.u.) muss der Arbeitgeber den Beginn der Frist, die Belästigte die Geltendmachung ihrer Ansprüche gegebenenfalls beweisen.

Die Einrichtung der Beschwerdestelle (§ 13 AGG)

Der Betriebsrat hat ein Mitbestimmungs- und Initiativrecht bei der Einrichtung eines Beschwerdeverfahrens nach § 13 AGG, weil »das Verfahren dadurch angelegt ist, das Ordnungsverhalten der Arbeitnehmer in standardisierter Weise zu steuern.« Allerdings wird die Verpflichtung zur Betriebsratsbeteiligung dadurch eingeschränkt, dass keine Mitbestimmung bestätigt wurde bei der »betrieblichen Verortung der Beschwerdestelle und deren personeller Besetzung.«[365] Bei betriebsübergreifenden Beschwerdestellen steht das Initiativrecht dem Gesamtbetriebsrat zu, sonst dem Betriebsrat.

Es ist darauf zu achten, dass die Hürden für eine Beschwerde ganz niedrig sind. Wenn in einem Betrieb lauter begrenzt deutsch sprechende Frauen beschäftigt sind, dann wird es eine unzulässige Erschwerung sein, von ihnen eine schriftliche Beschwerde zu verlangen. Auch ein Verweis auf eine anonyme Stelle außerhalb des Betriebes oder etwa auf die Frauenbeauftragte des Landkreises ist nicht hinreichend und damit eine unzulässige Erschwerung. Der Arbeitgeber sollte darauf achten, dass die Beschwerdestelle als hinreichend hilfreich eingestuft werden kann, und sie ist bei ihrer Tätigkeit zu unterstützen. Es sollte also für sie geworben werden, sie ist kein Geheimbund.

Die Arbeit einstellen – Leistungsverweigerungsrecht (§ 14 AGG)
Besonders heikel ist, dass auch ein Anspruch auf Erlass einer Einstweiligen Verfügung zur Klärung des Leistungsverweigerungsrechts verneint worden ist.[366] Eine Einstweilige Verfügung kann, wie der Name schon andeutet, nur vorläufigen Rechtsschutz beantragen, es handelt sich um ein abgekürztes Verfahren, in dem die Rechte des Gegners verkürzt sind (kein rechtliches Gehör). Die Verweigerung wird juristisch begründet, aber es hilft der Belästigten nicht weiter, wenn es dort heißt: »Auf eine denkbare Ausnahme – weil anderenfalls effektiver Rechtsschutz nach Artikel 19 Abs. 4 GG nicht zu erreichen wäre – kann sich der Beschwerdeführer nicht berufen. Denn als mögliches Reaktionsmittel auf Benachteiligungen und Diskriminierungen steht dem Beschwerdeführer das Leistungsverweigerungsrecht nach § 14 AGG und § 273 BGB ohnehin zu. Allerdings bedeutet die Ausübung dieser Rechte ein Risiko für den Arbeitnehmer. Wenn sich im weiteren Verlauf erweist, dass keine Benachteiligungen oder Diskriminierungen vorlagen und damit die Inanspruchnahme der Leistungsverweigerungsrechte rechtswidrig war, besteht für den Arbeitnehmer die Gefahr nachteiliger Reaktionen seines Arbeitgebers, insbesondere in Gestalt von Abmahnung und Kündigung.«

Hier bietet es sich an, den Antrag auf Einstweilige Verfügung darauf zu beschränken, dass nur bestimmte Verhaltensweisen untersagt werden sollen, das ist mit dieser Entscheidung nicht ausgeschlossen.

Wenn die Beeinträchtigungen hinreichend intensiv sind und die Gesundheit beeinträchtigen, kann natürlich auch ärztlicher Rat eingeholt werden, ob langfristige Arbeitsunfähigkeit angezeigt ist, die bis zum Abschluss der ersten Instanz eine gewisse Sicherheit bietet. Wenn der Prozess in erster Instanz gewonnen wird, kann die Entscheidung vorläufig vollstreckt werden.

Entschädigung und Schmerzensgeld (§ 15 AGG)
In Bezug auf die Höhe der Ansprüche die Erwartungen nicht zu hoch geschraubt werden.

Die Belästigte muss sich beraten lassen, zumal sich hier noch keine verlässliche und für die Betroffenen einigermaßen akzeptable Rechtsprechung herausgebildet hat. Das mag daran liegen, dass Belästigte den Weg zu den Gerichten scheuen. Immerhin: Die Auflösung eines Arbeitsverhältnisses durch Beschluss des ArbG Heilbronn[367] mit der absurden Begründung, dass der Arbeitnehmer einen nach Ansicht des Gerichts zu hohen Entschädigungsanspruch gestellt habe, ist in der zweiten Instanz aufgehoben worden.

Grundsätzlich kann gesagt werden: »Bei der Festsetzung der angemessenen Entschädigung durch das Tatsachengericht sind alle Umstände des Einzelfalles zu berücksichtigen. Zu diesen zählen etwa die Art und Schwere der Benachteiligung, ihre Dauer und Folgen, der Anlass und der Beweggrund des Handelns, der Grad der Verantwortlichkeit des Arbeitgebers, etwa geleistete Wiedergutmachung oder erhaltene Genugtuung und das Vorliegen eines Wiederholungsfalles. Ferner ist der Sanktionszweck der Norm zu berücksichtigen, so dass die Höhe auch danach zu bemessen ist, was zur Erzielung einer abschreckenden Wirkung erforderlich ist. Dabei ist zu beachten, dass die Entschädigung geeignet sein muss, eine wirklich abschreckende Wirkung gegenüber dem Arbeitgeber zu entfalten und in jedem Fall in einem angemessenen Verhältnis zum erlittenen Schaden stehen muss.«[368] Es reicht, wenn der Anspruch nicht genau beziffert wird, weil die Höhe sowieso »von einer gerichtlichen Schätzung oder billigem Ermessen des Gerichts abhängig ist.«[369] Es müssen nur alle Umstände benannt werden, also natürlich die Parteien des Rechtsstreits, die Klägerin muss außerdem angeben sowohl »den Gegenstand als auch den Grund des erhobenen Anspruchs umfassend …, so dass über die Identität des Streitverhältnisses keine Ungewissheit besteht, der Umfang der begehrten Rechtskraft festgestellt werden und der Beklagte sich sachgerecht verteidigen kann.«[370] Das bedeutet, dass sie sagen muss, worum es geht und auf welchen unverwechselbaren Lebenssachverhalt sie sich bezieht. Es kann auch eine Entschädigung im Ermessen des Gerichts, mindestens aber eine bestimmte Summe, beantragt werden. Das soll hier nicht weiter vertieft werden, weil im Zweifel gewerkschaftlicher Rechtsrat oder andere Rechtsberatung eingeholt werden wird.

Welche Entschädigungen wurden Diskriminierten zugesprochen? Wegen unberücksichtigter Bewerbung[371] in etlichen Entscheidungen gar nichts, weil eine rechtsmissbräuchliche Geltendmachung unterstellt wurde[372] oder weil eine Benachteiligung verneint wurde,[373] oder auch ein Monatsgehalt.[374]

Ein Auszubildender bekam nach Tätlichkeiten – zugestanden wurden »Klapse und Schubse« –, die über Monate mit Heftigkeit geführt wurden, das Schmerzensgeld um 700 Euro aufgestockt.[375]

Der EuGH[376] hat schon vor dreißig Jahren entschieden, eine vorgesehene Entschädigung bei diskriminierender Nicht-Einstellung müsse »jedenfalls, damit ihre Wirksamkeit und ihre abschreckende Wirkung gewährleistet sind, in einem angemessenen Verhältnis zu dem erlittenen Schaden stehen und somit über einen rein symbolischen Schadensersatz wie etwa die bloße Erstattung der Bewerbungskosten hinausgehen. Es ist Sache des nationalen Gerichts, das zur Durchführung der Richtlinie erlassene Gesetz unter voller Ausschöpfung des Beurteilungsspielraums, den ihm das nationale Recht einräumt, in Übereinstimmung mit den Anforderungen des Gemeinschaftsrechts auszulegen und anzuwenden.« Noch deutlicher wurde der EuGH in einer späteren Entscheidung.[377] Verlangt wurde eine »eine wirklich abschreckende Wirkung gegenüber dem Arbeitgeber.« Sein Handeln soll beeinflusst werden. Später[378] hat der EuGH präzisiert, dass Obergrenzen keinesfalls erlaubt seien und dass diese jederzeit gerichtlich geltend gemacht werden können, auch wenn die nationalen Gesetzgeber das noch nicht festgelegt hätten. Diese Rechtsprechung ist noch nicht hinreichend umgesetzt, die bundesdeutsche Gesetzgebung brauchte da aber auch in anderen europarechtswidrigen Fällen reichlich Ermunterung.

Das BAG hat aber nunmehr ebenfalls empfindlichere Entschädigungen angemahnt: »Die Höhe der Entschädigung muss geeignet sein, den Arbeitgeber zukünftig zur ordnungsgemäßen Erfüllung seiner Pflichten nach dem AGG anzuhalten (spezialpräventive Funktion) und Dritte von ähnlichen Verstößen abzuhalten (generalpräventive Funktion). ... Im Übrigen kommt mit Rücksicht auf den Präventionszweck auch eine Berücksichtigung der wirtschaftlichen Leistungsfähigkeit des Arbeitgebers in Betracht.«[379] Bei diskriminierender Bezahlung wurde nunmehr neben der Verpflichtung zur Zahlung der Entgeltansprüche selbst ein Entschädigungsanspruch in Höhe von 6.000 Euro zuerkannt.[380] Wegen der wiederholten unwirksamen Kündigung einer Schwangeren wurde ein Arbeitgeber zu einer Zahlung von 1.500 Euro Entschädigung verurteilt.[381]

Ergänzend kann außerhalb des AGG auch ein Anspruch wegen der Verletzung des allgemeinen Persönlichkeitsrechts aus §§ 823, 847 BGB geltend gemacht werden.[382] Die Verletzung von Persönlichkeitsrechten wird aber auch nach dem sozialen Status der Person taxiert,[383] nicht nur nach dem geltend gemachten Unrecht.

In juristischen Datenbanken wurden einschlägige Verurteilungen nach § 15 AGG oder der Vorgängerregelung, § 611a BGB, wegen sexueller Belästigung nicht gefunden, weshalb es nicht leicht ist, über die Höhe möglicher Entschädigungen etwas zu sagen. Die Begrenzung auf drei Monatsgehälter bezieht sich allerdings auf vergebliche Bewerbungen mit diskriminierenden Absagen (§ 15 Abs. 2 S. 2 AGG).

Allgemeine Recherchen im Internet ergaben nicht viel, nur eine Pressenotiz: Ein stellvertretender ehemaliger Pflegedienstleiter wurde zu 22 Monaten Haft mit Bewährung und Schmerzensgeld an neun Frauen in Höhe von insgesamt 2.000 Euro verurteilt, wobei über die Tatbestände selbst nicht viel mitgeteilt wird.[384] Das Verhältnis vom Strafanspruch des Staates zu den beschriebenen psychischen Verletzungen der Frauen ist nicht stimmig, das wird in einem Verfahren wegen Körperverletzung (Fuß umgeknickt, Schlag ins Gesicht) und Beleidigung (»Schlampe«) auch offen zugegeben: Das Landgericht hatte den Streitwert auf 300 Euro festgesetzt, die Klägerin fand das zu Recht zu wenig. Die höhere Instanz gestand zu, »dass die Klägerin ein erhebliches Interesse daran hat, nicht beleidigt und vor allem nicht ihrer körperlichen Integrität verletzt zu werden. Zu berücksichtigen ist allerdings, dass dieses Interesse in erster Linie und bereits durch die

Sanktionsdrohung des Strafgesetzbuches geschützt wird.«[385] 300 Euro schrecken nicht ab. In einer alten Entscheidung[386] wurde nach andauernden, wirklich groben, nicht nur verbalen sexuellen Belästigungen, Arbeitsplatzverlust und gesundheitlichen Folgen 3.000 DM Schmerzensgeld beantragt, aber 6.000 DM zugesprochen. Von Interesse ist auch ein Streitwertbeschluss, der einen Hinweis geben kann, welches Schmerzensgeld für angemessen gehalten werden könnte: Das wären bei sexueller Belästigung mit Krankheitssymptomen als Reaktion 3.000 Euro gewesen.[387] Ein 36-Jähriger war als Kind mehrfach sexuell missbraucht worden und litt unter massiven psychischen Folgen. Er bekam Schmerzensgeld von 7.500 Euro.[388] Spektakulär war die Verurteilung zu 70.000 Euro Schmerzensgeld, nachdem Stefan Raab eine Minderjährige wegen ihres Namens in einer öffentlichen Sendung mehrfach übel herabgewürdigt hatte.[389]

Zum Vergleich sollen ausgeurteilte Schmerzensgeldansprüche aus missglückter Dauerwelle[390] angeführt werden, die zum Teil sehr alt sind, aber zwischen 200 und 6.000 DM, inflationsbedingt also viel höher, liegen.

Wegen Altersdiskriminierung waren einmal in einem klammen Betrieb und aus weiteren Minderungsgründen 1.000 Euro zu zahlen.[391] Auf der Suche nach einschlägigen ausgeurteilten Entschädigungsansprüchen wegen Beleidigung oder Verletzung der Persönlichkeitsrechte fand ich u. a. folgende Entscheidungen:[392] Ein Arbeitgeber musste 4.000 Euro zahlen, weil er eine Beschäftigte 18 Jahre lang heimlich mit Video überwacht hatte,[393] in einem anderen Fall musste nach heimlicher Videoüberwachung wegen bezweifelter Arbeitsunfähigkeit ein Betrag von 1.000 Euro gezahlt werden.[394] Auch parallele Recherchen zu Verurteilungen wegen Beleidigung waren nicht sehr ergiebig.

Vergleichsmaßstab könnten Entschädigungen in Mobbing-Verfahren sein. Hier wurde jedoch meistens abgewiesen, einmal die Abfindungsregelung aus § 10 KSchG als Vergleichsmaßstab herangezogen.[395] Entsprechend dieser Regelung löste das LAG Hamm[396] ein Arbeitsverhältnis gegen Zahlung einer Abfindung von 100.000 Euro auf. Eine Durchsicht der Entscheidungen zeigt, dass eingeklagte Beträge im Millionenbereich nicht realisiert werden konnten und dass die Gerichte sehr zögerlich urteilten. Allerdings sind etliche der Verfahren noch nicht abgeschlossen. Also ein genauer Ratschlag für die Bezifferung kann nicht gegeben werden, allerdings sollte sich die Belästigte nicht an den aus den USA kolportierten Beträgen orientieren.

Ein Gericht befand, dass bei der »Höhe von Schmerzensgeldbeträgen« sich eine Bewertung »häufig einer letzten rationalen Begründung ... entzieht«.[397] Damit wird bestätigt, dass Abschreckung nur durch klare Regelungen oder zumindest eine Rahmenregelung möglich ist. Es ist ein Unterschied, ob eine gesetzliche Regelung den Belästiger wissen lässt, dass einem Schlag auf den Po ein bestimmter Schmerzensgeldanspruch folgen wird, oder ob die Belästigte darlegen muss, wie sehr sie sich geschämt hat. Selbst pauschalisierte Regelungen – allerdings mit finanziellen Untergrenzen – würden weiterhelfen. Schmerzensgeldtabellen berücksichtigen psychische Verletzungen nicht. Und darum geht es ja doch eigentlich, denn ein Klaps auf dem Po verursacht keine bleibenden körperlichen Schmerzen.

Das juristische Instrumentarium für den Notfall ist also vorhanden, frau muss sexuelle Belästigung nicht aushalten und auch der von Unbeteiligten gerne gegebene Appell an Selbstjustiz (»dem hättest du doch gleich eine scheuern sollen«) ist nicht hilfreich. Damit wird der Belästigten wieder die Schuld zugeschoben; ihr (Nicht)Verhalten, nicht das des Belästigers, wird kritisch bewertet. Damit tritt zur sexuellen die besserwisserische, selbstgerechte pädagogische Belästigung hinzu. Da muss sich aber beim Ohrfeigen keine die Hände schmutzig machen.

Und auch im Betrieb geht noch ein bisschen was...

Der Arbeitgeber haftet auch für Verschulden von Menschen, die in seinem Auftrag tätig sind, denn »der Anspruch auf Entschädigung für immaterielle Schäden nach § 15 Abs. 2 AGG richtet sich ausschließlich gegen den Arbeitgeber.«[398] Die zitierte Entscheidung bezieht sich auf »die Entstehungsgeschichte der Norm und deren Sinn und Zweck. Zur Gewährleistung eines tatsächlichen und wirksamen

Rechtsschutzes strebte der Gesetzgeber ›eine wirklich abschreckende Wirkung gegenüber dem Arbeitgeber‹ an. Der Anspruch auf Entschädigung nach § 15 Abs. 2 AGG soll ›die Forderungen der Richtlinien sowie der Rechtsprechung des Europäischen Gerichtshofes nach einer wirksamen und verschuldensunabhängig ausgestalteten Sanktion bei Verletzung des Benachteiligungsverbotes durch den Arbeitgeber‹ erfüllen.«[399] Damit hat im konkreten Fall das BAG Ansprüche gegen Personen abgelehnt, die nicht in Arbeitgeberfunktion sind, aber dessen Verantwortung herausgestrichen.

Beweisnöte nach der Belästigung?

Status der Belästigten – Partei oder Zeugin?

Die belästigte Frau ist in der Regel nicht Partei, sondern etwaige Streitigkeiten haben zwischen Arbeitgeber und Belästiger stattzufinden.

Wenn eine Frau kommt und sagt, sie habe gesehen, wie der nette Kollege X Büroklammern geklaut hat, dann kann der Arbeitgeber handeln. Und zur Absicherung für seine Reaktion hat er eine Zeugin, nämlich die Frau. Kommt eine Belästigte und schildert dem Arbeitgeber, dass sie belästigt worden ist, dann handelt der Arbeitgeber und ergreift sofort die notwendigen Maßnahmen, denn er hat eine Zeugin für das Geschehen und ist insoweit bei seinem Vorgehen abgesichert. Er tut, was er kann, um das Arbeitsverhältnis belästigungsfrei zu halten.

Es gibt allerdings einen wichtigen Unterschied. Der Arbeitgeber hat es in der Hand, ob er einen Diebstahl ahnden möchte, bei sexueller Belästigung hat er kein Wahlrecht. Er muss handeln!

Die Belästigte ist nur dann Partei, wenn der Belästiger sie verklagt, oder wenn sie gekündigt wird entweder mit dem Kündigungsgrund, dass sie falsch beschuldigt habe (dazu unten) oder wenn ein anderer Kündigungsgrund vorgeschoben wird und sie sagt, ursächlich sei sexuelle Belästigung gewesen. Und sie ist Partei, wenn der Arbeitgeber ihre Beschwerden abtut (oder selbst Belästiger ist) und wenn sie ihre Rechte aus dem AGG selbst gegen ihn geltend machen muss.

Aber sonst ist alles ganz einfach und sie kann auf die Rechtschaffenheit ihres Arbeitgebers bauen. Das ist die Theorie.

In der Praxis ist alles ein bisschen anders. Sie sagt lange nichts, aus Gründen, von denen hier viel die Rede war, dann kommt sie und beschwert sich über einen Vorgesetzten, der vermutlich im Betrieb wichtiger ist als sie selbst, der länger da und älter ist als sie und verheiratet und vielleicht auch noch schwerbehindert, – in jedem Fall also bedeutsamer und sozial schutzwürdiger und wahrscheinlich viel fröhlicher als sie. Und nun kommt sie und schämt sich und stottert ein bisschen und sagt eben, dass sie belästigt worden ist.

Oder sie erzählt anderen, was sie erlebt hat, und die erzählen es ihrerseits weiter, und die Geschichte wird immer bunter und unkontrollierbar. Irgendwann hört auch der – gut vernetzte – Belästiger davon und will Genugtuung. Und es war niemand dabei. Im Zweifel gibt es nur zwei Personen, die wissen was wahr ist, und die schildern den Sachverhalt unterschiedlich – auch weil sie ihn unterschiedlich sehen.

In einer neueren Entscheidung hat allerdings das BAG völlig ohne Anlass – der Arbeitgeber hatte der Frau geglaubt, der Sachverhalt war auch unstreitig – zu Gunsten des Belästigers berücksichtigt, dass er den Sachverhalt nicht bestritten hat, obwohl es sich doch um einen Vorfall »unter vier Augen« gehandelt hätte.[400] Es gab überhaupt keinen Grund für diese Bemerkung, zu Gunsten des Belästigers wurde korrekt berücksichtigt, dass er sich sehr geschämt und sich mit der Frau später auch verständigt hatte. Aber ihm wurde auch noch zugute gehalten wurde, dass er nicht gelogen hat. Diese also völlig überflüssige Bemerkung lässt befürchten, dass hier der Status der Zeugin vom Gericht verkannt wurde. Deshalb trage ich vorsorglich auch alle Argumente zusammen, die der Belästigten die Beweisführung erleichtern.

Wenn die Belästigte in ihrer Zeugenaussage nicht glaubwürdig erscheint (siehe dazu unter »wann wird der Belästigten nicht geglaubt«), dann bleibt sie dennoch Zeugin, eben eine unglaubwürdige Zeugin.

Es ist Diskriminierung, wenn der Arbeitgeber die Belästigte nicht als Zeugin in das Verfahren einbezieht, sondern sie als Partei begreift, wenn er also eigene Interessen verfolgt. Und es ist Diskriminierung, dass vom BAG hier keine klare Aussage kam. Es bestand allerdings bislang niemals in den Entscheidungen irgendein Zweifel, dass eine Be-

lästigte eine geeignete Zeugin sei – und in der Regel auch eine glaub-
würdige (s.u. Wann wird der Belästigten geglaubt? /Wann wird der Belästigten nicht geglaubt?).

Und nun kommt es darauf an, wer einen bestimmten Sachverhalt
beweisen muss und wer ihn beweisen kann.

Wer muss generell was beweisen?

Das geht nach allgemeinen Beweisregeln und das bedeutet, dass üblicherweise jede Person das beweisen muss, was ihr günstig ist. Die
Belästigte muss in einem Verfahren gegen den Arbeitgeber beweisen,
dass die Voraussetzungen für Entschädigung, Schadensersatz usw.
vorliegen. Manchmal gibt es gesetzliche Vermutungsregelungen. Dass
dies manchmal zu für Laien unverständlichen Ergebnissen führt, wird
eingeräumt.

Wenn der Belästiger die Belästigte auf Widerruf verklagt, dann
muss er beweisen, dass sie eine falsche Aussage gemacht hat. Nur
wenn sie auch für die Zukunft weiter behaupten will, dass er sie belästigt
hat und er ihr das verbieten lassen will, dann reicht es für den Belästiger
aus, dass ihre Behauptung nicht erweislich wahr ist und dass die Gefahr
besteht, dass sie diese wiederholt.[401] Dann muss sie den Sachverhalt
beweisen. »Ein Anspruch auf Widerruf der Behauptung einer sexuellen
Belästigung setzt voraus, dass die Behauptung nachweislich unwahr ist.
Für den Anspruch auf Unterlassung einer solchen Behauptung reicht
es aus, dass die Behauptung nicht erweislich wahr ist.[402]

Das ist ein bisschen juristisch, – und im entschiedenen Fall auch
seltsam – das wird eingeräumt, aber logisch: Wenn er will, dass sie
widerruft, muss er beweisen, dass sie nicht die Wahrheit sagt, wenn sie
will, dass sie etwas weiterhin behaupten kann, muss sie beweisen, dass
der Sachverhalt sich so abgespielt hat, wie sie das behauptet.

Beweiserleichterung bei Diskriminierung (§ 22 AGG)

Wenn sie die Belästigung nicht durch ZeugInnen oder Eingeständnis
des Belästigers beweisen kann, gibt es eine Sonderregelung, den § 22
AGG: »Wenn im Streitfall die eine Partei Indizien beweist, die eine Benachteiligung wegen eines in § 1 genannten Grundes vermuten lassen,

trägt die andere Partei die Beweislast dafür, dass kein Verstoß gegen die Bestimmungen zum Schutz vor Benachteiligung vorgelegen hat.« Das bedeutet, dass sie nur Hinweise (Indizien) beweisen muss, die ihre Benachteiligung belegen.[403] Wenn sie diese Indizien bewiesen hat, dass sie benachteiligt worden ist, dann muss die Gegenseite beweisen, dass die nicht benachteiligt worden ist. Diese Sonderregelung gilt zwischen der benachteiligten Person, die Partei ist und ihrem Gegenpart.

Wenn der Arbeitgeber die Belästigte gegen den Belästiger nicht unterstützt, wird sie doppelt benachteiligt, zunächst durch die Belästigung und dann dadurch, dass ihr der Status als Zeugin verweigert wird und sie so behandelt wird, als sei sexuelle Belästigung ihr Privatproblem.

Dass die sexuelle Belästigung eine Benachteiligung ist, steht so in § 3 Abs. 4 AGG.

Der Normalfall bei Diskriminierung ist, dass die Benachteiligung unstreitig ist, jemand wird nicht eingestellt,[404] nicht befördert usw. Unsicher ist allerdings, ob dies aus einem diskriminierenden Grund geschehen ist, also »die Kausalität zwischen Nachteil und dem verpönten Merkmal.«[405] Bei der Belästigung ist es umgekehrt, der Tatbestand der Benachteiligung selbst ist im Streit, der Grund, dass sie – wenn ja – wegen ihres weiblichen Geschlechts belästigt wurde, aber nicht. Dass auch bei sexueller Belästigung die Beweiserleichterung des § 22 AGG gilt, kann europarechtlich begründet werden, allerdings handelt es sich hier um eine Position der Verfasserin, die so (noch) nicht herrschende Lehre ist.

Hier hilft zunächst ein Blick in europarechtliche Regelungen, die gesetzlichen Regelungen zur Diskriminierung sind stark vom Europarecht und der Rechtsprechung des EuGH beeinflusst, das war ja bereits bei den Begriffsbestimmungen so. Der Mindestrahmen für die Gleichbehandlung aufgrund des Geschlechts ist durch EU-Normen festgelegt.[406] Tatsächlich sind mehr Frauen als Männer von sexueller Diskriminierung betroffen, so dass schon von daher »dem ersten Anschein nach« die Diskriminierung damit im Zusammenhang steht.

Gleichbehandlung und Ausschluss von Diskriminierung sind Geschwister. Wenn in der Gesetzesbegründung steht, dass die Rechtslage zu § 612a BGB nicht verändert werden solle und dass § 22 AGG »die Vorgaben der Beweislastrichtlinie 97/80/EG des Rates vom 15. Dezember 1997« erfülle, dann ist auch die Begriffsbestimmung in eben dieser Richtlinie maßgeblich. Und dort heißt es unter Definitionen: »Im Sinne dieser Richtlinie bedeutet der Ausdruck Gleichbehandlungsgrundsatz, daß keine unmittelbare oder mittelbare Diskriminierung aufgrund des Geschlechts erfolgen darf.« Und dann regelt die Richtlinie die Beweislast zu Gunsten der Klägerseite. Eine so krasse Schlechterstellung bei sexueller Belästigung gegenüber allen anderen – im Übrigen gleich behandelten – Diskriminierungen hätte gesetzlich klargestellt werden müssen. Dies ist auch in der RL 2006/54/EG in Art. 2 Abs. 2 Buchst. a klargestellt, weil danach als Diskriminierung auch die Belästigung sowie die sexuelle Belästigung gelten und sich die (in den horizontalen Bestimmungen enthaltenen) Beweiserleichterungen nach Art. 19 Abs. 1 dieser Richtlinie auf die »Verletzung des Gleichbehandlungsgrundsatzes« insgesamt (s. Art. 1 Abs. 1 der Richtlinie) beziehen.

Auch der § 611a BGB – der Vorläufer des § 22 AGG – hat Tatsachen, die glaubhaft zu machen (§ 294 ZPO) waren, nicht auf die Kausalität der Diskriminierung beschränkt. Hier hatte das BAG verlangt:

»1. Die klagende Arbeitnehmerin muss Hilfstatsachen darlegen und gegebenenfalls beweisen, die eine Benachteiligung wegen ihres Geschlechts vermuten lassen.

2. Dabei ist kein zu strenger Maßstab an die Vermutungswirkung dieser so genannten Hilfstatsachen anzulegen, da es nicht erforderlich ist, dass die Tatsachen einen zwingenden Indizienschluss auf eine Benachteiligung zulassen. Vielmehr reicht es aus, wenn nach allgemeiner Lebenserfahrung eine überwiegende Wahrscheinlichkeit für eine Diskriminierung besteht.

3. Werden von dem benachteiligten Arbeitnehmer Hilfstatsachen vorgetragen, welche jeweils für sich allein betrachtet nicht ausreichen, um die Vermutungswirkung gem. § 611a Abs. 1 S 3 BGB aF herbeizuführen, ist vom Tatsachengericht eine Gesamtbetrachtung vorzunehmen, ob diese Hilfstatsachen im Zusammenhang gesehen geeignet sind, die Vermutungswirkung zu begründen.«[407]

Und weiter heißt es in der Entscheidung: »Zur Glaubhaftmachung genügen Indizien, die aus einem regelhaft einem Geschlecht gegenüber geübten Verhalten auf eine ebenso motivierte Entscheidung schließen lassen … Dabei ist kein zu strenger Maßstab an die Vermutungswirkung dieser so genannten Hilfstatsachen anzulegen, da es nicht erforderlich ist, dass die Tatsachen einen zwingenden Indizienschluss auf eine Benachteiligung zulassen. Vielmehr reicht es aus, wenn nach allgemeiner Lebenserfahrung eine überwiegende Wahrscheinlichkeit für eine Diskriminierung besteht. Werden von dem benachteiligten Arbeitnehmer Hilfstatsachen vorgetragen, welche jeweils für sich allein betrachtet nicht ausreichen, um die Vermutungswirkung gem. § 611a Abs. 1 Satz 3 BGB aF herbeizuführen, ist vom Tatsachengericht eine Gesamtbetrachtung vorzunehmen, ob diese Hilfstatsachen im Zusammenhang gesehen geeignet sind, die Vermutungswirkung zu begründen … Es gibt nämlich Fälle, in denen die einzelnen vom Arbeitnehmer dargelegten Umstände des Einzelfalles oder Handlungsweisen bzw. Äußerungen des Arbeitgebers für sich allein betrachtet noch keine Benachteiligung wegen des Geschlechts vermuten lassen, die Gesamtschau der einzelnen Umstände des Einzelfalles oder der Handlungsweise bzw. der Äußerungen des Arbeitgebers aber eine überwiegende Wahrscheinlichkeit einer geschlechtsbezogenen Benachteiligung begründen und damit die Vermutungswirkung des § 611a Abs. 1 Satz 3 BGB aF entfalten können.«

Die Belästigte muss verschiedene Tatsachen zusammentragen und beweisen, aus denen sich ergibt, dass der Arbeitgeber diskriminiert. Welche Tatsachen das sein könnten, ist weiter unten ausgeführt. Wenn das gelungen ist, muss der Arbeitgeber beweisen, dass er ihr den Status als Zeugin aus Gründen verweigert, die mit Diskriminierung nichts zu tun haben.

Daher kann § 22 AGG für Ansprüche aus sexueller Belästigung angewendet werden. »Die beiden Stufen der Darlegungs- und Beweislast aus § 22 AGG sind zu trennen. Zunächst hat der Arbeitnehmer die Verantwortung, das Gericht von Indizien, also von der überwiegenden Wahrscheinlichkeit einer Diskriminierung zu überzeugen. Die Glaubhaftmachung durch den Arbeitnehmer lässt die Beweisverteilung unberührt, sie senkt nur das Beweismaß … Erst auf der zweiten Stufe, also nachdem die klägerseits vorgetragenen Tatsachen eine Benachteiligung wegen eines Merkmals nach § 1 AGG vermuten lassen, trägt der Arbeitgeber die Beweislast dafür, dass eine solche Benachteiligung nicht vorlag. Erst dann, wenn diese Stufe erreicht ist, muss er Tatsachen vortragen und ggf. beweisen …«[408]

Die Belästigte muss also »Vermutungstatsachen« beweisen, die Indizien für eine Benachteiligung sein können. Das ist schwer genug.

Die unten aufgelisteten Indizien für sexuelle Diskriminierung sind Anhaltspunkte.
- keine Schulungen
- diskriminierende Einstellungs- und Vergütungspraxis im Betrieb
- Nicht-Reagieren auf Beschwerden
- nachlässiger Umgang mit Belästigern
- Dulden von Sexismus in anderen Fällen
- Dulden von sexistischen Bildern
- Nicht-Aushängen des AGG
- Keine Beschwerdestelle oder schwierige Erreichbarkeit der Beschwerdestelle

Wenn der Arbeitgeber Belästiger ist, kommen als Indizien auch in Frage
- »falsche, wechselnde oder in sich widersprüchliche Begründungen«[409]
- Das auffällige Verhalten auch gegenüber anderen Belästigten
- Die Vorliebe für schmierige Witze
- Das ständige Suchen nach Gelegenheiten für Zweisamkeit
- Die unerklärliche ständige Gegenwart
- Auffällige Gesprächswechsel, wenn andere den Raum betreten

Ein allgemeines Klima der Diskriminierung kann sehr gut ein Indiz für fehlende Achtsamkeit auf sexuelle Belästigung sein.[410] Schließlich ist sexuelle Belästigung ein Unterfall geschlechtsspezifischer Diskriminierung.

Nicht immer lässt sich Benachteiligung nachweisen. Nicht alle Arbeitgeber diskriminieren so unbefangen wie das »Zentrum für Schönheit und Ästhetik«, das einer Jungverheirateten, die gerne länger arbeiten wollte, schrieb, man könnte als Arbeitgeber ihre Stunden nicht erhöhen, »weil wir in den kommenden zwölf Monaten mit einer Schwangerschaft bei Ihnen rechnen müssen (das zeigt einfach die Erfahrung in anderen Standorten – Heirat = Schwangerschaft)« ... »Wir von M. freuen uns über jeden neuen Erdenbürger – müssen jedoch Rücksicht auf unternehmerische Belange nehmen.«[411] Sie erhielt auf ihre Klage wegen Diskriminierung eine Entschädigung von 10.833,78 Euro.

Indizien müssen allerdings stichhaltig sein und können widerlegt werden. Das erwies sich bei Altersdiskriminierung oft als (zu) hohe Hürde.[412]

Immer ist es nützlich, die Indizien in einen logischen Zusammenhang zu stellen, aber das sollte frau nicht einschüchtern: Es sind »sind nicht nur solche Tatsachen einzubeziehen, denen ein ›roter Faden‹ innewohnt. Sinn der Gesamtbetrachtung ist es, Indizien, die für sich genommen den Tatrichter nicht von der überwiegenden Wahrscheinlichkeit geschlechtsdiskriminierender Motive überzeugen konnten, darauf zu überprüfen, ob sie in der Gesamtschau eine entsprechende Überzeugung erbringen. Aus welchen Bereichen diese Indizien stammen, ist hierfür nicht von Bedeutung. Der innere Zusammenhang der vorgebrachten Tatsachen ist nicht Voraussetzung der Vermutung einer gesetzwidrigen Benachteiligung. Vielmehr kann sich gerade erst aus diesen Tatsachen eine ›Benachteiligungskultur‹ im Unternehmen ergeben.«[413]

Bei Nachweis von Diskriminierung kehrt sich die Beweislast um. Für den Bereich der Entgeltdiskriminierung hat der EuGH, der in diesen Fragen Vorreiter ist, das seit mehr als zwanzig Jahren für die Fälle gelten lassen, in denen eine Durchsetzung der Ansprüche anders nicht möglich ist.[414] Im konkreten Fall müsste der Arbeitgeber seinerseits nachweisen, dass die Gründe für niedrigeres Entgelt nicht diskriminierend sind. Übertragen auf die sexuelle Belästigung bedeutete dies, dass der Arbeitgeber darlegen müsste, dass all die vorgebrachten

Indizien nicht tragen, und dass er beweisen müsste, dass es keine sexuelle Belästigung gab.

Er kann nun seinerseits den Belästiger als Zeugen benennen, dass natürlich nichts gewesen sei, nur Spaß. Der Belästiger ist ebenfalls Zeuge, nicht Partei. Dann wird das Gericht entscheiden müssen, wem zu glauben ist.

Wünschenswert wäre eine gesetzliche Klarstellung, wonach eine Eidesstattliche Versicherung der Belästigten die Beweislast umkehrt. Der Arbeitgeber hat dann für sein Vorgehen ein gewisses Maß an Sicherheit, dass die Belästigte bei ihrer Darstellung bleibt. Es soll nicht unterstellt werden, dass er diese Sicherheit sonst nicht hat, sondern es soll der Tatsache Rechnung getragen werden, dass der Arbeitgeber ja auch ein Prozessrisiko hat, wenn er auf Grund der Darstellung der Belästigten den Belästiger kündigt. Das Gericht kann die Glaubwürdigkeit anders bewerten als er. Damit geht es ihm prozessual besser als der Belästigten heutzutage nach herrschender Meinung, die glaubwürdig sein kann, aber gleichwohl nicht verlangen kann, dass der Arbeitgeber ihrer Darstellung folgt.

Aber auch wenn das Gericht der Belästigten letztlich nicht glaubt, ist noch nicht alles verloren. Wenn der Arbeitgeber sie abmahnt oder ihr kündigt – die bewusst wahrheitswidrige Behauptung taugt als Kündigungsgrund oder zur Abmahnung –,[415] weil sie falsche Anschuldigungen erhoben hat, dann muss er nun – siehe allgemeine Beweislastregeln – nachweisen, dass die Anschuldigungen falsch sind.[416] Denn wenn die Belästigte »vollständig unsubstantiierte und ehrverletzende Äußerungen und Beschuldigungen gegenüber anderen Mitarbeitern erhebt, die geeignet sind, diese in ihrem Persönlichkeitsrecht massiv zu verletzen«, kann dieses Verhalten ihre Kündigung begründen.[417] Die Weitergabe der Tatsache an sich ist natürlich kein Kündigungsgrund.[418]

Für diese Kündigung wird der Arbeitgeber sich den Belästiger zu Hilfe holen. Die Belästigte ist nun Partei, der Belästiger Zeuge.

Das ist aber noch nicht das Ende der Geschichte:

Die Beweismittel der Zivilprozessordnung

Die verschiedenen Beweismittel sind in der Zivilprozessordung geregelt von Augenschein (§§ 371 ff), über Parteivernehmung (§ 445 ff) und Sachverständige (402 ff) und Urkundsbeweis (§§ 415 ff) bis Zeugenbeweis (373 ff), dabei ist das Gericht nicht an die Beweislastverteilung gebunden.[419] Es ist gem. § 286 ZPO frei in seiner Beweiswürdigung und muss nur seine Meinung nachvollziehbar begründen.[420]

Augenschein § 371 ZPO – Hier könnte die Belästigte bei gewalttätigen Belästigungen zum Beispiel auf Spuren eines Kampfes verweisen, auf blaue Flecken usw., bis zu einer Gerichtsverhandlung wird das nicht mehr vorhanden sein, aber sie könnte es vorsorglich dokumentieren.

Lügendetektoren – oder was sonst so aus amerikanischen Fernsehsendungen bekannt ist – werden nicht benutzt.[421] Hier besteht auch die Gefahr, dass ein Belästiger so in seine eigene Wahrnehmung eines einvernehmlichen Sexualkontakts verstrickt ist, das ihm mit einem Lügendetektor nicht beizukommen wäre.

Möglich ist aber nach der Rechtsprechung ein Glaubhaftigkeitsgutachten, das etwaige Zweifel an der Glaubwürdigkeit von Zeuginnen ausräumen kann, aber offenbar Fragen nach deren Sexualleben einschließt.[422]

Parteivernehmung § 445 f ZPO – Hier muss die Belästigte schon sozusagen anbewiesen (also noch nicht vollständig bewiesen) haben, dass sie belästigt wurde, dann die Vernehmung des Belästigers als Partei beantragen (§ 445 ZPO) und der Belästiger müsste bei seiner Vernehmung rot und verlegen werden und alles offenbaren. Das ist eine gewagte Hoffnung. Sie kann sich auch selbst zur Vernehmung benennen, wenn der Belästiger damit einverstanden ist (§ 447 ZPO). Warum sollte er? Das Gericht kann die Vernehmung einer Partei nach § 448 ZPO auch von sich aus anordnen und es gibt hier keine feststehende Reihenfolge, wer zuerst vernommen wird.[423] Es soll nach § 141 ZPO das persönliche Erscheinen anordnen, wenn dies zur Sachverhaltsaufklärung notwendig ist.

Sachverständige § 402 ZPO – Sachverständige könnten über Geschehensabläufe nichts Taugliches bezeugen, aber Erinnerungsunstimmigkeiten deuten.

Urkundsbeweis § 415 ZPO – Hierunter sind nicht eigene Tagebuchaufzeichnungen zu verstehen, die beweisen nur, dass die Belästigte etwas hingeschrieben hat (§ 416 ZPO), der Belästiger müsste in einer öffentlichen Urkunde die Belästigung zugestanden haben, sich daran aber nicht festhalten lassen wollen, das ist nicht sehr wahrscheinlich. Briefe von ihm sind geeignet

Zeugenbeweis § 373 ZPO – Hier kommt zunächst die Belästigte selbst in Betracht. Wenn wir die Konstellation durchspielen, dass sie selbst Partei ist, scheidet sie als direkte Zeugin aus, aber der Arbeitgeber kann sie ja auch als Zeugin benennen.

ZeugInnen vom Hörensagen – Nicht immer stehen sechs honorige ZeugInnen von tadellosem Leumund bereit, die das Geschehen genau gesehen haben und bereit sind auszusagen, genau genommen nie. Dies sieht auch das Gericht als völlig normal an.

Natürlich kann frau auch starr vor Schock sein und aus Scham lange sprachlos sein, aber es hilft ihr bei der Bewertung ihrer Glaubwürdigkeit, wenn sie sich überwindet und möglichst schnell einer Person anvertraut hat. Das sind dann keine direkten ZeugInnen, sondern ZeugInnen vom Hörensagen, aber das ist besser als nichts. Sie können unmittelbar bezeugen, dass die Belästigte schockiert, fassungslos und/oder empört war; für diesen Sachverhalt – der ja nicht die Belästigung selbst ist – können sie nach § 373 ZPO benannt werden. Sie können etwa erzählen, dass die Belästigte früher freundlich über den Belästiger geredet hatte, dann aber von Übergriffen berichtete.[424] Sie waren nicht dabei, darum ist das Ausgesagte »zurückhaltend zu würdigen,«[425] aber sie können doch ein Geschehen bezeugen, an dem sie unmittelbar beteiligt waren und es ist Sache des Gerichts, über die Glaubwürdigkeit und die Reichweite des bezeugten Geschehens zu befinden. Rechtsstaatliche Bedenken, dass bei einem Zeugen vom

Hörensagen der unmittelbare Zeuge von den Prozessbeteiligten nicht befragt werden kann, greifen nicht, weil die ZeugInnen vom Hörensagen sich ja auf das beschränken sollen, was sie unmittelbar miterlebt haben.[426]

Und natürlich sind die Aussagen von ZeugInnen, sie hätten jedenfalls nichts mitbekommen von Belästigungen mit Vorbehalt zu würdigen. »Soweit diese Zeuginnen, sämtlich Angestellte im Büro des Berufsangehörigen, bekundet haben, keine körperlichen Belästigungen des Angeschuldigten gegenüber der Zeugin E wahrgenommen zu haben, ist dies leicht dadurch zu erklären, dass der Berufsangehörige eben jeweils Momente wählte, in denen er unbeobachtet von Dritten war.«[427] So einfach kann es sein.

Nicht in diesen Bereich gehören Kündigungen, in denen der Arbeitgeber die tatsächliche Zeugin nicht benennt, sondern nur eine Zeugin, der sie etwas erzählt haben könnte. Das reicht nicht, und das ist gut so.[428]

Wir sind also bei Gericht. Das wird der Belästigten unangenehm sein, aber vermutlich nicht unangenehmer als sexuelle Belästigung. Und jetzt geht es erst richtig los mit der Juristerei. Ab jetzt stellen Profis die Fragen, die in das Geschehen nicht involviert sind, die den Belästiger nicht schützen wollen, weil er so tüchtig ist und die um Scham- und Ohnmachtsgefühle wissen.[429]

Und nun sagt die Belästigte also aus.

Bewertung durch Gerichte

Frau sollte darauf vertrauen, dass ihr geglaubt wird. Gerichtliche Entscheidungen zeigen deutlich, dass den Frauen, die eine sexuelle Belästigung anzeigen, regelmäßig geglaubt wird, wenn sich nicht starke Zweifel aufdrängen (siehe unter: Wann wird der Belästigten nicht geglaubt?). Besonders Arbeitsgerichte wissen um die Machtverhältnisse im Betrieb, wenn sie die Glaubwürdigkeit von Zeuginnen bewerten und auch für ungeschickte Reaktionen Verständnis haben: »Auch hier ist der Umstand von Bedeutung, dass die sexuelle Belästigung im Rahmen eines Arbeitsverhältnisses ausgeübt wurde«[430] und »dass der Angeklagte seine Stellung als Arbeitgeber ... ausgenutzt hat.«[431]

In einem Kündigungsschutzprozess, den der Belästiger gegen seine Kündigung wegen sexueller Belästigung erfolglos angestrengt hatte, heißt es im Urteil:»Dabei muss schließlich auch berücksichtigt werden, dass die belästigte Kollegin dem Betrieb erst eine sehr kurze Zeit angehört hatte und sie sich damit noch in einer völlig ungeschützten arbeitsrechtlichen Situation befand, bei der sie sogar damit rechnen musste, dass der Kläger in der Lage sein könnte, Einfluss darauf zu nehmen, ob sie in ein unbefristetes Arbeitsverhältnis übernommen wird.«[432] »Sie habe jedoch glaubhaft ausgesagt, daß es in dem Augenblick, als der Kläger ihr erstmals seine Zunge in den Mund gesteckt habe, in ihrem Kopf angefangen habe zu rotieren. Nachvollziehbar sei auch, daß sie in diesem Moment Angst wegen beruflicher Konsequenzen gehabt habe, … daß der Kläger am längeren Hebel gesessen (habe).« Daß sich die Zeugin in dieser vom Kläger geschaffenen Situation nicht deutlicher zur Wehr gesetzt habe, weil sie Angst gehabt und auch berufliche Nachteile befürchtet habe, sei nachvollziehbar.[433] »Beide befanden sich im Abhängigkeitsverhältnis eines Praktikanten. Sie waren erst kurz in der Rettungswache. Sie kannten die Strukturen im Beschäftigungsbereich des Beklagten nicht. Sie konnten, wie sich aus der Aussage der Zeugin S ergibt, nicht durchschauen, ob ihnen ein Mann wie der Kläger möglicherweise die Ausbildung werde vermiesen können. Es ist gerade dies, was der Kläger offensichtlich ausgenutzt hat.«[434]

Wann wird der Belästigten geglaubt?

Bei der Bewertung einer Zeuginnenaussage kommt es natürlich auf den unmittelbaren Eindruck des Gerichts an. Aber die sind Unsicherheiten und Gedächtnislücken gewohnt, es geht hier nicht um Staatsexamen, sondern um Leben. Nützlich für die Glaubwürdigkeit einer Zeugin ist:

- Wenn sie sich detailreich erinnert,[435] also Notizen macht und auch aufschreibt, wer was mitbekommen haben kann, zu detailreich ist allerdings auch verdächtig.[436]
- Wenn sie konkret ist.[437] (Es reicht nicht zu sagen, dass jemand »mehrfach versucht habe, sie ›anzubaggern‹«. Einem solchen vagen Vortrag wird gar nicht erst nachgegangen.[438])

- Wenn sie nicht aufbauscht. Das LAG Hessen[439] hat in einer Beweiswürdigung zu Gunsten der Glaubwürdigkeit der Zeugin gewertet, dass diese eher unspektakuläre Vorfälle bekundet hatte.

- Wenn sie nicht den Eindruck erweckt, als wolle sie den Belästiger unbedingt belasten, aus welchen Gründen auch immer und auch in Nebenaspekten »schlüssig, lückenlos und nachvollziehbar« aussagt.[440]

- »Für die Glaubhaftigkeit ihrer Angaben spricht zudem, dass sie die Vorkommnisse nicht von sich aus ihrem Dienstherrn angezeigt haben, sondern hierüber, sei es aus Sorge vor dienstlichen und persönlichen Nachteilen, sei es, dass sie das Geschehen nicht ernst nahmen, zunächst Stillschweigen bewahrten oder sich allenfalls mit der Bitte um Verschwiegenheit einer Vertrauensperson offenbarten. Keine der Zeuginnen war darauf bedacht, dass der Beamte für sein Verhalten zur Rechenschaft gezogen werden sollte.«[441]

- Wenn sie nur das aussagt, woran sie sich erinnert, sie ist nicht zur Unterhaltung des Gerichts geladen.[442]

- Wenn sie mit anderen über die Vorfälle zeitnah geredet hat.[443]

- Wenn sie ihre Aussagen nicht im Laufe des Verfahrens verändert. Hier hatte es »massiv vorgetragenen Hinweise auf eine gewisse Leichtlebigkeit der Zeugin« gegeben, um ihre Glaubwürdigkeit zu erschüttern, das BVerwG befand aber, »dass eine eventuelle sexuelle Freizügigkeit eines Menschen per se nichts darüber aussagt, ob er zur Unwahrheit neigt«.[444] Unbedeutsame Abweichungen sind unschädlich.[445]

Das ganze Umfeld im Zusammenhang mit der Aufdeckung der sexuellen Belästigung wird betrachtet. Wem hat sich die Belästigte anvertraut?

Von Interesse für das Gericht ist auch, ob ein starker Verfolgungswille durchschimmert. Hat sie ein Interesse, das über die Abwehr von Belästigung hinausgeht (zum Beispiel, dass sie seine Stelle will)? Geachtet wird darauf, ob es eine Motivation für eine Belastung des Belästigers geben könnte: »Die Zeuginnen neigten bei ihren Schilderungen nicht zu verbalen Übertreibungen, besonderen sprachlichen

Ausschmückungen oder Verschärfungen hinsichtlich der Art, Intensität oder Dauer der vorgeworfenen Handlungen. Vielmehr sind die Aussagen detailreich, lassen deutlich den Bezug zu einem eigenen Erleben erkennen …«, heißt es in einer Beweiswürdigung.[446]

Wann wird der Belästigten nicht geglaubt?

- Wenn sie Daten nennt, an denen der Belästiger nachweislich nicht da war.[447]
- Wenn sie aufbauscht.
- Wenn es mehrere plausible Gründe für eine vermutete falsche Aussage gibt.[448]
- Wenn sich die Belästigte nach behaupteten vielfachen Belästigungserfahrungen – von denen sie niemandem erzählt hat – immer wieder seiner Einladung auf das Zimmer und (weil es bequemer sei) auf das Bett folgt, um mit ihm etwas zu besprechen, wenn greifbare Abhängigkeiten nicht bestehen oder wenn sie bei anderer Gelegenheit phantasiert hat, sie werden den Vorgesetzten desavouieren, indem sie sich die Bluse aufreiße und sage, er habe sie belästigt.[449]
- Wenn die Geschichte in sich völlig unstimmig ist.[450]
- Wenn die Darstellung in wichtigen Details mehrfach wechselt und wenn ihr geschildertes Verhalten ganz unverständlich ist.[451]
- Wenn der Eindruck entsteht, dass sie unbedingt Genugtuung und eine Bestrafung des Belästigers will.[452] RichterInnen denken so. Dass AGG soll Diskriminierung verhindern, nicht Strafgesetze ergänzen, dafür gibt es ein anderes Regelwerk. Wenn sich eine Belästigte da vertut und das miteinander vermengen möchte, dann stört das. Also sollten die Fragen beantwortet und nicht alles Unrecht dieser Welt beklagt werden.

Maßregelungsverbot in § 16 AGG

Es ist nicht gewollt, dass jemand aus einer Beschwerde Nachteile erleidet. »Würden Beschwerden, wenn sich diese vom Inhalt her als falsch erwiesen, immer für den Beschwerdeführer die Gefahr einer fristlosen Kündigung seinerseits auslösen, so würde das gesamte auch vom AGG vorgesehene Beschwerdeverfahren ad absurdum geführt.«[453]

»Der gegenüber dem Arbeitgeber geäußerte Vorwurf einer Arbeitnehmerin, ein Mitarbeiter habe sie sexuell genötigt, ist nach § 13 AGG privilegiert.[454] Gleiches galt für Äußerungen im sehr engen Kreis (Familie, Lebensgefährte, Therapeut) schon nach altem Recht.[455] Wer sich im Rahmen des AGG bewegt, ist also geschützt. Und Gleiches gilt für das Vorbringen im Prozess.[456]

Beim Maßregelungsverbot gilt gem. § 16 Abs. 3 AGG ausdrücklich die Beweiserleichterung des § 22 AGG, das bedeutet, dass die Beschwerdeführerin Indizien beweisen muss, dass sie wegen der Beschwerde benachteiligt wurde, mehr nicht.

Für das alte Recht hat das LAG Hessen entschieden: »Die Funktionsfähigkeit des im Beschäftigtenschutzgesetz geregelten Beschwerdeverfahren verbietet es, die gutgläubige Beschwerdeführerin zur Unterlassung ihrer Behauptung zu verurteilen, wenn der in einem Unterlassungsverfahren ihr obliegende Wahrheitsbeweis misslingt … Durch arbeitsgerichtliche Unterlassungsurteile darf grundsätzlich nicht in das Beschwerdeverfahren eingegriffen werden. Das … Beschwerderecht von Beschäftigten würde faktisch bedeutungslos, könnte derjenige, über den Beschwerde geführt wird, den Beschwerdeführer zur Unterlassung seiner Behauptungen zwingen in einem Prozess, in dem der Beschwerdeführer die Beweislast für seine Behauptungen trägt. Praktisch könnten nur noch Beschwerden, wenn die sexuelle Belästigung in aller Öffentlichkeit geschah, erfolgreich geführt werden.«[457]

Das Maßregelungsverbot ist eine schwierige Materie. Die Belästigte beruft sich nach dem Ablauf des Geschehens darauf, dass ihr weitere Benachteiligungen (also etwa eine Versetzung oder eine unterbliebene Beförderung) widerfahren, weil sie sich sexuell verweigert hat. Sie ist dann in einer defensiven Position. Bei unterbliebener Beförderung oder anderen Sanktionen wird immer mit fehlender Eignung argumentiert und das macht die Angelegenheit besonders heikel, weil zu der Scham wegen der sexuellen Belästigung nun auch noch die Scham wegen der angeblichen eigenen mangelhaften Fähigkeiten und Versäumnisse kommt.[458] Und in der Regel sind die tatsächlichen Sachverhalte sehr zurückliegend und es rächt sich, dass sie nicht beizeiten Klarheit geschaffen hat.

Auch hier ist insgesamt die Rechtsprechung noch nicht weit gediehen und juristischer Rat muss auf jeden Fall eingeholt werden. Dennoch ist das AGG eine wichtige rechtliche Regelung, welche die Situation der Belästiger erschwert!

Sanktionen bei erwiesener Falschaussage

Im Betrieb ist die Belästigte auch außerhalb des förmlichen Beschwerdeverfahrens nach dem AGG geschützt, sie darf gem. § 84 BetrVG wegen der Beschwerde keinen Nachteil erleiden.

Der belästigten Frau kann üble Nachrede nicht vorgeworfen werden, wenn sie im Prozess weiterhin die Belästigung behauptet, weil sie in Wahrnehmung berechtigter Interessen (§ 193 StGB) handelt. Das gilt auch dann, wenn sie vor Gericht unterliegt. »Abgesehen von gesetzlich geregelten Ausnahmefällen verwehrt der Rechtsstaat dem Einzelnen, sein wirkliches oder vermeintliches Recht sowohl gegenüber staatlichen Organen als auch gegenüber den Mitbürgern mit Gewalt durchzusetzen. Der Einzelne muß sein Recht vor staatlichen Gerichten suchen und es mit Hilfe der Staatsgewalt vollstrecken … Dem Rechtsstaat entspricht ein wirkungsvoller gerichtlicher Rechtsschutz in bürgerlich-rechtlichen Streitigkeiten … Ein solcher Rechtsschutz verlangt nicht nur institutionelle Vorkehrungen, sondern setzt auch voraus, daß der Rechtsuchende gegenüber den Organen der Rechtspflege, ohne Rechtsnachteile befürchten zu müssen jene Handlungen vornehmen kann, die nach seiner von gutem Glauben bestimmten Sicht geeignet sind, sich im Prozeß zu behaupten.«[459]

Natürlich gibt es Frauen, die nicht nur aufbauschen, sondern auch falsch anschuldigen. Ein eigenes Internetportal[460] listet dazu – weltweit – von 1970 bis 2012 immerhin 73 Fälle auf. Wir können sicher sein, dass derartige Fälle schnell in die überregionale Öffentlichkeit finden. Der Fall der Lehrerin, die ihren Arbeitskollegen mit ihrer falschen Anschuldigung für Jahre ins Gefängnis brachte, ist mit der Nennung ihres Namens ausführlich nachzulesen,[461] sie wurde zu fünfeinhalb Jahren Haft verurteilt, also länger als der zu Unrecht verurteilte Nicht-Belästiger[462] und es hätte bei genauer Überprüfung sicher vorher Hinweise gegeben, dass ihre Anschuldigung seltsam war. Es ist richtig, wenn Frauen nach erwiesener falscher Anschuldigung bestraft werden. Aber wenn wir einen Blick auf die Entschädigungssummen nach § 15 AGG werfen (siehe dort), dann ist eine ausgeurteilte Strafe von 5.400 Euro für eine psychisch auffällig angeschlagene Bankangestellte nach falscher Anschuldigung doch hoch.[463]

Kosten von Arbeitsgerichtsverfahren[464]

Das Arbeitsgericht wird regelmäßig zuständig sein, die Kosten richten sich nach dem Streitwert und sind nicht hoch. Wer verliert, bezahlt. Es ist zu beachten, dass anwaltliche Unterstützung in der ersten Instanz auch dann selbst bezahlt werden muss, wenn das Verfahren gewonnen wird, allerdings gibt es keinen Anwaltszwang und Prozesskostenhilfe[465] ist möglich. Gewerkschaftsmitglieder haben kostenlosen Rechtsschutz, der von den Gewerkschaften in der Regel mit Hilfe der DGB Rechtsschutz GmbH angeboten wird.

Einschlägige arbeitsrechtliche Entscheidungen

Nicht aufgelistet sind Entscheidungen, in denen die Kündigung aus formalen Gründen (Fristversäumnis, Betriebsratsanhörung) rechtsunwirksam war oder in denen an die untere Instanz zurückverwiesen wurde, weil der Sachverhalt noch nicht hinreichend aufgeklärt war. Wenn in der höheren Instanz ein Vergleich geschlossen wurde, ist die jeweils höchste Instanz mit einer Entscheidung dokumentiert.

Es kommt hier wie immer auf die Umstände des Einzelfalls an. Manchmal scheiterten die härteren Sanktionen auch erst an der Interessenabwägung, der Schwerbehinderung und dem sozial schutzwürdigen Status des Belästigers und/oder seiner bisher tadelsfreien Arbeit, auch an mangelnder Wiederholungsgefahr.

Eine Kündigung des Belästigers wurde aus unterschiedlichen Gründen nicht bestätigt

Folgende Sachverhalte rechtfertigten KEINE Kündigung, in der Regel, weil der sexuelle Zusammenhang dem Gericht unklar war oder eine Belästigung vorlag, sie aber nicht als schwerwiegend bewertet wurde. Kündigungen mit formalen Mängeln blieben dabei unberücksichtigt. Und wenn nur eine fristlose Kündigung und nicht hilfsweise eine fristgemäße Kündigung ausgesprochen worden war, dann wurde nur die Rechtfertigung der fristlosen Kündigung überprüft. Es ging in allen Fällen nur um Kündigungen, nicht um andere Sanktionen. Die waren nicht Gegenstand der Verfahren, mussten also auch nicht bewertet werden.

- Ein Teil der Vorwürfe lag zeitlich noch vor dem AGG vom 14.08.2006. Nach altem Recht musste die Belästigte in der Regel erkennbar ablehnen, das schafften eingeschüchterte Belästigte insbesondere bei dominanten und ignoranten Belästigern oft nicht.
- Der Kläger hatte zum Teil minderjährige Auszubildende über Monate immer wieder u. a. in die Seite gepiekt und ihnen in die Haare und das Gesicht gefasst. Das Gericht fand, dass es sich um einen Arbeitsvertragsverstoß handele, dass aber der Arbeitgeber vor einer Kündigung des über 50-Jährigen nach über 30 Jahren Betriebszugehörigkeit zuvor wenigstens einmal eine Abmahnung hätte aussprechen müssen, weil seine Einsicht erwartet werden könne.[466]
- Unsittlich, aber erstmalig und einmalig angefasst. Fristlose Kündigung unwirksam, fristgemäße war nicht erklärt.[467]
- Das Verhalten des Klägers war sexuell übergriffig, wurde aber wohl nicht so ernst genommen: »Gerade die Reaktion der betroffenen Mitarbeiterinnen im vorliegenden Fall verdeutlicht, daß die Mitarbeiterinnen selbst das streiterhebliche Verhalten des Klägers nicht in dieser Weise als derart gravierend angesehen haben, daß eine weitere möglicherweise in der Zeit begrenzte Zusammenarbeit mit dem Kläger nicht mehr denkbar sein konnte.«[468]
- Der Kläger hatte seine Kollegin gefragt, warum sie ein Unterhemd trage, er könne ihr »ja nicht in den Ausschnitt gucken«. Weitere Vorwürfe wurden nicht belegt.[469]
- »Zugunsten des Soldaten ist das Fehlen einer hinreichenden Dienstaufsicht zu berücksichtigen. Obwohl der damalige Kompaniechef des Soldaten sowohl von dessen exzessiven Trinkgewohnheiten als auch von dessen Gepflogenheit, Untergebene anzufassen und sie mit obszönen Worten anzureden, Kenntnis hatte, unternahm er nichts dagegen. Insoweit trifft ihn ein gewisses Maß an Mitverschulden, das sich für den Soldaten tatmildernd auswirkt.«[470]
- »Der Auszubildende … W. hat am … als Zeuge u. a. ausgesagt, der Beamte habe ihm gegenüber während der Arbeitszeit und mindestens drei-, viermal bei privaten Telefonanrufen geäußert, dass er ihn ›nett finde‹, mit ihm ›gut reden könne‹ und er ihn ›so lieb habe wie seine Mutter‹, also wie die Mutter des Auszubildenden diesen

lieb habe. In diesem Umfang hat das aus der Sicht des Zeugen unerwünschte Verhalten des Beamten die Hürde einer Dienstpflicht-
verletzung noch nicht überschritten; es fehlt ihm insoweit an Gewicht und Evidenz, um disziplinarrechtlich relevant zu sein.« Der
Auszubildende war volljährig und nicht dem Kläger zugeordnet.[471]

• »… allein der Umstand, dass aufgrund unbedachter Handlungsweisen des Klägers in engem Kontakt mit Beamtinnen die Wahrscheinlichkeit sexueller Kontakte zunehme und sich hieraus der
Verdacht strafrechtlich relevanten Tuns ergebe, der sich dann
möglicherweise keiner eindeutigen Aufklärung zuführen lasse, zei-
ge, dass die für ein gedeihliches Zusammenleben und -arbeiten
von Polizeibeamtinnen mit ihren männlichen Kollegen überaus
wichtige Vertrauensbasis durch den Kläger ebenso gestört werde wie das zur Erfüllung der polizeilichen Aufgaben notwendige,
reibungslose, durch Respekt und gegenseitige Rücksichtnahme
geprägte Miteinander sowie das Gefühl, sich aufeinander verlassen zu können.« Gemeint ist damit, dass sich die alkoholisierte
sexuelle Gemengelage nicht entwirren ließ. Der VGH meinte,
die Kolleginnen könnten sich »gegenüber dem Kläger durchaus
in einer Weise verhalten haben, die dieser als Aufforderung zu
einem sexualbetonten Verhalten verstehen konnte. Daraus konnte
eine Wechselwirkung von Ursachen und Folgen entstanden sein,
die nicht a priori allein dem Kläger angelastet werden müssen.
Der Beklagte hat daraus aber offensichtlich keine Folgerungen zu
Lasten der Zeuginnen gezogen. Ihm konnten auch nach dem Gesamtbild, das sich aus den Akten ergibt, die in der Ausbildungs-
einheit offenbar nicht unüblichen Verhältnisse, wie sie sich auch
in den verfahrensgegenständlichen Vorfällen manifestiert haben,
nicht verborgen geblieben sein, ohne dass Ausbilder bzw. Vorgesetzte darauf erkennbar reagiert hätten. Dies kann nicht zu Un-
gunsten des Klägers außer Betracht bleiben.«[472] Das bedeutet, dass
der Arbeitgeber, der erkennbar sexualisiertes Verhalten lange hin-
nimmt, dann nicht ohne Vorwarnung sich einen Belästiger her-
ausgreifen und ihn entlassen kann, wenn dieser annehmen durfte,
sich im Rahmen üblicher Gepflogenheiten zu bewegen.

- Besonders herausgestrichen werden soll ein Urteil,[473] das viel von dem beinhaltet, wovon in diesem Buch die Rede ist. Der Belästiger »soll – Frau ... beim Aussteigen aus dem Taxi einen Klaps auf den Po gegeben haben, – Frau ... während der Arbeit von hinten an die Oberarme gefaßt und ihr dabei, während sein Gesicht nah an ihren Nacken herangekommen ist, etwas gesagt haben, – während einer Arbeitspause von hinten an Frau ... getreten sein und ihr ins Ohr geflüstert haben: ›Oh, Frau ... ich hatte gerade ein sexuelles Erlebnis, ich war auf der Damentoilette‹ sowie – Frau ... gefragt haben, ob sie immer oben ohne baden würde und er dies gerne einmal sehen möchte. Außerdem soll er sie auf einer gemeinsamen Autofahrt darauf angesprochen haben, ob sie nicht einen Platz wisse, wo man schnell mal baden gehen könnte und nachdem diese dies verneinte und darauf hingewiesen hatte, daß sie keinen Bikini dabei hätte, geäußert, daß er zwei Handtücher mithätte und dies kein Problem sei.« Das Gericht fand die Erwähnung der Damentoilette nun nicht so sexuell erregend, bejahte die Belästigung unter Hinweis auf einen frühen Aufsatz von mir beim Klaps. Es bemängelte, dass die Zeuginnen sich nicht mehr nach zwei Jahren an Einzelheiten erinnern konnten und befand: »Keine der Zeuginnen will sich gegenüber dem Kläger geäußert haben, keine hat verbal Kritik geübt oder sein Verhalten gerügt oder zurückgewiesen. Wenn sich eine Zeugin tatsächlich sexuell belästigt gefühlt hätte, dann hätte es doch unter den gegebenen Umständen nahegelegen, sich ein solches Verhalten des Klägers zu verbieten oder zumindest deutlich zu kritisieren ... Als der Kläger der Zeugin einen Klaps auf den Po gegeben hat, zeigte diese ihm gegenüber unstreitig keinerlei Reaktion. Das erscheint der Kammer äußerst merkwürdig.« Es ist nicht wirklich merkwürdig, alle vier Frauen waren noch in der Probezeit und äußerten sich erst, als die zu Ende ging, das haben sie zur Erklärung für ihr Verhalten ausgesagt. So konnte Scham und Angst als Einverständnis interpretiert werden.
- »Arbeitskollegin ... unsittlich am Po, Bauch und der Brust angefasst bzw. sie an den Po gefasst, sie in die Seite gekniffen und die

Brust ›betatscht‹« (rechtskräftiger Strafbefehl). Dies sei eine unak-
zeptable sexuelle Belästigung, aber als einmaliger Vorgang seien
mildere Mittel als eine fristlose Kündigung geeignet gewesen.[474]

Nach Inkrafttreten des AGG gingen folgende Vorwürfe zu Gericht, die ebenfalls keine Kündigung rechtfertigten:

- In einem Gespräch ging es darum, ob der Mann wohl zugenommen habe; daraufhin schob er seine Hand unter ihr Hemd, presste
sie auf den Bauch und fragte, wie es um ihr Gewicht stehe. Das
ist unverschämt und übergriffig, muss aber nicht sexuell gefärbt
sein, weil der Kontext nicht sexuell war. Die Beteiligten arbeiteten
weiterhin konfliktfrei zusammen.[475]
- Die Kolleginnen waren durchaus eifrig auf zotige Mails eingegangen.[476]
- Die Äußerung gegenüber einer Assistentin, sie bekomme alles
von dem Geschäftsführer mit dem Vornamen Heinz-Dieter, insbesondere die gewünschte Gehaltserhöhung und den gewünschten
Urlaub, wenn sie »dem kleinen Dieter was Gutes tue, weil sich
dann der große Heinz freue«, wurde schließlich als missglückter
Scherz akzeptiert.[477]
- Der Kläger hatte einem betriebsfremden Mann bei einer abend-
lichen Feier auf dem Weg zur Toilette in die Magengegend gefasst
und auf dem Rückweg »mit seinen Armen auf Höhe der Magengegend umschlungen und sich von hinten an ihn gepresst.« Erst
Monate später hatte sich der Mann beschwert.[478]
- Auch die »Frau hatte sehr lockere Sprache Worte wie ›bumsen, lecken, ficken und blasen‹ verwendet«. »Der Umgangston zwischen
den beiden war vertraut bis schlüpfrig.« Das sagte auch die Belästigte aus und allerdings auch, dass sie das nur dem Belästiger
zuliebe getan habe.[479]
- Der Krankenpfleger hatte eine Patientin (einvernehmlich?) geduzt,
sie beim Gehen gestützt und schien auffällig oft in ihrer Nähe zu
sein.[480]
- Der Kläger hatte eine Frau massiv verbal sexuell belästigt. Die
Arbeitgeberin hätte abmahnen oder versetzen müssen. Die Zeu-

gin schied aus anderen Gründen sowieso aus und der Kläger stand Monate vor der tariflichen Unkündbarkeit. Die Kündigung war also nicht das mildeste Mittel.[481]

- Pornographische Mails gingen an Kollegen, diese wurden aber nicht belästigt, weil sie diese ihrerseits weiterleiteten.[482]
- Der Kläger hatte zur Kundin gesagt, »Ich möchte einfach diesen mmmh klatschen«. Es hätte zunächst abgemahnt werden müssen.[483]
- Der Kläger hat Arbeitskolleginnen »von hinten – also heimlich – fotografiert«. Das müssen die nicht hinnehmen, egal, ob der Kollege gezielt ihren Ausschnitt fotografiert hatte oder nicht. Aber eine Abmahnung ist erforderlich.[484]
- Der Kläger hat über die Kundendatei die Telefonnummer einer Kundin ermittelt, um mit ihr zu flirten. Aber eine Abmahnung sei erforderlich.[485]
- Der Oberarzt sagte in Richtung einer Ärztin, aber offenbar nicht sehr verständlich (sie selbst hat es nicht mitbekommen): ... »leck mich, fick dich selbst.«[486]
- Der Beamte »kommentierte eine Stretchjeans der Zeugin mit der Bemerkung: ›Da kann man ja alles sehen‹. Die Zeugin schämte sich sehr und zog die Hose nie wieder an« ... »Bei Würdigung aller Umstände der Schwere des Dienstvergehens wäre daher eine Entfernung aus dem Beamtenverhältnis angezeigt. Wesentlich entlastend wirkt sich aus, dass der Beamte – anders als noch in der mündlichen Verhandlung vor dem Verwaltungsgericht – nunmehr glaubwürdig einsichtig ist und seine Taten bereut.«[487]

Eine Abmahnung wurde hier für ausreichend gehalten

- Der Betriebsrat hatte die Entlassung eines Belästigers (ein angetrunkener Geschäftsführer) gefordert; weil der auf der Rückfahrt von einer Betriebsfeier in einem Partywagen zwei Frauen belästigt hatte. Der Arbeitgeber hatte aber bereits vor diesem Verlangen des Betriebsrates den Belästiger umfänglich abgemahnt.[488]
- Mehrere Vorwürfe: 1. »Der Kläger habe ... gefragt, ob sie denn Schnorcheln könne, was die Zeugin bestätigt habe. Daraufhin

habe der Kläger erklärt: ›Dann können Sie ja schon einmal bei mir unter dem Tisch anfangen zu schnorcheln‹«. 2. zu einem Osteraufbau im Laden: »Ja, Frau T., ich weiß ja, dass Sie auf Eier stehen« bzw. »Ich weiß ja, Sie stehen auf dicke Eier«. 3. »Ich muss mal mit Herrn L. [dem Geschäftsführer] sprechen, damit er ihnen mal ein paar knackige Geschäftsleiter oder stellvertretende Geschäftsleiter einstellt.« 4. Über den Geschäftsführer Heinz-Dieter – wie weiter vorne bereits zitiert: »Wenn Sie dem kleinen Dieter was Gutes tun, freut sich der große Heinz und dann bekommen Sie alles von ihm, was Sie möchten, Ihre Gehaltserhöhung und Ihren Urlaub«. 5. über eine Kassiererin: »Sie soll aber darauf achten, dass sie nicht noch breiter werde.« Diese und ähnliche Bemerkungen, jeweils in Anwesenheit von Dritten, wurden vom Gericht als verunglückte Scherze eingestuft.[489]

- Ein Ausbilder hatte seinen Arm um eine Auszubildende gelegt, sexuelle Absichten abgestritten.[490]
- »Verbale sexuelle Belästigungen (›ich will ficken‹, Geldangebot für eine Nacht, Äußerung über Farbe der Unterwäsche, Äußerungen gegenüber M. H., ihren Po anfassen zu wollen) – sexuelle Belästigung durch Gesten (angedeutetes Streicheln der Beine) – sexuelle Belästigung durch Körperkontakt (April 2010: Anpacken C. D. von hinten; Juli 2011: M. H. auf den Schoß gezogen).« Arbeitgeber hatte bis dahin toleriert, dass »sich die Grenzen zwischen kollegialer Nähe und unerwünschter Annäherung« verwischen und war nicht eingeschritten.[491]
- Klägerin hatte während der Arbeitszeit »E-Mails mit sexistischem und pornographischem Inhalt versandt.« Andere aber auch, die wurden nur abgemahnt. Warnhinweis auf Verbot war nicht hinreichend deutlich.[492]
- Unstreitig sollen die Belästigungen »während eines verabredeten Abendessens und danach auf dem Weg zurück zum Hotel verbal und tätlich dergestalt erfolgt sein, daß der Kläger seiner Copilotin gegenüber auf seinen Versuch, sie zu küssen und zu umarmen, gesagt haben soll: ›Ach komm schon, du alter Feigling, du traust dich ja bloß nicht‹«. Der Belästigten gelang es nur langsam, den

Belästiger von seinen Zudringlichkeiten abzubringen, aber es gelang ihr immerhin.[493]

- Der Kläger war einer Arbeitskollegin in den Vorraum der Damentoilette gefolgt, »habe ihre Hände festgehalten und sich ihr gewaltsam zu nähern versucht.«[494] Er hatte eine weitere Arbeitskollegin belästigt.. Die Abmahnung wurde ebenso bestätigt wie die Versetzung mit Einkommens- und Statusverlust nicht beanstandet wurde.

- Der Kläger hatte gesagt: »Deine Augen verzaubern mich« bzw. »Ich bin verliebt in Dich«, hat ihr seine Telefonnummer aufgedrängt und die Kollegin an der Taille festgehalten, ihr den Weg versperrt und sie an sich gezogen.[495]

- Einem Bankangestellten war an der Tankstelle eine Frau aufgefallen; er bekam ihren Namen heraus und in der Bank auch die Telefondaten. Er schickte ihr SMS und lauerte ihr auch in der Bank auf.[496]

Eine Versetzung wurde für ausreichend gehalten

- »Hat dein Mann eine Gummiallergie?«, »Wie hättest du es denn am liebsten?« und »Dich würde ich auch gerne von hinten ficken«.[497] Hier war eine strikte Trennung von der Belästigten durchführbar.

- Eine Änderungskündigung wurde bestätigt, mit der einem Belästiger der Zugang zu dem betriebseigenen Computersystem unmöglich gemacht wurde, weil er im Intranet, das auch Auszubildenden zugänglich war, »E-Mails mit Darstellungen unbekleideter Frauen, mit pornographischen Darbietungen und mit Witzen anzüglichen Inhalts erhalten, geöffnet und an Dritte weitergeleitet« hatte. Es war eine Degradierung mit der Maßnahme verknüpft.[498]

- Eine Versetzung des Belästigers wurde auch zustimmend erwogen in der Auseinandersetzung zwischen der Frau, die versetzt worden war (!), und dem Mann, der sie belästigt hatte. Die Versetzung von ihr war jedenfalls unwirksam.[499]

Eine fristgemäße Kündigung wurde bestätigt

Sozialdaten Alter/Betriebszugehörigkeit in Jahren jeweils in Klammern, ein Fragezeichen bedeutet, dass die Daten nicht genannt sind.

- Einstellungsgespräch in einer Sauna. (?/?)[500]
- Sexueller Angriff auf nachgeordnete Mitarbeiterin. (?/?)[501]
- Gutscheinheft mit pornographischen Darstellungen und mit Angebot auf Einlösung überreicht. (35/1)[502]
- Auf dem Rechner 13 Dateiordner, »in denen etwa 100 pornographische Dokumente ... gespeichert waren. In einem Sonderordner ›Filme‹ waren ... etwa 24 Filme pornographischer Art gespeichert.« Die Bilddateien umfassten eine Speicherkapazität von 35 Megabyte (MB) und die Filmdateien von 43,5 MB. (?/?)[503]
- »teilweise während seiner Arbeitszeit – insgesamt 17 e-mails mit pornografischem Inhalt an jeweils zwei bis drei interne e-mail-Adressen von Arbeitskollegen und an eine externe e-mail-Adresse versandt.« Mit Anlagen und unglaublich brutal. (?/25)[504]
- Nach früherer einschlägiger Abmahnung die Äußerung: »Wenn der Ausschnitt noch ein bisschen größer wäre, würden dir die Äpfelchen rausfallen«, außerdem bei einer weiteren Kollegin die Hand auf deren nackte Haut gelegt, anzügliche Fragen usw. (60/9)[505]
- Gehörlose Kollegin beschwerte sich, »er küsse sie immer auf die Wange«, habe mehrfach versucht, sie in den Arm zu nehmen. (30/7)[506]
- »schwerwiegende sexuelle Angriffe auf Mitarbeiterinnen« (?/?)[507]
- Der Kläger hatte nach zwei Abmahnungen und gerichtlichen Verboten seiner Arbeitskollegin – die deswegen arbeitsunfähige war – weiterhin, nun aber außerbetrieblich nachgestellt. (53/8)[508]
- Ein Krankenpfleger, der sexuell belästigt hat, »indem er Arbeitskolleginnen gegen ihren Willen umarmt hat, auf eine dienstliche Anweisung äußerte, ›wenn Du mich küßt, weil ich Dich doch so gerne habe, dann mache ich das für Dich‹«. Er hat versucht, »körperlichen Kontakt zu erzwingen, indem er ..., bewußt mit seinem ganzen Körper an sie herangetreten ist, das Haar von Frau Ö gestreichelt hat mit der Bemerkung, ›Frauen, die viele Haare haben, sind sehr erotisch und temperamentvoll‹, und indem er die Praktikantin Y beim Austeilen der Mahlzeiten umarmte.« (41/9)[509]

- »während der Arbeitszeit – die Zeugin legte gerade Dokumentationen an – ein Bild mit dem unbekleideten Unterkörper einer Frau mit gespreizten Beinen in Nahaufnahme gezeigt.« Er hat eine weitere – lesbische – Kollegin nachts im Dienst angerufen »Ja M., dann nehme ich meinen Schwanz und stecke ihn in dein Loch und spritz ab.« (40/18)[510]
- »der Kläger habe seine Kollegin N über einen Zeitraum von einem Jahr hinweg immer wieder belästigt, in dem er ihr seine Gegenwart aufgedrängt, sie bei täglichen Fahrten zum Betrieb und vom Betrieb abgepasst, sich neben sie gesetzt, sie in Gespräche verwickelt oder sie angestarrt habe. Weiter habe er den Wunsch von Frau N, von ihm in Ruhe gelassen zu werden, missachtet; er habe versucht, in Gegenwart anderer den Arm um sie zu legen; des weiteren habe er sie häufig an ihrem Arbeitsplatz angerufen und gefragt, ob sie nicht etwas gemeinsam mit ihm unternehmen wolle.« (?/23)[511]

Eine fristlose Kündigung ohne vorherige Abmahnung wurde bestätigt nach folgenden Belästigungen:

- »Du kleine süße Sau, jetzt nimm mal Deine Hände von Deinen Titten, fahre damit tiefer und gehe mit Deinen Händen an die Oberschenkel und fahre damit ganz langsam hoch.« (51/24)[512]
- Er hat die Belästigte »hinten umfasst und zielgerichtet deren Brüste berührt und dabei gesagt, er könne ihre ›Fotze lecken‹ und ihr ›verschiedene Techniken zeigen‹«, montags Fragen zum Sexualverhalten am Wochenende. zwei Frauen. (23/8)[513]
- Kläger hat Kollegin im Kühlraum »wie schon mehrere Male zuvor, an den Hintern gefasst.« Auf dem Nachhauseweg hat er sie am Po in den Bus geschoben. Anderer Kollegin ging es ähnlich. (30/2)[514]
- Eine gehörlose und stumme Mitarbeiterin wurde wiederholt »›begrapscht‹, körperlich berührt und am Oberkörper ›betatscht‹. So sei er von hinten an sie herangetreten und habe sie an Hals, Schulter, Nacken und Hüfte angefasst. Die Zudringlichkeiten seien teilweise zu heftig gewesen, dass sie ihn schlagen musste, um sich zu wehren.« (?/?)[515]

- Vor 13 Jahren Abmahnung. »Seiner untergebenen Mitarbeiterin im Aufzug an die Brust gefasst habe. Er habe gesagt, er müsse auf die Toilette, sie solle mitgehen, um ihn heben zu helfen. Außerdem habe der Kläger ein außereheliches Verhältnis angeboten.« (54/29; Grad der Behinderung 50%)[516]

- »I can imagine many or a thousand ways to humiliate you« auf einer privaten Feier mit Betriebsbezug zu einer zierlichen Kollegin, mit der er (sehr groß) im Büro Rücken an Rücken arbeitete. (36/2)[517]

- Kläger hatte sich am Fenster »mit einer Perücke (lange schwarze Haare) in rotem Gewande entblößt und seine Genitalien gezeigt« (?/18)[518]

- Vier Bemerkungen. »Mit der ersten Bemerkung gab der Klägerin anzüglicher Weise der Erwartung Ausdruck, die Mitarbeiterin würde für ihn ihre körperlichen Reize zur Schau stellen. In Bezug auf den Zollstock stellte er einen anzüglichen Vergleich an. Beim Mittagessen sprach er die Mitarbeiterin auf ihr Sexualleben an. Schließlich machte er ihr explizit ein anzügliches Angebot.« (61/35)[519]

- »in mehreren Fällen durch sexuell grenzüberschreitende Äußerungen gegenüber bzw. in Anwesenheit von Mitarbeitern« sexuell belästigt. (?/3)[520]

- Wenig variantenreiche aber reichliche verbale und tätliche Belästigungen (das passt nicht auf fünf Zeilen) gegenüber vier Auszubildenden und eine Arbeitskollegin. (35/13)[521]

- »Frau … habe Mikrowellengeräte in das Regal eingeräumt. Herr … sei direkt auf sie zugekommen und habe gesagt: ›Ich darf nicht schwer heben, ich darf nur Frauen anfassen.‹ Er habe dabei beide Arme nach vorne gestreckt und die Hände auf Höhe der Brüste von Frau … gehalten. Frau … habe sich zur Seite gedreht, als die Hände von Herrn … nur noch wenige Zentimeter von ihren Brüsten entfernt waren. Wäre sie nicht zur Seite gegangen, hätte Herr … ihr mit beiden Händen an die Brüste gefasst … regelmäßig an das Gesäß gegriffen …« »Ich würde dich gerne gegen meine Frau austauschen. Die ist schon ziemlich alt, du bist aber noch jung.«

Außerdem habe er ihr Namen wie »Zuckerbiene« und dergleichen gegeben. (58/?)[522]

- »habe der Kläger die Zeugin plötzlich in eine dunkle Ecke gedrückt, dort die Zeugin an die Brust gefasst und sie sexuell bedrängt.« (?/10)[523]

- Er habe »die im ersten Lehrjahr befindliche Auszubildende H., die im Wareneingang in unmittelbarer Nähe des Klägers eingesetzt war, im Bereich des unteren Rückens angefasst, als sich diese an der Packtheke nach vorne beugte«, außerdem gefragt nach Geschlechtsverkehr und »ob sie harte Titten hätte.« (?/18)[524]

- »Gerade dann, als sich Frau C. über den Rand der Tiefkühltruhe gebeugt hatte, um von dort Pizzen zu entnehmen, trat der Kläger ganz nah direkt von hinten an sie heran und sprach sie an. Inzwischen ist unstreitig, dass der Kläger dabei so nahe an die Kollegin herangetreten war, dass es zu einer körperlichen Berührung kam.« (56/20)[525]

- Er habe »sich während seiner Arbeitszeit … über einen langen Zeitraum und – nach seinen dort dokumentierten eigenen Einlassungen gegenüber dem Sachverständigen – fünf bis sechs Stunden täglich im Internet aufgehalten.« »Bei einer in diesem Zusammenhang erfolgten Überprüfung seines Computers seien – so die Beklagte – 499 Dateien, darunter acht Videodateien, enthaltend pornographische/kinderpornographische Inhalte, mit einem Volumen von insgesamt 253 MB, sichergestellt worden.« (60/29)[526]

- Der Kläger hatte sich gegenüber Schülerinnen »mit einer deutlich sichtbaren Erektion gezeigt« und mit »starren und lüsternen Blicken« geschaut (>55/>15)[527]

- Nach abgewiesenen Annäherungen SMS an Auszubildende geschrieben: »Du geiles Etwas, heute komm ich zu Dir dann bumsen wir eine Runde«. (31/12)[528]

- Arbeitskollegin »im Treppenaufgang zur Kantine von hinten kommend an einem Arm festgehalten, ihr dabei mit der anderen Hand über die Schulter bewusst an den Busen gegriffen und bemerkt: ›Du hast ja nicht einmal einen BH an.‹« (?/25)[529]

- Untergebene »des Öfteren zu Gesprächen in sein Büro zitiert, sich bei diesen Gesprächen neben sie gesetzt und seine Hand auf ihr Knie gelegt. Darüber hinaus habe der Kläger die Mitarbeiterin A an Po, Beinen und Hüften begrapscht.« Auf Abwehr diskriminierende Bemerkungen und weitere Übergriffe, einer Arbeitskollegin »des Öfteren einen Klaps auf das Gesäß gegeben oder ihr in den Bauch gekniffen« (49/31)[530]
- Praktikantin I »eigenartige Andeutungen«, … »auffällig ans Gesäß«, Kussversuch; Praktikantin II erfuhr von Beschwerde und ergänzte: »mehrere Male an den Hintern« gegangen (während sie Patienten betreute), von hinten umarmt und Kopf auf die Schulter gelegt, in die Seite gekniffen, an sich gezogen, (38/17)[531]
- Der Belästiger hatte als Vorgesetzter eine Zeugin an Busen körperlich berührt, gezielt sexuelle Themen angesprochen, und ihr pornographische Bilder (Frau mit Vibrator) der eigenen Lebensgefährtin mit der Frage vorgelegt, ob er auch von ihr solche machen solle, Gespräche über sexuelle Abenteuer mit Beschäftigen des Hauses; nach Einleitung der Kündigung offenbarte sich eine weitere Arbeitskollegin (von hinten an sie gedrängt und sie bedrängt, an sie heran gedrängelt und dumme Fragen gestellt, er habe sich in der Stadt »von hinten an sie geschmissen und mit beiden Armen den Oberkörper umfasst und die Brüste berührt«) und auch dem Personalratsvorsitzenden hatte er vor vielen Jahren als damals 17-Jährigem in der Ausbildung pornographische Bilder vorgelegt, wie nunmehr bekannt wurde. (54/33)[532]
- Drei Mitarbeiterinnen in mehr als zwölf Jahren »regelmäßig durch anzügliche Berührungen, Bemerkungen und Verwicklungen in sexuell geprägte Gespräche belästigt« 1. gemutmaßt, dass »Frauen es wohl am liebsten derb und heftig möchten und ganz besonders den unverkennbaren Geruch des Männerschweißes mögen. Überhaupt müssten Frauen einfach nur richtig durchgefickt werden, dann wäre der Hormonhaushalt wieder in Ordnung und Frauen hätte auch keine Probleme mehr.« 2. »Mehrfach Bilder von unbekleideten Frauen gezeigt und sie gefragt, wie sie als Frau einen ›flotten Dreier‹ fände und nach ihrer Bereitschaft für ›ein kleines

Abenteuer zwischendurch‹ gefragt, trotz eindeutiger Ablehnung immer wieder ›unsittlich berührt‹, so dass sie kündigte. Er amüsierte sich öffentlich über ihre Verlegenheit.« 3. Durch »anzügliche Bemerkungen des Klägers hinsichtlich ihrer Kleidung sowie durch sexuell motivierte Berührungen an Brust und Gesäß sexuell belästigt.« Dies ist aber nur ein Ausschnitt seiner Aktivitäten. (?/28)[533]

- Ein Hausmeister hatte eine Minderjährige auf Facebook wiederholt nach ihrer Bereitschaft befragt, »arschgefickt« zu werden. Deren Tante war seine Vorgesetzte und verweigerte die weitere Zusammenarbeit mit ihm. (57/5)[534]

- Ein Manager hatte trotz Verbots mindestens 10% seiner Internetnutzungszeit pornographische Dateien aufgerufen und gespeichert und hier auch mit Prostituierten korrespondiert. (?/2)[535]

- Ein Lagerist stand im Verdacht, dass er pornographische Darstellungen, die er zuvor widerrechtlich heruntergeladen haben soll, auf dem Drucker der Sekretärin seines Vorgesetzten ausgedruckt habe und dass er für beide Aktionen die Passwörter der beiden heimlich genutzt hätte. Die Rechtsfrage, die nicht ausdrücklich Gegenstand des Prozesses war, wurde zu Lasten des Lageristen bejaht.[536]

Gesetze

Internetquellen gültiger Gesetze

Der jeweils aktuelle Wortlaut von Gesetzen unter
www.gesetze-im-internet.de/
bzw. für europarechtliche Regelungen unter
http://eur-lex.europa.eu/

Nicht mehr in Kraft befindliche Gesetze

§ 611a BGB gültig vom 13.08.1980 Satz 3 galt bis zum 17.08.2006

(1) Der Arbeitgeber darf einen Arbeitnehmer bei einer Vereinbarung oder einer
Maßnahme, insbesondere bei der Begründung des Arbeitsverhältnisses, beim
beruflichen Aufstieg, bei einer Weisung oder einer Kündigung, nicht wegen
seines Geschlechts benachteiligen. Eine unterschiedliche Behandlung wegen
des Geschlechts ist jedoch zulässig, soweit eine Vereinbarung oder eine Maßnahme die Art der vom Arbeitnehmer auszuübenden Tätigkeit zum Gegenstand hat und ein bestimmtes Geschlecht unverzichtbare Voraussetzung für
diese Tätigkeit ist. Wenn im Streitfall der Arbeitnehmer Tatsachen glaubhaft
macht, die eine Benachteiligung wegen des Geschlechts vermuten lassen, trägt
der Arbeitgeber die Beweislast dafür, daß nicht auf das Geschlecht bezogene,
sachliche Gründe eine unterschiedliche Behandlung rechtfertigen oder das
Geschlecht unverzichtbare Voraussetzung für die auszuübende Tätigkeit ist.

Zwei Veränderungen sind wichtig:

a) Die sexuelle Belästigung musste erkennbar abgelehnt werden. Das gab Raum
   für Ausreden. Das war schlechter.[537]
b) Zur Glaubhaftmachung der Belästigung reichte eine Eidesstattliche Versicherung. Das war viel besser.

§ 2 BSchG Beschäftigtenschutzgesetz (Gesetz zum Schutz der Beschäftigten vor sexueller Belästigung am Arbeitsplatz), in Kraft vom 24.06.1994–17.08.2006

(1) Arbeitgeber und Dienstvorgesetzte haben die Beschäftigten vor sexueller Belästigung am Arbeitsplatz zu schützen. Dieser Schutz umfaßt auch vorbeugende Maßnahmen.

(2) Sexuelle Belästigung am Arbeitsplatz ist jedes vorsätzliche, sexuell bestimmte Verhalten, das die Würde von Beschäftigten am Arbeitsplatz verletzt. Dazu gehören

1. sexuelle Handlungen und Verhaltensweisen, die nach den strafgesetzlichen Vorschriften unter Strafe gestellt sind, sowie

2. sonstige sexuelle Handlungen und Aufforderungen zu diesen, sexuell bestimmte körperliche Berührungen, Bemerkungen sexuellen Inhalts sowie Zeigen und sichtbares Anbringen von pornographischen Darstellungen, die von den Betroffenen erkennbar abgelehnt werden.

(3) Sexuelle Belästigung am Arbeitsplatz ist eine Verletzung der arbeitsvertraglichen Pflichten oder ein Dienstvergehen.

§ 21 JgefSchrG Gesetz über die Verbreitung jugendgefährdender Schriften und Medieninhalte a.F., in Kraft bis 31.03.2003

(1) Wer eine Schrift, deren Aufnahme in die Liste bekanntgemacht ist, oder eine der in § 6 bezeichneten Schriften

1. entgegen § 3 Abs. 1 Nr. 1 einem Kind oder Jugendlichen anbietet, überläßt oder zugänglich macht,

2. entgegen § 3 Abs. 1 Nr. 2 an den dort bezeichneten Orten ausstellt, anschlägt, vorführt oder sonst zugänglich macht,

3. entgegen § 3 Abs. 1 Nr. 3 im Wege gewerblicher Vermietung oder vergleichbarer gewerblicher Gewährung des Gebrauchs einem anderen anbietet oder überläßt,

3a. entgegen § 3 Abs. 1 Nr. 4 verbreitet, bereithält oder sonst zugänglich macht,

4. entgegen § 4 Abs. 1 in den dort bezeichneten Fällen vertreibt, verbreitet, verleiht oder vorrätig hält,

5. entgegen § 4 Abs. 2 Satz 1 an die dort bezeichneten Personen liefert,

6. entgegen § 4 Abs. 3 einzuführen unternimmt oder

7. entgegen § 5 Abs. 2 anbietet, ankündigt oder anpreist,

wird mit Freiheitsstrafe bis zu einem Jahr oder mit Geldstrafe bestraft.

(2) Ebenso wird bestraft, wer

1. entgegen § 5 Abs. 1 geschäftlich wirbt oder

2. die Liste zum Zwecke der geschäftlichen Werbung abdruckt oder veröffentlicht.

(3) Handelt der Täter fahrlässig, so ist die Strafe Freiheitsstrafe bis zu sechs Monaten oder Geldstrafe bis zu einhundertachtzig Tagessätzen.

(4) Die Absätze 1 bis 3 sind nicht anzuwenden, wenn der zur Sorge für die Person Berechtigte die Schrift einem Kind oder Jugendlichen anbietet, überläßt oder zugänglich macht.

(5) Das Gericht kann von einer Bestrafung nach den Absätzen 1 bis 3 absehen, wenn der Täter, der die Schrift einem Kind oder Jugendlichen angeboten, überlassen oder zugänglich gemacht hat, ein Jugendlicher oder ein Angehöriger im Sinne des § 11 Abs. 1 Nr. 1 des Strafgesetzbuches ist.

(6) Hat ein Kind oder Jugendlicher die Schrift einem anderen Kind oder Jugendlichen angeboten, überlassen oder zugänglich gemacht, so leitet das Jugendamt die auf Grund bestehender Vorschriften zulässigen Maßnahmen ein. Der Vormundschaftsrichter kann auf Antrag des Jugendamtes oder von Amts wegen Weisungen erteilen.

ANHANG

Anmerkungen

Der Übersichtlichkeit halber wurden die Fundstellen für Urteile usw. als Endnoten an das Ende des Textes gesetzt. Zitierte Schreibweise folgt vollständig (also einschließlich der damaligen Rechtschreibung und kleiner Fehler) derjenigen in den Entscheidungen und Gesetzen. Die Urteile sind mit gekürzter Herkunft zitiert, also VGH Bayern statt Bayerischer Verfassungsgerichtshof (bzw. VGH Baden Württemberg statt Verwaltungsgerichtshof Baden-Württemberg usw.), LAG Hessen statt Hessisches Landesarbeitsgericht.

1   Sexuelle Belästigung am Arbeitsplatz, Schriftenreihe BJFFG Band 260, Stuttgart 1991 S. 231

2   Sexuelle Belästigung am Arbeitsplatz, Schriftenreihe BJFFG Band 260, Stuttgart 1991 S. 374; Die erste Studie war eine infas-Studie 1984, (mit dem Ergebnis, dass 25 % der befragten Frauen von sexueller Belästigung berichteten).

3   BSG 23.10.1985 AZ 9a RVg 5/84 (es ging um Gewaltopferentschädigung). Den gleichen Geist atmet die Entscheidung des AG Bad Homburg, 05.09.1995 AZ AZ 2 C 857/95, wonach Annäherungsversuche des angestellten Reiseleiters in manchen Regionen als sozial adäquat anzusehen sind, zumal wenn die Reisende ohne männliche Begleitung unterwegs sei. Hierher gehört aber auch die beiläufige Einstufung eines Geschehens als »angebliche sexuelle Belästigungen« durch das BVerfG 23.08.1995 AZ 1 BvR 568/93. Üblicherweise ist ein zwischen Beteiligten streitiges Geschehen auch so als streitig und nicht als angeblich zu bezeichnen, das wird bereits im Jurastudium gelehrt.

4   VGH Bayern 09.10.2006 AZ Vf. 98-VI-04.

5   BVerwG 08.11.2000 AZ 1 D 35/99; ähnlich VGH Bayern 09.04.2014 AZ 16a D 12.1217, wo der Belästiger argumentiert, es sei für ihn »äußerst belastend, dass seine Ehefrau massiv unter den ihrem Mann gemachten Vorwürfen leide. Sie unterliege schweren Depressionen und sei in beständiger psychotherapeutischer Behandlung.« Dies müsse zu seinen Gunsten berücksichtigt werden.

6   VG Gelsenkirchen 01.09.2010 AZ 7 K 903/09. Mit seinem guten Verhältnis
     zu den – belästigten – Auszubildenden argumentierte auch der Belästiger in
     LG Münster 18.01.2013 AZ 19 StL 5/12.

7   LAG Baden-Württemberg 03.08.2011 AZ 13 Sa 16/11.

8   LAG Hamm 25.05.2007 AZ 13 TaBV 119/06.

9   LAG Schleswig-Holstein 09.06.2011 AZ 5 Sa 509/10; LAG Niedersachsen
     13.10.2009 AZ 1 Sa 832/09; OVG Thüringen 06.11.2008 AZ 8 DO 584/07;
     VG Trier 15.05.2008 AZ 3 K 1019/07.TR; VG Berlin 19.06.2007 AZ 28 A
     98.06; VG Regensburg 08.12.2004 AZ RO 1 K 04.1557; LAG Hamburg
     04.11.2004 AZ 7 Sa 41/04; BVerwG 16.03.2004 AZ 1 D 15/03; VGH Bay-
     ern 26.11.2003 AZ 16a D 00.1864; VG Kassel 14.11.2002 AZ 7 E 586/01;
     BVerwG 04.04.2001 AZ 1 D 15/00; OLG Frankfurt 26.08.1999 AZ 15 U
     103/97; BVerwG 29.11.1990 AZ 1 D 9/90.

10   BAG 09.06.2011 AZ 2 AZR 323/10.

11   BAG 09.01.1986 AZ 2 ABR 24/85.

12   http://fra.europa.eu/de/press-release/2014/gewalt-gegen-frauen-sie-passiert-
     taglich-und-allen-kontexten sowie http://fra.europa.eu/sites/default/files/fra-
     media-memo-violence-against-women_de.pdf.

13   Nach der ADS-Studie 2015 (s.u.) wird auf Geschäfts- und Dienstreisen recht
     oft (Frauen 12%, Männer 18%) belästigt.

14   BVerfG 28.01.1992 AZ 1 BvR 1025/82, 1 BvL 16/83 und 1 BvL 10/91.

15   BSG 29.05.1962 AZ 2 RU 209/61.

16   LAG Hessen 27.01.2004 AZ 13 TaBV 113/03; VG Kassel 14.11.2002 AZ 7 E
     586/01.

17   Unerwünschte Berührungen, Umarmungen oder Küsse? * Zweideutige/se-
     xuell anzügliche Kommentare oder Witze, durch die Sie sich angegriffen/
     beleidigt fühlten? * Unangemessene Einladungen zu einem Rendezvous? *
     Aufdringliche Fragen zu Ihrem Privatleben, durch die Sie sich angegriffen/
     beleidigt fühlten? * Aufdringliche Kommentare zu Ihrem Aussehen, durch
     die Sie sich angegriffen/beleidigt fühlten? * Unangemessenes Starren oder
     anzügliche Blicke, durch die Sie sich eingeschüchtert fühlten? * Jemand
     schickte oder zeigte Ihnen sexuell eindeutige Bilder, Fotos oder Geschenke,
     durch die Sie sich angegriffen/beleidigt fühlten? * Jemand hat sich unsittlich
     vor Ihnen entblößt? * Jemand hat Sie gegen Ihren Willen genötigt, porno-
     grafisches Material anzusehen? * Unerwünschte, sexuell eindeutige E-Mails
     oder SMS, die Sie angegriffen/beleidigt haben? * Unangemessene Annähe-
     rungsversuche auf den Internetseiten sozialer Netzwerke wie Facebook oder
     in Internet-Chatrooms, die Sie angegriffen/beleidigt haben?

18   »Sexuelle Belästigung am Arbeitsplatz«, Schriftenreihe BJFFG S. 228 iVm.
     S. 276.

19   www.mgfa-potsdam.de Gerhard Kümmel »Truppenbild mit Dame« SOWI
     Forschungsbericht 82: Truppenbild mit Dame. Eine Sozialwissenschaftliche
     Begleituntersuchung zur Integration von Frauen in der Bundeswehr – Straus-
     berg Sozialwissenschaftliches Institut der Bundeswehr SOWI 2008, betrifft
     den Zeitraum März bis Juni 2005.

20 BVerwG 24.04.2007 2 WD 9/06, Besprechung vom 21.07.2008.

21 Zeit 24.01.2014.

22 Im Folgenden ADS-Studie 2015. Abrufbar unter www.antidiskriminierungs-stelle.de/SharedDocs/Downloads/DE/publikationen/Flyer/Wendebro-schuere_TJ_2015.html?nn=4191912.

23 ADS-Studie 2015.

24 ADS-Studie 2015.

25 www.sueddeutsche.de/karriere/sexuelle-belaestigung-am-arbeitsplatz-maenner-werden-kaum-als-opfer-wahrgenommen-1.1846785 vom 19.12.2013.

26 ADS-Studie 2015.

27 ADS-Studie 2015.

28 ADS-Studie 2015.

29 Schriftenreihe des Bundesministers für Jugend, Familie, Frauen und Gesundheit Band 260 S. 197.

30 BSG 21.06.2001 AZ B2 U 25/00 R; BGH 26.11.1996 AZ 1 StR 405/96; BGH 18.09.1986 AZ 4 StR 432/86.

31 BVerwG 18.07.1995 AZ 2 WD 32/94.

32 ArbG Wuppertal 13.11.2012 AZ 5 Ca 2425/12, erste Instanz, zweite LAG Düsseldorf 12.06.2013 AZ 7 Sa 1878/12: »Anlass für die Kündigung war ein Vorfall am Freitag, dem 27.07.2012. Nachdem der Kläger an diesem Tag seine Arbeit beendet hatte und sich umziehen wollte, begegnete er in den Sozialräumen der bei einem externen Reinigungsunternehmen angestellten Reinigungskraft M. N., die mit der Reinigung der Sozialräume beschäftigt war. Bei Eintreffen des Klägers lehnte Frau N. in der Tür zwischen Waschraum und Umkleideraum und unterhielt sich mit zwei Kollegen des Klägers, die sich im Waschraum befanden. Der Kläger begab sich ebenfalls in den Waschraum, um sich Hände und Gesicht zu waschen. Nachdem seine beiden Kollegen den Waschraum verlassen hatten, führten der Kläger – während er sich wusch – und Frau N., die er zuvor noch nicht kennengelernt hatte, ein Gespräch. Im Verlaufe dieses Gesprächs stellte Frau N. sich zunächst vor das Waschbecken und sodann neben den Kläger. Der Kläger sagte zu ihr, sie habe schöne Brüste und berührte sie dann an einer Brust. Frau N. erklärte, dass sie das nicht wünsche. Der Kläger ließ sofort von ihr ab, zog sich um und verließ den Sozialraum. Frau N. arbeitete weiter. Sie hat den Vorfall ihrem Arbeitgeber geschildert, der sodann an die Beklagte herangetreten ist.« Das LAG bewertete den Vorfall: »Zunächst ist zu berücksichtigen, dass es nicht der Kläger war, der sich der Frau N. unerwünscht genähert hat, sondern Frau N. ist auf den Kläger zugegangen. Der Kläger hat sich gewaschen und Frau N. ist – statt im Türrahmen stehen zu bleiben – nicht nur bis vor das Waschbecken getreten, sondern hat sich neben den sich waschenden Kläger gestellt. Nach seinem unwidersprochenen und unwiderlegten Vorbringen hatte der Kläger den Eindruck, dass Frau N. mit ihm flirtete. Für die Berufungskammer ist nachvollziehbar, dass sich dieser Eindruck beim Kläger dadurch verstärkt haben kann, dass Frau N. sich ihm näherte. In dieser Situation kam es zu dem Übergriff seitens des Klägers.

Es bedarf keiner besonderen Betonung, dass es auch in einer derartigen Situation nicht zu einem sexuellen Übergriff kommen darf. Es soll Frau N. als Opfer dieser Situation auch in keinster Weise eine Art »Mitverschulden« zugewiesen werden. Kündigungsrechtlich ist jedoch nach Auffassung der Berufungskammer zu berücksichtigen, dass das Verhalten des Klägers unter diesen Umständen in einem »milderen Licht« zu sehen ist. ...

Zu berücksichtigen ist zudem, dass der Kläger Frau N. nicht fortgesetzt und hartnäckig bedrängt hat. Er hat sofort von ihr abgelassen und sich entfernt, nachdem Frau N. ihm zu verstehen gegeben hat, dass sie ein derartiges Verhalten nicht wünsche. Dass Frau N. sich nicht weiter vom Kläger bedrängt fühlte, zeigt sich auch daran, dass sie nach dem Vorfall ihre Reinigungsarbeiten in den Sozialräumen fortsetzte.« Ob das LAG wirklich meinte, wenn eine Frau sich einem Mann nähere, sei der berechtigt, sie an die Brust zu packen, oder ob den ausführlichen Reuebekundungen des Belästigers geglaubt wurde, ist unklar. Es gab eine Verständigung zwischen Belästigter und Belästiger. Dritte Instanz BAG 20.11.2014 AZ 2 AZR 651/13; ebenso VGH Bayern 27.08.2007 AZ 3 B 05.210 »Nach einer (auch vor dem Hintergrund der Aussagen der Zeuginnen Bi. und Ru. und anderer, nicht selbst betroffener Zeugen bzw. Zeuginnen) jedenfalls nicht auszuschließenden Version des Geschehens können sich Bi. und Ru. aber gegenüber dem Kläger durchaus in einer Weise verhalten haben, die dieser als Aufforderung zu einem sexualbetonten Verhalten verstehen konnte. Daraus konnte eine Wechselwirkung von Ursachen und Folgen entstanden sein, die nicht a priori allein dem Kläger angelastet werden müssen.« Die beanstandeten Verhaltensweisen der Zeuginnen werden allerdings nicht näher beschrieben.

33   LAG Schleswig-Holstein 27.09.2006 AZ 3 Sa 163/06.
34   ArbG Berlin 10.12.1999 AZ 36 Ca 36555/98 »Fast täglich habe er sich von hinten über sie gebeugt, so getan, als sehe er schlecht, und ihr dabei über die Bluse gestrichen.« Zu einer solchen Arbeitsweise hat eine Auszubildende in einem anderen Verfahren (LG Münster 18.01.2013 AZ 19 StL 5/12) ausgesagt: »Ferner habe er sich, während sie am PC gesessen habe, über sie gebeugt und mit den Fingern den Verschluss ihrer Hose oberhalb des Schambereichs betastet. Nach den Angaben der Zeugin M. hat der Angeschuldigte »ständig seinen Ellenbogen gegen ihre Brust gedrückt« und einmal auch seinen kleinen Finger auf den Reißverschluss ihrer Hose im Schambereich gelegt.« Das gehört eigentlich nicht in den Graubereich, soll nur die Ausgangsposition des Belästigers illustrieren.
35   VG Magdeburg 13.12.2012 AZ 8 A 7/11; LG Münster 18.01.2013 AZ 19 StL 5/12.
36   LAG Rheinland-Pfalz 11.3.2009 AZ 7 Sa 235/08 Sie »habe dieses Verhalten des Klägers als sexuell belästigend und entwürdigend empfunden. Trotzdem habe sie ihren Vorgesetzten über diese Vorfälle zunächst nicht informiert, da der Kläger gegenüber Frau B. Ende des Jahres 2006 bzw. Anfang des Jahres 2007 erwähnt habe, dass er bereits einmal eine Abmahnung wegen ›sexueller Belästigung‹ erhalten habe und das er ›rausfliege‹ wenn ihm ein solcher Vorwurf erneut zur Last gelegt werde.«

37   VG München 20.01.2010 AZ M 13 DK 09.2975.

38   BVerwG 01.03.2007 AZ 2 WD 4/06.

39   ArbG Nienburg 19.04.2012 AZ 2 Ca 460/11 Ö.

40   VGH Bayern 26.11.2003 AZ 16a D 00.1864.

41   BAG 25.03.2004 AZ 2 AZR 341/03: »1. Die Unerwünschtheit des frag-
     lichen sexuellen Verhaltens im Rahmen der gemäß § 2 Abs. 2 Nr. 2 BSchG
     erforderlichen erkennbaren Ablehnung muss nach Außen in Erscheinung
     getreten sein. Zwar wird man eine ausdrücklich formulierte Ablehnung
     nicht – schon gar nicht immer – verlangen können. Im Einzelfall kann des-
     halb eine aus den Umständen erkennbare Ablehnung genügen. Eine solche
     Ablehnung ist erkennbar, wenn aus dem Verhalten der oder des Betroffe-
     nen für einen neutralen Beobachter die Ablehnung hinreichend deutlich
     geworden ist. Unter Umständen kann daher auch ein rein passives Ver-
     halten in der Form eines zögernden, zurückhaltenden Geschehenlassens
     gegenüber einem drängenden, durchsetzungsfähigen Belästiger, insbeson-
     dere einem Vorgesetzten, zur Erkennbarkeit einer ablehnenden Haltung
     ausreichen.
          Verhält sich die von sexuellen Handlungen betroffene Person nicht nur
     passiv – gleichsam ›duldend‹ –, sondern beteiligt sie sich vielmehr aktiv
     an den sexuellen Kontakten, in dem sie sogar zweimal erhebliche sexuelle
     Handlungen vornimmt, kann dies auch bei einem neutralen Beobachter
     den Eindruck erwecken, die betroffene Person habe den sexuellen Kontakt
     nicht – jedenfalls nicht für den ›Täter‹ erkennbar – abgelehnt.« Die Ent-
     scheidung erging allerdings noch unter der alten Rechtslage, wo »erkenn-
     barer Widerstand« der Belästigten gefordert wurde.

42   BAG 22.06.2011 AZ 8 AZR 48/10.

43   BAG 22.06.2011 AZ 8 AZR 48/10 für Abs. 3; BVerwG 15.11.1996 AZ 1 DB
     5/96: Manchmal mischt sich das, zum Beispiel wenn ein längst abgewiese-
     ner sexueller Bewerber als Posthauptschaffner Briefe in die Post gibt, die im
     Anschriftenteil an die »An die dummgeile, a-sexuelle, onanierende, verräte-
     rische, heuchlerische Fotzi – Frau …« gerichtet sind und wenn er auf einer
     Postkarte zum Geschlechtsverkehr auffordert.

44   BAG 09.06.2011 AZ 2 AZR 323/10; BAG 25.10.2007 AZ 8 AZR 593/06.

45   Gesetzesbegründung BT-Drucksache 16/1780 »Das unerwünschte Verhalten
     muss zusätzlich sexuell bestimmt sein. Die beispielhafte Aufzählung mög-
     licher sexuell bestimmter Verhaltensweisen erfasst typische Fälle und ent-
     spricht weitgehend den in § 2 Abs. 2 Satz 2 des Beschäftigtenschutzgesetzes
     aufgezählten unerwünschten Verhaltensweisen wie sexuelle Handlungen und
     Aufforderungen zu diesen, sexuell bestimmten körperlichen Berührungen.
     Darüber hinaus zählen wie bisher erst recht sexuelle Handlungen und Verhal-
     tensweisen, die nach strafgesetzlichen Vorschriften unter Strafe gestellt sind,
     zu den erfassten Verhaltensweisen.«

46   Gesetzesbegründung BT-Drucksache 16/1780 »Das betrifft vor allem das Vor-
     liegen rechtfertigender Gründe. Im Falle einer Belästigung oder sexuellen
     Belästigung kommt regelmäßig keine Rechtfertigung in Betracht.«

47 http://de.wikipedia.org/wiki/Sexuelle_Bel%C3%A4stigung;   www.spie-
    gel.de/karriere/berufsleben/sexuelle-belaestigung-wo-verlaeuft-die-gren-
    ze-a-879553.html;   www.bmfsfj.de/BMFSFJ/gleichstellung,did=73018.html;
    www.arbeitssicherheit.de/de/html/fachbeitraege/anzeigen/851/Sexuelle-
    Bel%C3%A4stigung-am-Arbeitsplatz/.

48 LAG Mecklenburg-Vorpommern 14.08.2012 AZ 5 Sa 324/11 »Bei einer
    Berührung des Gesäßes handelt es sich immer um einen Eingriff in die
    körperliche Intimsphäre, der objektiv als sexuell bestimmt im Sinne von
    § 3 Absatz 4 AGG anzusehen ist ... Entscheidend ist, dass es sich bei dem
    Gesäß um eine Tabuzone handelt, die man nicht berühren darf« VG Berlin
    03.02.2012 AZ 80 K 48.11 OL; LAG Berlin-Brandenburg 20.07.2011 AZ 26
    Sa 1269/10; VGH Bayern 13.07.2011 AZ 16a D 10.565; BAG 09.06.2011
    AZ 2 AZR 323/10 »Bei einem Schlag auf das Gesäß handelt es sich um einen
    Eingriff in die körperliche Intimsphäre, der objektiv als sexuell bestimmt
    i. S. v. § 3 Abs. 4 AGG anzusehen ist ... Auf die Motivation des Klägers kam
    es nicht an.« BGH 27.04.2010 AZ 5 StR 127/10; VG München 20.01.2010
    AZ M 13 DK 09.2975; OVG Lüneburg 12.01.2010 AZ 20 LD 17/08; LAG
    Hamm 15.10.2009 AZ 11 Sa 511/09; OVG Thüringen 06.11.2008 AZ 8
    DO 584/07; VG Stuttgart 21.11.2007 AZ 17 K 2784/06; LAG Rhein-
    land-Pfalz 24.10.2007 AZ 8 Sa 125/07; VG Meiningen 14.05.2007 AZ 6
    D 60011/03.Me; OVG NRW 27.02.2007 AZ 12 B 72/ 07; VG München
    26.02.2007 AZ M 19 D 06.611; BVerwG 14.02.2007 AZ 1 D 12/05; VG
    München 17.07.2006 AZ M 13 D 06.1214; LAG Köln 07.07.2005 AZ 7 Sa
    508/04; ArbG Würzburg 29.04.2005 AZ 3 Ca 2094/04 S; VG Regensburg
    08.12.2004 AZ RO 1 K 04.1557; BVerwG 16.03.2004 AZ 1 D 15/03; VG
    Meiningen 30.01.2004 AZ 6 D 60010/03.Me; VGH Bayern 26.11.2003
    AZ 16a D 00.1864; OVG NRW 07.06.2002 AZ 15 d A 5056/00.O; EuGH
    23.04.2002 AZ C-62/01 – Anna Maria Campogrande –; ArbG Ludwigs-
    hafen 29.11.2000 AZ 3 Ca 2096/00; LAG Sachsen 10.03.2000 AZ 2 Sa
    635/99; LAG Sachsen 19.08.1997 AZ 7 Sa 870/96; LAG Berlin 30.01.1991
    AZ 13 Sa 98/90.

49 BAG 09.06.2011 AZ 2 AZR 323/10; ArbG Frankfurt/Main 11.02.2002 AZ 15
    Ca 7402/01; VG Trier 19.08.2008 AZ 3 K 143/08.TR; auch die Frage nach
    der BH-Größe ist sexuelle Belästigung.

50 ArbG Köln 15.12.2011 AZ 10 Ca 4977/11.

51 BDiG Frankfurt 15.12.1999 AZ X VL 39/98; ArbG Berlin 27.01.2012 AZ 28
    BV 17992/11.

52 LAG Berlin 25.08.1989 AZ 13 Sa 50/89.

53 LAG Rheinland-Pfalz 03.11.2009 AZ 3 Sa 357/09; VG Trier 15.05.2008
    AZ 3 K 1019/07.TR; LAG Rheinland-Pfalz 29.02.2008 AZ 9 Sa 674/07; OLG
    Hamm 01.03.2007 AZ 27 U 137/06; LAG Hamm 19.12.2006 AZ 9 Sa 836/06;
    LAG Schleswig-Holstein 27.09.2006 AZ 3 Sa 163/06; BGH 08.11.2004 AZ 2
    StR 224/04; BVerwG 04.04.2001 AZ 1 D 15/00; BVerwG 12.11.1997 AZ 1 D
    90/95.

54 LAG Hamm 13.02.1997 AZ 17 Sa 1544/96.

55 ArbG Braunschweig 16.10.2007 AZ 2 Ca 93/07; ebenso: LAG Rheinland-Pfalz 24.10.2007 AZ 8 Sa 125/07: »Haben wir unsere Tage«, oder »Sind wir zickig?« »Welche Stellung bevorzugst du?«; BVerwG 27.03.1984 AZ 1 D 126/83 das aufdringliche Zeigen von Pornoheften.

56 OVG NRW 07.06.2002 AZ 15d A 5056/00.O.

57 LAG Berlin-Brandenburg 08.09.2009 AZ 7 Sa 703/09.

58 VGH Bayern 23.05.2001 AZ 16 D 99.2235: »Bemerkungen sexuellen Inhalts und Fragen nach dem Intimleben sind absolut tabu. Wer sich dessen nicht enthalten kann, ist in der Stellung als Vorgesetzter und Leiter einer Dienststelle grundsätzlich fehl am Platz.« BVerwG 04.04.2001 AZ 1 D 15/00.

59 LAG Schleswig-Holstein 27.09.2006 AZ 3 Sa 163/06.

60 LAG Rheinland-Pfalz 15.02.2006 AZ 9 Sa 990/05.

61 LAG München 01.09.2011 AZ 3 Sa 333/11; LAG Rheinland-Pfalz 23.10.2008 AZ 10 Sa 787/05; ArbG Frankfurt/M. 05.10.2005 AZ 7 Ca 3835/05; LAG Köln 07.07.1999 AZ 7 Sa 22/99; LAG Köln 14.12.1998 AZ 12 Sa 896/98; LAG Köln 10.08.1999 AZ 13 Sa 220/99, der widerlichste frauenfeindliche Spruch ging so: »Was ist grün und blau und hat keine Lust auf Sex? – Eine Frau nach der Vergewaltigung«, die antisemitischen und rassistischen Sprüche waren von ähnlichem Kaliber.

62 LAG Rheinland-Pfalz 17.12.2008 AZ 7 Sa 317/08.

63 ArbG Hannover 28.04.2005 AZ 10 Ca 791/04: »Das Versenden von Dateien pornographischen Inhalts stellt eine sexuelle Belästigung gemäß § 2 BeschSchG dar.« und »Das Weiterleiten von Dateien mit pornographischem Inhalt im Intranet an Dritte erfüllt die Straftatbestände von § 184 Abs. 1 Nr. 6 StGB und von § 21 JgefSchrG. 2. Liegen solche strafbare Handlungen vor oder besteht der dringende Verdacht dafür, kann der Arbeitgeber als Betreiber und Eigentümer des Intranets diese Dateien auf ihren Inhalt hin kontrollieren und überprüfen. 3. Hat der Arbeitgeber so auf rechtmäßige Weise Kenntnis vom Inhalt der Dateien erlangt, kann sich der Arbeitnehmer nicht auf ein prozessuales Beweisverwertungsverbot berufen. 4. Eine strafbare Handlung durch Datenmissbrauch ist eine so schwerwiegende Vertragsverletzung, dass sie einen Grund für eine Beendigungskündigung darstellt.«; LAG Köln 28.01.2015 AZ11 Sa 42/14 unter Hinweis auf BAG 31.05.2007 AZ 2 AZR 200/06.

64 LAG Rheinland-Pfalz 23.10.2008 AZ 10 Sa 787/05.

65 VGH Hessen 23.10.2003 AZ 21 TK 3432/02.

66 BVerwG 09.07.1991 AZ 1 D 72/89.

67 VG Berlin 17.06.2008 AZ 80 Dn 30.06.

68 ArbG Berlin 10.05.2013 AZ 28 Ca 15881/12 »Denn damit könnte nicht nur ein Licht darauf geworfen sein, in welcher Tonlage die Mitglieder des Bereichs Risikobetreuung der Beklagten miteinander kommunizieren, und damit auch, was sich in ihrem – selbstbestimmten – Umgang miteinander also als (ggf.: noch) statthaft oder unterhaltsam darstellt.«

69 ArbG Düsseldorf 19.06.1997 AZ 11 Ca 122/97.

70 VGH Bayern 26.11.2003 AZ 16a D 00.1864.

71 Zwei: BAG 09.06.2011 AZ 2 AZR 323/10; BVerwG 08.11.2000 AZ 1 D 35/99;
    BVerwG 03.06.2010 AZ 2 A 4/09; LAG Baden-Württemberg 08.10.2001 AZ 15
    TaBV 3/01; BVerwG 12.11.1998 AZ 2 WD 12/98; Drei: LG Münster 18.01.2013
    AZ 19 StL 5/12; ArbG Essen 12.06.2012 AZ 2 Ca 482/12; BVerwG 01.06.2012
    AZ 2 B 123/11; ArbG Berlin 27.01.2012 AZ 28 BV 17992/11; BVerwG
    16.02.2010 AZ 2 B 62/09; LAG Köln 29.11.2005 AZ 9 (3) Sa 1079/04; VG
    Regensburg 08.12.2004 AZ RO 1 K 04.1557; VGH Bayern 26.11.2003 AZ 16a
    D 00.1864; vier: LAG Baden-Württemberg 03.08.2011 AZ 13 Sa 16/11; LAG
    Hamm 25.05.2007 AZ 13 TaBV 119/06; BVerwG 09.10.2001 AZ 2 WD 10/01;
    Fünf: ArbG Köln 15.12.2011 AZ 10 Ca 4977/11; VG München 20.01.2010 AZ M
    13 DK 09.2975BAG 09.01.1986 AZ 2 ABR 24/85; sechs: BVerwG 29.07.2010
    AZ 2 A 4/09; VGH Bayern 08.11.2001 AZ 3 B 97.331; BVerwG 15.02.2000 2
    WD 30/99; neun: VG Arnsberg 20.09.2005 AZ 1 L 720/05; VG Meiningen
    30.01.2004 AZ 6 D 60010/03.Me (»mindestens« neun); BVerwG 03.07.2001
    AZ 1 DB 17/01; BVerwG 21.09.2000 AZ 1 DB 7/00; BVerwG 12.11.1997 AZ 1
    D 90/95; www.morgenpost.de/berlin-aktuell/article1737677/Pflege; elf: VG
    Stuttgart 21.11.2007 AZ 17 K 2784/06; 34: BVerwG 10.03.1998 AZ 1 WB 42/97.
    Dies ist allerdings keine systematische Zusammenstellung.

72 BVerwG 16.07.2009 AZ 2 AV 4/09.

73 BVerwG 21.09.2000 AZ 1 DB 7/00.

74 BVerwG 12.11.1997 AZ 1 D 90/95.

75 BVerwG 12.11.1997 AZ 1 D 90/95 »Auch gegenüber der Zeugin F, einer Zeit-
    angestellten, verhielt sich der Beamte im Sommer zunächst kollegial und hilfs-
    bereit, bevor er sie an sich drücken und von ihr Bikini-Fotos sehen wollte.«

76 LAG Niedersachsen 21.01.2003 AZ 12 Sa 1418/02; vgl. auch LAG Sachsen
    10.03.2000 AZ 2 Sa 635/99 »Der Kläger muß aus Sicht des Beklagten wie
    eine tickende Zeitbombe erscheinen, als jemand, der ein neues Abhängig-
    keitsverhältnis bei nächst sich bietender Gelegenheit wieder zu seinen Guns-
    ten ausnutzen könnte. Dies könnte wieder durch die Überrumpelung von
    Praktikantinnen geschehen, die sich nicht trauen, sich zu beschweren.« Eben-
    so: BVerwG 12.11.1997 AZ 1 D 90/95 »Gerade seine dienstliche Stellung gab
    dem Beamten die Möglichkeit, sich den Zeuginnen zu nähern, ohne daß die-
    se sich wegen ihrer dienstlichen Zuordnung als Untergebene bzw. wegen der
    räumlichen Nähe ihrer Arbeitsplätze auf einfache Weise ihm hätten entziehen
    können. Er nutzte diese Situation insofern noch aus, als es sich bei den Zeugin-
    nen um junge Frauen im Alter von damals durchschnittlich 25 Jahren handelte,
    die im Umgang mit Behördenvorgesetzten und dem Bürobetrieb zum Teil
    nur wenig Erfahrung besaßen, zum Teil mit dem Beamten sogar das Dienst-
    zimmer teilten, und zu denen er anfangs systematisch ein persönliches Verhält-
    nis der Freundschaft und des Vertrauens aufgebaut hatte. Ihm war bewußt, daß
    sich die Zeuginnen von ihm abhängig fühlten. Erschwerend kommt hinzu, daß
    er diesen Zustand nicht nur gefördert, sondern zum Teil gezielt herbeigeführt
    hat, indem er die Frauen sogar gegeneinander ausgespielt und damit unter-
    einander isoliert hat, um ihre – zusätzliche – Abhängigkeit ihm gegenüber in
    seiner Rolle als ›älterer Freund‹ und ›Vertrauter‹ zu festigen.«

77 VG München 20.01.2010 AZ M 13 DK 09.2975.

78 VG München 20.01.2010 AZ M 13 DK 09.2975.

79 VG München 08.04.2003 AZ M 5 K 99.2763.

80 LAG Sachsen 10.03.2000 AZ 2 Sa 635/99; ebenso: VG München 20.01.2010 AZ M 13 DK 09.2975; »Die Zeugin ist selbst für sexuelle Entgleisungen bekannt.« In die gleiche Richtung geht es bei VG Wiesbaden 20.01.2011 AZ 28 K 547/10.WI.D; LAG Rheinland-Pfalz 13.10.2003 AZ 7 Sa 467/03.

81 VG Meiningen 08.12.2011 AZ 6 D 60012/11 Me. »Die dienstlichen Leistungen der Zeugin weisen schwere Mängel auf, das habe ich ihr gesagt, sie wurde nur wegen höherrangiger Tätigkeiten höhergruppiert. Sexuell belästigt habe ich sie nie. Sie hat sich nicht gewehrt und hat auch ihr Missfallen nicht deutlich zum Ausdruck gebracht. Vom Empfängerhorizont her ist das »sogar eine Einwilligung in etwaige sexuelle Handlungen«. VG Gelsenkirchen 01.09.2010 AZ 7 K 903/09 Die Beschuldigung sei die »Reaktion auf die zu Ablauf der Probezeit erforderliche Kündigung«. LAG Köln 07.07.2005 AZ 7 Sa 508/04: »Die Beklagte habe den Vorwurf der sexuellen Belästigung nur erfunden, um den Konsequenzen ihrer Dienstverfehlung vom 15.02.2003 zu entgehen.« OVG NRW 07.06.2002 AZ 15d A 5056/00.O: Nach zwei Jahren Telefonterror, unverlangten Geschenken, schriftlichen und mündlichen Nachstellungen, frauenfeindlichen Witzen, Überreichung eines vibratorähnlichen Fläschchens, Herumschubsen und Angrabschen des Vorgesetzten äußerte er im Untersuchungsverfahren, er sei Opfer einer Mobbing-Kampagne. Bay ObLG 06.09.2001 AZ 5St RR 196/01: Sie rächt sich, weil ich ihre Arbeit kritisiert habe.

82 LAG Schleswig-Holstein 27.09.2006 AZ 3 Sa 163/06 kühl dazu: »Für die Bewertung einer Handlung als sexuelle Belästigung kommt es nicht auf eine etwaige »Attraktivität« der Betroffenen an. Eine sexuelle Belästigung erhält nicht dadurch weniger Gewicht, dass ein am Verfahren Beteiligter die Betroffene nicht attraktiv und anziehend findet und deshalb deren Empfindung einer Handlung als sexuelle Anmache für abwegig hält.« BVerwG 12.11.1998 AZ 2 WD 12/98: »Die ist doch äußerlich ungestaltet.« Ebenso BAG 17.05.1956: AZ 3 AZR 350/54: »Wenn das Landesarbeitsgericht nämlich davon ausgeht, die Zeugin sei nach ihrer äusseren Erscheinung kein Typ, der geschlechtlich erregend wirke, dann verkennt es damit die allgemeine Lebenserfahrung, daß die erotische Wirkung einer Person auf das andere Geschlecht nicht von vornherein feststeht, sondern je nach den Umständen, vor allem nach der Person des Partners, eine ganz verschiedene ist«, nachdem der Belästiger sich auf die Hässlichkeit der Belästigten berufen hatte.

83 LAG Schleswig-Holstein 27.09.2006 AZ 3 Sa 163/06.

84 OVG Lüneburg 12.01.2010 AZ 20 LD 17/08.

85 LAG Düsseldorf 12.06.2013 AZ 7 Sa 1878/12 Ich habe gedacht, sie wollte mit mir flirten; ebenso LAG Mecklenburg-Vorpommern 14.08.2012 AZ 2 M 87/00 »Dass verbale Anzüglichkeiten bei der Beklagten im Bereich der Produktion an der Tagesordnung seien« … »Es gebe Beispiele für derartige Anzüglichkeiten, die jeweils von den Mitarbeiterinnen als angenehm empfunden

wurden, und zwar sowohl im Verhalten des Klägers wie auch im Verhalten anderer männlicher Mitarbeiter.« LAG Schleswig-Holstein 04.03.2009 AZ 3 Sa 410/08 Sie hat mir »nie mitgeteilt, dass sie sich belästigt fühle, obgleich dieses ein Leichtes für sie gewesen« wäre. BVerwG 23.06.2011 AZ 2 WD 21/10 Sie sei mit intimer Zuwendung einverstanden, habe er gedacht, denn die Untergebene sei »ihm gegenüber freundlich und zugewandt gewesen, insbesondere habe sie sich nach seinen außerdienstlichen Aktivitäten erkundigt.«

86   Das VG Meiningen 03.03.2005 AZ 6 D 60003/04.Me hat ihm das sogar abgenommen: »Denn es hat bezüglich der vorsätzlich vom Beamten zu Lasten seiner Mitarbeiterinnen begangenen Pflichtverstöße den Eindruck gewonnen, dass dessen Handlungsweise nicht in erster Linie von sexuellen Motiven geprägt war, sondern vielmehr auf einer völligen Verkennung der Grenze zwischen privatem und dienstlichem Bereich beruhte. Dieses Verhalten ist einerseits begünstigt worden durch eine langjährige Bekanntschaft zu einigen Mitarbeiterinnen (Zeuginnen K und U), andererseits durch seine Vorgesetzteneigenschaft, kraft derer er in überheblicher Art meinte, auf diese Weise mit seinen Mitarbeiterinnen umgehen zu dürfen. Die Zeuginnen waren somit aus der Sicht des Beamten weniger Zielscheibe und Objekt sexueller Begierde, auch wenn diese selbst eine Vielzahl seiner Annäherungen und Berührungen in dieser Weise auffassten mussten, als vielmehr Opfer seiner Machtausübung. Zudem hat der Beamte zu den ihm in der Hauptverhandlung im Einzelnen vorgehaltenen Vorwürfen erklärt, dass die körperlichen Berührungen einschließlich des sich ›Auf-den-Schoß-setzens‹ durchaus auch dem Zweck gedient hätten, dem Gebot, private Telefongespräche oder private Unterhaltungen im Vorzimmer des Bürgermeisters zu unterlassen, Nachdruck zu verleihen.« Ebenso: OVG NRW 31.01.1997 AZ 12 A 3215/04 »DAS« (als knapp 50jähriger Ausbildungsleiter Auszubildenden den Rücken kraulen, an den Busen greifen, nächtliche Einladungen auf sein Zimmer aussprechen, den Reißverschluss der Bluse öffnen wollen,) »ist meine besonders herzliche, offene und kameradschaftliche Art, die sich auch in der mir eigenen Gestik ausgeprägt hat«; ebenso VG München 20.01.2010 AZ M 13 DK 09.275: »DAS« (bei fünf Kolleginnen und Untergebenen in Varianten »völlig unvermittelt, aber kraftvoll an den Po« greifen und/oder dort einen Klaps platzieren, unvermittelt auf den Hals küssen, in das Dekolleté starren, Oberschenkel streicheln, in den Kniekehlen und unter den Armen packen und hochheben, Komplimente über »schönen Busen« und »tollen Po« verstreuen, an Oberschenkel, anfassen, über den Busen streichen, auf den Rücken, den Nacken und/oder die Wange küssen die Nachricht hinterlassen, er wolle eine Adressatin »nackt sehen und überall am Körper berühren« und so (viel) weiter) ist ohne sexuelle Absichten geschehen. »Es entspricht meinem Wesen, gute Kontakte zu den Menschen meiner Umgebung zu haben.«

87   ArbG Düsseldorf 02.09.2008 AZ 7 CA 1837/08 Er mache immer so blöde Sprüche, das war nicht als Aufforderung gemeint; nachfolgend LAG Düsseldorf 01.12.2008 AZ 11 Sa 1490/08 Vergleich; BAG 09.06.2011 AZ 2 AZR 323/10: Ich habe sie nur geneckt.

88 VG Augsburg 11.11.2011 AZ Au 2 K 09.1369 »Es sei offensichtlich gewesen, dass der Sprachgebrauch mit der Zeit immer vertrauter und ungezwungener geworden sei, wie unter Freunden üblich ...« Ähnlich LAG Sachsen 19.08.1997 AZ 7 Sa 870/96: er wollte sie nur aufmuntern.

89 OVG Mecklenburg-Vorpommern 10.01.2001 AZ 2 M 87/00.

90 BAG 05.06.2008 AZ 2 AZR 234/07.

91 VG Meiningen 14.05.2007 AZ : 6 D 60011/03.Me; Ebenso VG Meiningen 30.01.2004 AZ 6 D 60010/03.Me: Nach vielfältigem Grabschen und Klapsen bei verschiedenen Personen: Dies sei nicht willentlich geschehen, ihm sei lediglich die Hand ausgerutscht. BAG 09.06.2011 AZ 2 AZR 323/10 Er habe nichts gemerkt.

92 OVG NRW 07.06.2002 AZ 15d A 5056/00.O; BGH 11.08.2004 AZ 2 StR 224/04 oder den Stoff der Hose testen wollen.

93 LAG Schleswig-Holstein 04.03.2009 AZ 3 Sa 410/08.

94 OLG Frankfurt 26.08.1999 AZ 15 U 103/97: »Es war so ein lockeres Klima, weil ›rauhe Sitten‹ geherrscht hätten, es sei oft zu Gesprächen über sexuelle Dinge gekommen.«

95 ArbG Wuppertal 13.11.2012 AZ 5 Ca 2425/12 erste, LAG Düsseldorf 12.06.2013 AZ 7 Sa 1878/12 zweite, BAG 20.11.2014 AZ 2 AZR 651/13 dritte Instanz: ich hatte einen Blackout; LAG Schleswig-Holstein 04.03.2009 AZ 3 Sa 410/08; VG Trier 15.05.2008 AZ 3 K 1019/07.TR: Ich stand unter Psychopharmaka und Alkohol, und da war wohl eine Wechselwirkung.

96 LAG Hessen 21.02.2014 AZ 14 Sa 609/13.

97 OVG Lüneburg 12.01.2010 AZ 20 LD 17/08; reuig ist auch der Belästiger aus dem Verfahren ArbG Wuppertal 13.11.2012 AZ 5 Ca 2425/12, LAG Düsseldorf 12.06.2013 AZ 7 Sa 1878/12, dritte Instanz BAG 20.11.2014 AZ 2 AZR 651/13.

98 ArbG Wuppertal 13.11.2012 AZ 5 Ca 2425/12, erste, LAG Düsseldorf 12.06.2013 AZ 7 Sa 1878/12, zweite und dritte Instanz BAG 20.11.2014 AZ 2 AZR 651/13.

99 BAG 09.06.2011 AZ 2 AZR 323/10 Er 61 : Sie 26 Jahre; LAG Rheinland-Pfalz 11.03.2009 AZ 7 Sa 235/08 Er 60 : Sie 25 Jahre; ArbG Würzburg 29.04.2005 AZ 3 Ca 2094/04 S Er 56 : Sie 20 Jahre; BAG 25.03.2004 AZ 2 AZR 341/03 Er 57 : Sie 31 Jahre; LAG Hamm 10.03.1999 AZ 18 Sa 2328/98 Er 53 : Sie 36; BAG 17.05.1956 AZ 3 AZR 350/54 Er 42 : Sie 27 Jahre.

100 ArbG Nienburg 19.04.2012 2 Ca 460/11 Ö Er 32 : Sie 16 Jahre; LAG Schleswig-Holstein 04.03.2009 AZ 3 Sa 410/08 Er 18 Jahre : Sie Probezeit; OLG Düsseldorf 19.03.2002 AZ 24 U 64/01, I-24 U 64/01 Er 23 : Sie 9 Jahre Betriebszugehörigkeit.

101 ArbG Frankfurt 11.02.2002 AZ 15 Ca 7402/01 gehörlos und stumm ein Verkäufer, BAG 25.03.2004 AZ 2 AZR 341/03; BAG 06.10.2005 AZ 2 AZR 280/04 gehörlos und schwerbehindert, ein Bandarbeiter.

102 LAG Sachsen 10.03.2000 AZ 2 Sa 635/99.

103 OLG Frankfurt 27.05.2008 AZ 5 U 233/04.

104 LAG Thüringen 10.04.2001 AZ 5 Sa 403/00.

105 VG Meiningen 03.03.2005 AZ 6 D 60003/04.Me.

106 LAG Sachsen-Anhalt 31.03.2011 AZ 3 Sa 488/09; LAG Schleswig-Holstein
     08.05.2007 AZ 3 SaGa 2/07; LAG Schleswig-Holstein 27.09.2006 AZ 3 Sa
     163/06; LAG Baden-Württemberg 30.08.2004 AZ 15 Sa 12/04; ArbG Aachen
     04.07.1991 AZ 3d Ca 218/91.

107 ArbG Berlin 10.12.1999 AZ 36 Ca 36555/98.

108 ArbG Berlin 29.01.2008 AZ 84 Ca 16525/07.

109 ArbG Düsseldorf 19.06.1997 AZ 11 Ca 122/97.

110 LAG Hamm 15.07.2008 AZ 14 Sa 1957/07.

111 ArbG Düsseldorf 02.09.2008 AZ 7 Ca 1837/08, LAG Düsseldorf 01.12.2008
     AZ 11 Sa 1490/08 Beendigung durch Vergleich.

112 BAG 20.11.2014 AZ 651/13; LAG Düsseldorf 12. Juni 2013 AZ 7 Sa 1878/12;
     LAG Düsseldorf 08.03.2013 2 AZ 5 Sa 684/11.

113 ArbG Berlin 27.01.2012 AZ 28 BV 17992/11.

114 OLG Frankfurt 27.05.2008 AZ 5 U 233/04.

115 BAG 25.03.2004 AZ 2 AZR 341/03.

116 BAG 19.04.2012 AZ 2 AZR 258/11.

117 LAG Niedersachsen 13.10.2009 AZ 1 Sa 832/09; ArbG Solingen 24.02.2015
     AZ 3 Ca 1356/13 (nicht rechtskräftig) gesteht dem Arbeitgeber allerdings ein
     Wahlrecht zu, ob die Trennung durch Versetzung des Opfers oder des Täters
     bewerkstelligt werde, weil es nicht um Bestrafung ginge.

118 OVG Rheinland-Pfalz 02.04.2004 AZ 10 A 11997/03.

119 VGH Bayern 13.07.2011 AZ 16a D 10.565.

120 LAG Sachsen 11.02.2011 AZ 3 Sa 461/10.

121 LAG Mecklenburg-Vorpommern 14.08.2012 5 Sa 324/11.

122 ArbG Lübeck 02.11.2000 AZ 1 Ca 2479/00.

123 LAG Baden-Württemberg 03.08.2011 AZ 13 Sa 16/11.

124 VG Trier 19.08.2008 AZ 3 K 143/08.TR.

125 BAG 09.06.2011 AZ 2 AZR 323/10.

126 EuG 04.07.1991 AZ T-47/90 Herremans.

127 LAG Hessen 23.04.2007 AZ 7 Sa 1298/06.

128 OVG Lüneburg 12.01.2010 AZ 20 LD 17/08; BVerwG 12.11.1997 AZ 1 D
     90/95; OVG NRW 31.01.1997 AZ 12 A 3215/94.

129 BVerwG 09.07.1991 AZ 1 D 72/89; bei der Schreibkraft kann es aber auch mal ein
     Beamter geringerer Hierarchieebene sein: BVerwG 24.06.1987 AZ 1 D 98/86.

130 VG Meiningen 30.01.2004 AZ 6 D 60010/03.Me; BVerwG 12.11.1997 AZ 1 D
     90/95.

131 BVerwG 16.03.2004 AZ 1 D 15/03.

132 VG Magdeburg 13.12.2012 AZ 8 A 7/11.

133 VGH Hessen 08.03.2010 AZ 28 A 100/10.D; OVG NRW 03.04.2009 AZ 6 B
     36/09.

134 VG Düsseldorf 17.12.2013 AZ 2 K 7451/12; VGH Bayern 15.12.2010 AZ 16a
     D 08.1287; LAG Mecklenburg-Vorpommern 13.03.2007 AZ 5 Sa 79/06; VG
     München 13.10.2006 AZ M 5 S 06.3478.

135 VG Aachen 01.07.2013 AZ 1 L 251/13; OVG Lüneburg 25.03.2013 AZ 19 ZD
     4/13; OLG Hamm 26.02.2013 AZ III-5 RV s 6/13; LAG Hamm 06.02.2013

AZ 5 Sa 513/12; VG Wiesbaden 31.01.2013 AZ 28 K 82/12.WI.D; VG München 27.03.2012 AZ M 13 DK 11.2466; OVG Rheinland-Pfalz 24.02.2012 AZ 3 A 11426/11; LAG Hamm 15.12.2011 AZ 15 Sa 1236/11; LAG Berlin-Brandenburg 20.07.2011 AZ 26 Sa 1269/10; VG Würzburg 07.09.2010 AZ W 1 E 10.927; LAG Mecklenburg-Vorpommern 12.08.2008 AZ 5 Sa 10/08; VG Ansbach 08.06.2007 AZ AN 6b D 08.00017; LAG Mecklenburg-Vorpommern 13.03.2007 AZ 5 Sa 79/06; VG München 17.07.2006 AZ M 13 D 06.1214; VG Sigmaringen 12.07.2006 AZ 5 K 2186/05; VG Berlin 17.01.2005 AZ 80 A 24.04; VG München 07.07.2004 AZ M 13 D 04.1007; VGH Bayern 26.11.2003 AZ 16a D 00.1864; VGH Baden-Württemberg 18.06.2001 AZ D 17 S 2/01.

136   VG Regensburg 15.10.2009 AZ RN 10A DK 09.00797; VG Berlin 20.02.2004 AZ 80 A 13.03.

137   BAG 25.03.2004 AZ 2 AZR 341/03.

138   LAG Hessen 17.11.2010 AZ 6 Sa 640/10.

139   LAG Niedersachsen 06.12.2013 AZ 6 Sa 391/13; LG Münster 18.01.2013 AZ 19 StL 5/12; VG Berlin 03.02.2012 AZ 80 K 48.11 OL; ArbG Köln 15.12.2011 AZ 10 Ca 4977/11; Berufsgericht für Heilberufe 27.09.2011 AZ 90 K 4.09 T; LAG München 17.06.2011 AZ 6 Sa 19/11; LAG Rheinland-Pfalz 11.03.2009 AZ 7 Sa 235/08; LAG Hamm 25.05.2007 AZ 13 TaBV 119/06; OLG Hamm 01.03.2007 AZ 27 U 137/06; LAG Hessen 27.01.2004 AZ 13 TaBV 113/03; LAG Rheinland-Pfalz 24.10.2001 AZ 9 Sa 853/01; BSG 21.06.2001 B 2 U 25/00 R; LSG NRW 23.05.2000 AZ L 15 U 116/99; OVG Hamburg 21.06.1999 AZ 5 Bf 54/99; LAG Hamm 103.2.1997 AZ 17 Sa 1544/96; BGH 18.09.1986 AZ 4 StR 432/86; BAG 09.01.1986 AZ 2 ABR 24/85.

140   LAG Sachsen 10.03.2000 AZ 2 Sa 635/99; LAG Hamburg 21.10.1998 AZ 4 Sa 53/98; LAG Hamm 13.02.1997 AZ 17 Sa 1544/96.

141   LAG Sachsen 10.03.2000 AZ 2 Sa 635/99.

142   BDiG Frankfurt 06.11.2003 AZ VII VL 2/03: »Belästigende Ansprache und Anrufe gegenüber Auszubildenden sind auch dann pflichtwidrig, wenn diese nicht sexuell betont sind iSd Gesetzes zum Schutz der Beschäftigten vor sexuellen Belästigungen am Arbeitsplatz.«

143   LAG Hessen 27.02.2012 AZ 16 Sa 1357/11; ArbG Köln 15.12.2011 AZ 10 Ca 4977/11; VG Gelsenkirchen 01.09.2010 AZ 7 K 903/09; VG Ansbach 26.02.2007 AZ AN 4 S 06.02992; ArbG Würzburg 29.04.2005 AZ 3 Ca 2094/04 S; BVerwG 04.04.2001 AZ 1 D 15/00; LAG Sachsen 10.03.2000 AZ 2 Sa 635/99.

144   ArbG Ludwigshafen 29.11.2000 AZ 3 Ca 2096/00.

145   VG Berlin Berufsgericht für Heilberufe 27.09.2011 AZ 90 K 4.09 T; LAG Berlin-Brandenburg 20.07.2011 AZ 26 Sa 1269/10; VGH Bayern 13.07.2011 AZ 16a D 10.565; Landesberufsgericht für Heilberufe Münster 29.09.2010 AZ 6t A 1292/08. T.; VG München 20.01.2010 AZ M 13 DK 09.2975; VG Meiningen 14.05.2007 AZ 6 D 60011/03.Me; VGH Bayern 26.11.2003 AZ 16a D 02.1228; VGH Bayern 26.07.2000 AZ 16 D 98.3200; BVerwG 10.03.1998 AZ 1 WB 42/97; ArbG Düsseldorf 19.06.1997 AZ 11 Ca 122/97.

146   ArbG Berlin 10.12.1999 AZ 36 Ca 36555/98.

147　LAG Hamm 10.03.1999 AZ 18 Sa 2328/98.

148　BVerwG 26.10.2005 AZ 2 WD 33/04.

149　LAG Hamm 19.12.2006 AZ 9 Sa 836/06; OLG Frankfurt 26.08.1999 AZ 15 U 103/97.

150　BVerwG 24.11.2005 AZ 2 WD 32/04.

151　BVerwG 08.11.2000 AZ 1 D 35/99.

152　BVerwG 08.11.2000 AZ 1 D 35/99 Vorinstanz BDiG 03.09.1999 AZ XIV VL 36/98, es gab hinreichend Gründe, dass die Zeugin sich »elend und flau« fühlte.

153　VG Regensburg 15.10.2009 AZ RN 10A DK 09.00797.

154　VG Kassel 14.11.2002 AZ 7 E 586/01.

155　OVG NRW 24.09.2008 AZ 6 A 296/05.

156　ArbG Berlin 10.12.1999 AZ 36 Ca 36555/98.

157　LAG Hamm 10.03.1999 AZ 18 Sa 2328/98.

158　BVerwG 08.11.2000 AZ 1 D 35/99.

159　BVerwG 14.02.2007 AZ 1 D 12/05.

160　BVerwG 15.02.2000 AZ 2 WD 30/99; BVerwG 18.07.1995 AZ 2 WD 32/94.

161　VG Magdeburg 08.05.2013 AZ 8 A 24/12.

162　OLG Frankfurt 27.05.2008 AZ 5 U 233/04 LAG Hamm 19.12.2006 AZ 9 Sa 836/06; LAG Baden-Württemberg 19.05.2004 AZ 3 Ta 82/04; LAG Baden-Württemberg 08.10.2001 AZ 15 TaBV 3/01; LAG München 02.04.1996 AZ 8 Sa 1165/95.

163　§ 628 Abs. 2 BGB; LAG München 17.06.2011 AZ 6 Sa 19/11.

164　BSG 21.10.2003 AZ B 7 AL 92/02 R.

165　LAG Hessen 23.07.1987 AZ 9 Sa 1/87; Den umgekehrten Fall einer nicht akzeptierten privaten Trennung mit dienstlichen Auswirkungen entschied das ArbG Berlin 27.02.2015 AZ 28 Ca 16939/14, auch hier war die fristlose Kündigung des verschmähten Kollegen - trotz ausufernder Nachstellung auf dem Diensthandy – unwirksam.

166　LAG Baden-Württemberg 30.08.2004 AZ 15 Sa 12/04.

167　LAG Baden-Württemberg 08.10.2001 AZ 15 TaBV 3/01; BVerwG 12.11.1997 AZ 1 D 90/95.

168　BVerwG 12.11.1997 AZ 1 D 90/95.

169　LAG Rheinland-Pfalz 11.03.2009 AZ 7 Sa 235/08.

170　BVerwG 10.10.2013 AZ 2 WD 23/12.

171　VGH Baden-Württemberg 13.12.1999 AZ D 17 S 13/99.

172　ArbG Lübeck 02.11.2000 AZ 1 Ca 2479/00.

173　VG Meiningen 14.05.2007 AZ 6 D 60011/03.Me; Weiter: »Um weitere Annäherungen zu verhindern, habe sich die Zeugin hinter dem Schreibtisch verbarrikadiert. Sie habe die Schreibtischschubladen herausgezogen und einen Stuhl daneben gestellt, so dass der Beklagte ihr nicht habe zu nahe kommen können, ohne diese Hindernisse zu überwinden.«

174　VG Meiningen 14.05.2007 AZ 6 D 60011/03.Me.

175　BGH 18.09.1986 AZ 4 StR 432/86 »Die Strafkammer hat dargelegt, daß sich ›aus der Aussage der Zeugin nicht hinreichend (ergebe), daß sie einen für den Angeklagten erkennbaren Widerstand geleistet‹ habe und hat das im einzelnen ausgeführt ... Damit ist das Landgericht mit einer rechtsfehlerfreien tatrichterlichen und deshalb vom Revisionsgericht hinzunehmenden Beweiswürdigung ... zu der Auffassung gelangt, ›daß der Angeklagte aus seiner Sicht das Verhalten der Zeugin trotz ihrer Bitten, von ihr abzulassen, nicht als einen solchen Widerstand ansehen mußte, der die Anwendung von Gewalt erforderlich machte, um zum Erfolg zu kommen.‹« Die bittende Frau war eine 17jährige Auszubildende, der Ausbilder wurde nicht wegen zehnfacher Vergewaltigung verurteilt, sondern nur wegen einer einheitlichen Tat: »Der Angeklagte stellte B W ›sofort‹ nach Aufnahme des Ausbildungsverhältnisses bei ihm nach. Nachdem er es einmal geschafft hatte, mit der Zeugin geschlechtlich zu verkehren, nutzte der Angeklagte weitere Gelegenheiten, die sich ihm aufgrund der Tätigkeit der Zeugin in seinem Betrieb boten, um den Geschlechtsverkehr mit der Zeugin auszuführen ... Das läßt die Schlußfolgerung zu, daß der Angeklagte – ebenso wie bei der Tat zum Nachteil der M F – von vornherein, zumindest aber schon vor Beendigung des ersten Tatteils ... vorhatte, bei jeder sich bietenden Gelegenheit mit der Zeugin geschlechtlich zu verkehren; darin ist der zur Annahme einer fortgesetzten Handlung erforderliche Gesamtvorsatz zu sehen.« Die andere Auszubildende war 18. BSG 26.06.2001 AZ B2 U25/00: »Unter Anwendung körperlicher Gewalt gelang es K. aber, den Widerstand der Klägerin zu brechen, in sie einzudringen und trotz des Flehens der Klägerin, er möge mit der Vergewaltigung aufhören, den Geschlechtsverkehr auszuführen.«; BVerwG 12.11.1997 AZ 1 D 90/95; BVerwG 17.03.1983 AZ 1 D 23/82.

176 VGH Bayern 26.11.2003 AZ 16a D 00.1864 Er machte außerdem geltend: Die zweite Belästigte sei doch als »kontaktfreudig bekannt gewesen, sie habe jeden Scherz mitgemacht und sei keiner Rangelei aus dem Wege gegangen.«

177 OLG Frankfurt 26.08.1999 AZ 15 U 103/97. Hierher gehört auch VGH Bayern 26.11.2003 AZ 16a D 00.1864: Glauben, der Stimmung »Scheiß Weiber bei der Polizei« durch übersteigerte Anpassungsfähigkeit entgegenwirken zu können.

178 VGH Baden-Württemberg 03.04.2000 AZ D 17 S 3/00.

179 Skulptur: L'Angelo della Città von Marino Marini, Peggy Guggenheim Collection Venedig; der Penis kann abgeschraubt werden.

180 BVerwG 24.06.1987 AZ 1 D 98/86.

181 VGH Bayern 09.04.2014 AZ 16a D 12.1217; VGH Bayern 09.04.2014 AZ 16a D 12.1439; LAG Baden-Württemberg 17.07.2013 AZ 13 Sa 141/12; LAG Baden-Württemberg 01.02.2013 AZ 12 Sa 90/11; VG Magdeburg 13.12.2012 AZ 8 A 7/11; LAG Mecklenburg-Vorpommern 14.08.2012 AZ 5 Sa 324/11; LAG Hessen 17.11.2010 AZ 6 Sa 640/10; LAG Rheinland-Pfalz 03.11.2009 AZ 7 Sa 357/09; LAG Niedersachsen 29.11.2008 AZ 1 Sa 547/08; LAG Rheinland-Pfalz 24.10.2007 AZ 8 Sa 125/07; LAG Schleswig-Holstein 27.09.2006 AZ 3 Sa 163/06; BGH 11.08.2004 AZ 2 StR 224/04; VGH Bayern 26.11.2003 AZ 16a D 00.1864; LAG Rheinland-Pfalz 13.10.2003 AZ 7 Sa 467/03; VG Berlin 28.08.2003 AZ 80 A 50.01; VG Kassel 14.11.2002 AZ 7 E 586/01; OVG NRW 07.06.2002 AZ 15d A 5056/00.O; VG München 18.03.2002 AZ M 19 D 02.53, ArbG Frankfurt/Main 11.02.2002 AZ 15 Ca 7402/01; ArbG Lübeck 02.11.2000 AZ 1 Ca 2479/00; LAG Sachsen 10.03.2000 AZ 2

Sa 635/99; VGH Baden-Württemberg 13.12.1999 AZ D 17 S 13/99; ArbG Berlin 10.12.1999 AZ 36 Ca 36555/98; LAG Sachsen 19.08.1997 AZ 7 Sa 870/96; BVerwG 21.05.1996 AZ 2 WD 22/95; das ist aber nur eine zufällige Auswahl.

182 BVerwG 24.06.1987 AZ 1 D 98/86.

183 ADS-Studie 2015.

184 VGH Bayern 26.11.2003 AZ 16a D 02.1228.

185 VGH Bayern 26.11.2003 AZ 16a D 02.1228.

186 LAG Mecklenburg-Vorpommern 14.08.2012 AZ 5 Sa 324/11.

187 LAG Hamburg 21.10.1998 AZ 4 Sa 53/98.

188 VGH Bayern 23.05.2001 AZ 16 D 99.2235.

189 BVerwG 23.02.1999 AZ 2 WD 15/98.

190 BVerwG 18.01.1995 AZ 2 WD 28/94.

191 BVerwG 23.02.1999 AZ 2 WD 15/98.

192 BVerwG 24.03.1994 AZ 2 WD 46/93

193 BVerwG 14.05.2002 AZ 1 D 30/01.

194 LAG Rheinland-Pfalz 22.02.1989 AZ 2 Sa 929/88. Der nach der Inhaftierung seines Probanden mit dessen Ehefrau ein Verhältnis begann, verletzte nicht nur dessen Vertrauen, sondern auch das seines Arbeitgebers, so dass er gekündigt werden konnte.

195 BDiG 01.07.1999 AZ III VL 19/99.

196 VG Magdeburg 29.01.2013 AZ 8 A 22/12; VG Magdeburg 24.01.2013 AZ 8 B 23/12; VG Regensburg 09.12.2009 AZ RO 10A DK 09.1074.;

197 AG Frankfurt 19.12.1997 AZ 32 C 1201/97 – 19, 32 C 1201/97; AG Bad Homburg, 05.09.1995 AZ 2 C 857/95; LG Frankfurt 01.03.1993 AZ 2/24 S 328/92; AG Frankfurt 07.05.1991 AZ 32 C 670/90 – 84; LG Frankfurt 21.05.1984 AZ 2/24 S 113/82.

198 BVerwG 27.03.1984 AZ 1 D 126/83.

199 VG Hamburg 28.05.2015 AZ 5 K 859/15; VG Hamburg 09.11.2011 AZ 5 K 775/11. Bei Taxiunternehmern kann nach sexuellen Übergriffen die Genehmigung widerrufen werden; ebenso VG Neustadt 07.11.2005 AZ 4 L 1867/05. NW.

200 LAG Rheinland-Pfalz 03.02.2009 AZ 3 Sa 643/08.

201 VG Berlin 01.12.2000 AZ 35 A 570.99; OVG Saar 24.05.2007 AZ 1 B 154/07, hier verneint.

202 OVG Niedersachsen 19.02.2015 AZ - 8 LA 102/14; OVG Lüneburg 03.02.2015 AZ 8 LA 2/14; VG Augsburg 17.04.2012 AZ Au 2 S 12.360; OVG Saarland 08.03.2012 AZ 3 A 87/10; VG Berlin Berufsgericht für Heilberufe 27.09.2011 AZ 90 K 4.09 T; VGH Hessen 14.09.2011 AZ 25 A 1451/11.B; Landesberufungsgericht für Heilberufe NRW 29.09.2010 AZ 6t A 1060/08.T; Landesberufsgericht für Heilberufe NRW 29.09.2010 AZ 6t A 1292/08.T; VGH Baden-Württemberg 16.06.2010 AZ 9 S 2530/09; VG Saarland 14.01.2010 AZ 1 K 659/08; VG Stuttgart 01.10.2009 AZ 4 K 597/09; OVG Lüneburg 13.01.2009 AZ 8 LA 88/08; LSG Bayern 08.10.2008 12 KA 354/07; LSG Bayern 14.08.2008 AZ L 12 B 106/08 KA ER; BVerwG 18.01.2001 AZ 3 B 196/00; BVerfG 15.12.2005 AZ 2 BvR 673/05; LAG Köln 29.11.2005 AZ 9 (3) Sa 1079/04; OVG Hamburg 23.08.2000 AZ 5 Bf 82/97; VG Saarland

14.01.2000 AZ 1 K 659/08; OVG Hamburg 21.06.1999 AZ 5 Bf 54/99; VG Hamburg 17.11.1998 AZ 13 VG 138/97; OVG NRW 30.01.1997 13 A 2587/94; BSG 02.10.1996 AZ 6 BKa 63/95; BGH 15.03.1989 AZ 2 StR 662/88. Laut Wikepedia Sexuelle Belästigung sind bei den Tätern, die Ärzte sind, 80% Wiederholungstäter http://de.wikipedia.org/wiki/Sexuelle_Bel%C3%A4stigung

203 LAG Berlin-Brandenburg 16.12.2010 AZ 2 Sa 2022/10; LAG Hessen 10.01.1984 AZ 7 Sa 739/83.

204 BVerwG 28.04.2010 AZ 3 C 22/09 (Logopäde); LAG Rheinland-Pfalz 28.05.1998 AZ 5 Sa 1405/97 (Masseur); LG Kiel 10.03.1982 AZ 10 O 189/81 (Masseur).

205 VGH Hessen 14.09.2011 AZ 25 A 1451/11.B; VG Gießen 21.06.2010 AZ - 21 K 51/09.GI.B (nur Geldbuße) ; VGH Baden-Württemberg 16.06.2010 AZ 9 S 2530/09; VG Stuttgart 01.10.2009 AZ 4 K 597/09; LSG Bayern 08.10.2008 AZ L 12 KA 354/07 ;BVerwG 18.01.2001 AZ 3 B 196/00; Vorinstanz OVG Hamburg 23.08.2000 AZ ; 5 Bf 82/97; LAG Rheinland-Pfalz 28.05.1998 AZ 5 Sa 1405/97.

206 LAG Hessen 10.01.1984 AZ 7 Sa 739/83.

207 OVG Hamburg 23.08.2000 AZ ; 5 Bf 82/97:»Sie wehrte ab, konnte sich über ihre Reaktionen aber nicht konsequent schlüssig werden, weil sie sich in einer Psychotherapie befand und zunächst einmal weitgehendes Vertrauen zu den vom Therapeuten verwendeten Methoden hatte.«

208 § 5 BÄO; Niedersächsisches OVG 19.02.2015 AZ 8 LA 102/14; Landesberufsgericht für Heilberufe 29.09.2010 AZ 6t A 1292/08.T; LSG Bayern 14.08.2008 AZ L 12 B 106/08 KA ER; LSG Bayern 08.10.2008 AZ L 12 KA 354/07.

209 ADS-Studie 2015.

210 BVerfG 16.11.1993 AZ 1 BvR 258/86: »Das Gericht hätte dann aber eine besondere Rechtfertigung für das Nachschieben von Auswahlkriterien verlangen müssen. Sonst wäre dem Arbeitgeber in nahezu jedem Fall eine Entlastung möglich. Der gerichtlichen Durchsetzung des Diskriminierungsverbots würde damit ein praktisch unüberwindliches Hindernis entgegengesetzt. Die Entlastung durch nachträgliche Angabe eines ›sachlichen Grundes‹ für seine Entscheidung bereitet dem Arbeitgeber deshalb so geringe Schwierigkeiten, weil er die Anforderungen an die Qualifikation für eine bestimmte Stelle grundsätzlich nach seinem Belieben festlegen darf. Ebenso wie er auf größere Berufserfahrung abstellen kann, steht es ihm frei, Berufsanfänger vorzuziehen, die erst durch die Arbeit in seinem Betrieb ihre Prägung erfahren. Er kann auf höheres, aber auch auf geringes Lebensalter Wert legen, er darf die Fähigkeit zur kollegialen Zusammenarbeit bevorzugen oder in erster Linie auf Durchsetzungsfähigkeit abstellen. Eine vielseitige berufliche Biographie kann für ihn vorrangiges Auswahlkriterium sein, umgekehrt aber auch Stetigkeit der Berufspraxis. Ebenso steht es in seinem Belieben, eine spezifische Kombination verschiedener Eigenschaften zu fordern und die einzelnen Qualifikationsmerkmale unterschiedlich zu gewichten.«

211 LAG Berlin 25.08.1989 AZ 13 Sa 50/89.

212 EuGH 14.10.2010 AZ C 243/09 Fuß.

213 Siehe unter Was kann der Betriebsrat tun?

214 § 12 Abs. 4 AGG; BAG 08.06.2000 AZ 2 ABR 1/00.
215 ObLG Bayern 16.06.1998 AZ 2St RR 86/98.
216 BAG 13.03.2008 AZ 2 AZR 88/07.
217 BAG 25.10.2007 AZ 8 AZR 593/06.
218 LAG Hamburg 22.10.1986 AZ 6 Sa 48/85;ArbG Hamburg 13.03.1985 AZ 3
     Ca 233/83; ArbG Hameln 03.06.1983 AZ 2 Ca 377/82; ArbG Arnsberg
     07.10.1982 AZ 2 Ca 712/82; ArbG Hameln 12.12.1979 AZ 1 Ca 281/79.
219 BVerwG 16.03.2004 AZ 1 D 15/03.
220 BVerwG 09.07.1991 AZ 1 D 72/89 »Die Zeugin K. bestätigt ferner die Aus-
     sage der Zeugin M., daß der Beamte gegenüber weiblichen Mitarbeitern fort-
     laufend sich dadurch unangemessen benahm, daß er sie trotz deren Wider-
     spruchs duzte. Nach der Aussage der Zeugin K. handelte es sich dabei entgegen
     der Einlassung des Beamten nicht um einen bloß lockeren, kollegialen Ton, der
     einem guten Betriebsklima dienen sollte. Das Gegenteil geht daraus hervor,
     daß der Beamte trotz einer deutlichen Zurechtweisung durch die Worte der
     Zeugin K. ›ein für alle Mal, ich möchte nicht geduzt werden‹, nicht davon ab-
     ließ, sondern antwortete, ›wollen mal sehen, wer am längeren Hebel sitzt‹. Ge-
     rade in dieser Verhaltensweise gegenüber einer anderen Mitarbeiterin als der
     Zeugin M. wird die unerfreulich zudringliche Einstellung des Beamten zu Mit-
     arbeiterinnen deutlich. Offenbar wird auch seine Neigung, in arroganter und
     rechtlich mißbräuchlicher Weise gegenüber weiblichen Bediensteten, die ihm
     fachlich unterstellt sind, seine Vorgesetzteneigenschaften hervorzukehren.«
221 LAG Mecklenburg-Vorpommern 14.08.2012 AZ 5 Sa 324/11; LAG Hessen
     27.01.2004 AZ 13 TaBV 113/04.
222 ArbG Braunschweig 16.10.2007 AZ 2 Ca 93/07, die sehr späte Meldung
     durch die Belästigte schien zu belegen, dass es nicht so schlimm war. Dieselbe
     Wertung trafen LAG Baden-Württemberg 17.07.2013 AZ 13 Sa 141/12; LAG
     Hamburg 21.10.1998 4 Sa 53/98 »Wird beachtet, daß nach den Vorkommnis-
     sen im September 1997 lediglich ein Gespräch mit der Stationsleitung für not-
     wendig gehalten und die Pflegedienstdirektion noch gar nicht eingeschaltet
     wurde, so spiegelt dies wider, daß jedenfalls die betroffenen Mitarbeiterinnen
     und auch ihre Vorgesetzten weder ein sofortiges Eingreifen noch eine Been-
     digung der Tätigkeit des Klägers als gefordert ansahen.«
223 OLG Frankfurt 27.05.2008 AZ 5 U 233/04.
224 Richtlinie 2006/54/EG des Europäischen Parlaments und des Rates vom
     5. Juli 2006 zur Verwirklichung des Grundsatzes der Chancengleichheit und
     Gleichbehandlung von Männern und Frauen in Arbeits- und Beschäftigungs-
     fragen (Neufassung): http://eur-lex.europa.eu/LexUriServ/LexUriServ.do?
     uri=OJ:L:2006:204:0023:01:DE:HTML „34) Um die wirksame Umsetzung
     des Grundsatzes der Gleichbehandlung zu verstärken, sollten die Mitglied-
     staaten den Dialog zwischen den Sozialpartnern und – im Rahmen der ein-
     zelstaatlichen Praxis – mit den Nichtregierungsorganisationen fördern.«
225 Entwurf eines Gesetzes zur Umsetzung europäischer Richtlinien zur Verwirk-
     lichung des Grundsatzes der Gleichbehandlung BT-Drucksache 16/1780 vom
     08.06.2006.

226   § 23 BetrVG.

227   92/131/EWG: Empfehlung der Kommission vom 27. November 1991 zum
      Schutz der Würde von Frauen und Männern am Arbeitsplatz Amtsblatt
      Nr. L 049 vom 24/02/1992, S. 0001-0008; in deren Anhang: SCHUTZ
      DER WÜRDE VON FRAUEN UND MÄNNERN AM ARBEITS-
      PLATZ. Praktische Verhaltensregeln und Maßnahmen zur Bekämpfung
      sexueller Belästigungen.

228   LAG Rheinland-Pfalz 25.05.2009 AZ 5 Sa 99/09 »Gegen die von der Be-
      klagten behaupteten Intensität der Belästigungen in der subjektiven Wahr-
      nehmung der Mitarbeiterin spricht zudem, dass keine der betroffenen Frauen
      sich an z. B. weibliche Betriebsratsmitglieder gewandt hat, Beschwerden nach
      §§ 84 ff BetrVG erhoben hat, bzw. bei den MitarbeiterInnen der Personalver-
      waltung vorstellig wurde, um ihr Anliegen vorzubringen.«

229   ArbG Köln 15.12.2011 AZ 10 Ca 4977/11.

230   LAG Hessen 25.10.2007 AZ 9 TaBV 84/07 »Ein knapp viertägiges Betriebs-
      ratsseminar zum Thema: ›Das neue Allgemeine Gleichbehandlungsgesetz‹,
      das sich u. a. mit Handlungsmöglichkeiten des Betriebsrats im Rahmen des
      AGG und der Ausarbeitung einer Musterbetriebsvereinbarung befasst, ist
      unabhängig davon erforderlich im Sinne der §§ 37 Abs. 6, 40 BetrVG, dass
      konkrete Diskriminierungen oder Ungleichbehandlungen bisher im Betrieb
      nicht festgestellt werden konnten.«

231   http://obi-verdi.blogspot.de/2011/08/sexuelle-belastigung-am-arbeitsplatz-1.
      html

232   ArbG Frankfurt 30.04.2003 AZ 9 Ca 7937/02.

233   ArbG Berlin 27.01.2012 AZ 28 BV 17992/11.

234   In einer weiteren Frage haben das allerdings nur 18 % bejaht.

235   ArbG Wuppertal 15.06.2005 AZ 5 BV 20/05 nennt als Beispiel für mitbe-
      stimmungspflichtige Maßnahmen die Regelung in einem Verhaltenskodex,
      »wonach es Arbeitnehmern untersagt ist, mit jemandem auszugehen oder in
      eine Liebesbeziehung zu treten, wenn er die Arbeitsbedingungen dieser Per-
      son beeinflussen kann oder der Mitarbeiter seine Arbeitsbedingungen beein-
      flussen kann …«

236   BAG 22.07.2008 AZ 1 ABR 40/07.

237   BAG 22.07.2008 AZ 1 ABR 40/07.

238   BAG 22.07.2008 AZ 1 ABR 40/07, Vorinstanz LAG Hessen 18.01.2007 AZ 5
      TaBV 31/06 und ArbG Offenbach 24.11.2005 AZ 3 BV 44/04; vgl. auch LAG
      Düsseldorf 14.11.2005 AZ 10 TaBV 46/05.

239   LAG Hessen 03.09.2009 AZ 9 TaBVGa 159/09; BAG 12.03.2009 AZ 2 ABR
      24/08; LAG Hessen 11.12.2008 AZ 9 TaBV 141/08; LAG Hessen 28.08.2008
      AZ 20 TaBV 244/07; BVerwG 03.07.2001 AZ 1 DB 17/01.

240   BMJFFG: Sexuelle Belästigung am Arbeitsplatz Schriftenreihe des BMJFFG
      Stuttgart 1991.

241   LAG Düsseldorf 04.09.1998 AZ 11 TaBV 44/98.

242   BAG 06.09.1999 AZ 2 ABR 68/99, abweichend LAG Düsseldorf 08.12.1999
      AZ 12 TaBV 35/99.

243 OVG Lüneburg 14.09.2011 AZ 18 LP 15/10; VG Ansbach 04.05.2010 AZ AN
8 P10.00240: formale Fehler; BAG 12.03.2009 AZ 2 ABR 24/08 zurückverwiesen; LAG Hessen 28.08.2008 AZ 20 TaBV 244/07 formale Fehler; ArbG
Iserlohn 27.02.2008 AZ 1 Ca 2043/07 Ausschlussfrist nicht eingehalten; LAG
Hessen 27.01.2004 AZ 13 TaBV 113/03; LAG Baden-Württemberg 08.10.2001
AZ 15 TaBV 3/01; BAG 08.06.2000 AZ 2 ABR 1/00 formale Fehler; BAG
16.09.1999 AZ 2 ABR 68/98 formale Fehler; BAG 09.01.1986 AZ 2 ABR
24/85 zurückverwiesen.

244 ArbG Iserlohn 27.02.2008 AZ 1 Ca 2043/07; LAG Hamm 25.05.2007
AZ 13TaBV 119/06.

245 BAG 09.01.1986 AZ 2 ABR 24/85 »Aus dem Umstand, daß die Zeuginnen es
dabei bewenden ließen, sich diese Zudringlichkeiten zu verbitten und nicht
ihre Vorgesetzten unterrichteten, kann nicht gefolgert werden, die Fortsetzung
des Arbeitsverhältnisses mit dem Beteiligten sei der Antragstellerin zumutbar
gewesen, weil der Betriebsablauf durch sein Verhalten nicht wesentlich beeinträchtigt worden sei. Es ist auch denkbar, daß sie sich nicht beschwerten,
weil sie sich – zum Teil als Auszubildende – vom Antragsgegner abhängig
fühlten.«

246 AG Wuppertal 03.11.1997 AZ 2 Ls 43 Js 164/95-49/97, bestätigt durch LG
Köln 17.06.1998 AZ 152-231/97, Revision verworfen durch das OLG Köln am
27.11.1998, zitiert nach BAG 16.09.1999 AZ 2 ABR 68/98.

247 BAG 08.06.2000 AZ 2 ABR 1/00; BAG 16.09.1999 AZ 2 ABR 68/98.

248 LAG Hessen 27.01.2004 AZ 13 TaBV 113/03; LAG Baden Württemberg
08.10.2001 AZ 15 TaBV 3/01.

249 LAG Hessen 27.01.2004 AZ 13 TaBV 113/03 »Sie beruhten auf der bekannten
Neigung von Frau ..., sich mit Produkten ihrer regen Fantasie interessant zu
machen. Auf die vorliegende Weise solle die Arbeitsfähigkeit des Betriebsrats
beeinträchtigt werden.«

250 OVG NRW 24.09.2008 AZ 6 A 296/05.

251 BAG 19.04.2012 AZ 2 AZR 258/11; ArbG Nienburg 19.04.2012 AZ 2 Ca
460/11 Ö; VG München 20.01.2010 AZ M 13 DK 09.2975; VG München
23.01.2012 AZ M 5 E 11.5595; OVG NRW 01.10.2008 AZ 1 A 4543/06, Beschwerde vom BVerwG 11. 09. 2009 AZ 2 B 92. 08 zurückgewiesen; BVerwG
16.03.2004 AZ 1 D 15/03.

252 Ausdrückliche Überschrift von Unterabschnitt 2.

253 LAG Hessen 24.08.1995 AZ 3 Sa 636/94.

254 Amtsblatt Nr. L 049 vom 24/02/1992 S. 0001 – 0008; http://eur-lex.euro-
pa.eu/LexUriServ/LexUriServ.do?uri=CELEX:31992H0131:DE:HTML
92/131/EWG: Empfehlung der Kommission vom 27. November 1991 zum
Schutz der Würde von Frauen und Männern am Arbeitsplatz.

255 EuG 05.12.2000 AZ T-136/98 und weiter: »Punkt 2 der der Empfehlung
92/131 der Kommission beigefügten Praktischen Verhaltensregeln und Maßnahmen zur Bekämpfung der sexuellen Belästigung lässt sich entnehmen,
dass, um ein Verhalten sexueller Natur als Belästigung zu qualifizieren, es
nicht erforderlich ist, dass das Opfer es als schwerwiegend betrachtet. Fer-

ner findet sich in diesen Verhaltensregeln kein Anhaltspunkt dafür, dass die Einleitung einer Untersuchung zur Ermittlung der der Beschwerde wegen sexueller Belästigung zugrunde liegenden Tatsachen und gegebenenfalls die Verhängung einer Sanktion gegenüber der beschuldigten Person nicht erforderlich sind, wenn der Beschwerdeführer nicht nachweist, dass er durch die sexuelle Belästigung einen materiellen Schaden erlitten hat, oder wenn die beschuldigte Person ihr Opfer nicht erniedrigen wollte. Aus Punkt 2 der Verhaltensregeln ergibt sich vielmehr, dass die Gründe oder die Absicht des Urhebers des fraglichen Verhaltens und die materiellen Folgen dieses Verhaltens keinerlei Bedeutung haben. Außerdem ist es für die Einleitung einer Verwaltungsuntersuchung nicht nötig, dass der Beschwerdeführer nachweist, dass er der Person, die ihn nach seiner Aussage belästigt hat, deutlich gezeigt hat, dass das fragliche Verhalten unerwünscht ist, soweit es sich nicht um ein Verhalten gehandelt hat, welches, wenn es bewiesen wäre, eine vernünftige Person des gleichen Geschlechts wie der Beschwerdeführer nur als bloße Bekundung sexuellen Interesses betrachten würde.«

256 §§ 20 ff SGB V; 1, 14 ff SGB VII, 3, 84 SGB IX.

257 § 102 SGB IX.

258 § 62 HGB.

259 ArbG Duisburg 11.12.1992 AZ 5 Ga 33/92.

260 VG Karlsruhe 25.07.2012 AZ 5 K 3496/10; VG Münster 12.02.2010 AZ 1 K 1608/09; BVerwG 20.02.2002 AZ 6 C 13/01; BGH 21.06.1990 1 STR 477/89.

261 OLG Düsseldorf 28.03.1974 AZ 1 Ss 847/73.

262 ArbG Hannover 10.01.2002 AZ 10 Ca 250/01; ArbG Düsseldorf 01.08.2001 AZ 4 Ca 3437/01.

263 ArbG Hannover 28.04.2005 AZ 10 Ca 791/04 »1. Das Weiterleiten von Dateien mit pornographischem Inhalt im Intranet an Dritte erfüllt die Straftatbestände von § 184 Abs. 1 Nr. 6 StGB und von § 21 JgefSchrG.

2. Liegen solche strafbare Handlungen vor oder besteht der dringende Verdacht dafür, kann der Arbeitgeber als Betreiber und Eigentümer des Intranets diese Dateien auf ihren Inhalt hin kontrollieren und überprüfen.

3. Hat der Arbeitgeber so auf rechtmäßige Weise Kenntnis vom Inhalt der Dateien erlangt, kann sich der Arbeitnehmer nicht auf ein prozessuales Beweisverwertungsverbot berufen.

4. Eine strafbare Handlung durch Datenmissbrauch ist eine so schwerwiegende Vertragsverletzung, dass sie einen Grund für eine Beendigungskündigung darstellt.«

264 VG Halle 31.05.2001 AZ 3 A 502/2000 für einen Beamten.

265 OLG Hamm 01.03.2007 AZ 27 U 137/06; LAG Hessen 02.05.2000 AZ 7 Sa 1291/99.

266 BAG 22.01.2009 AZ 8 AZR 906/07: »1. Ein Anspruch des Arbeitnehmers nach § 15 Abs. 2 AGG gegen den Arbeitgeber auf Entschädigung wegen eines Nichtvermögensschadens aufgrund eines Verstoßes gegen das Benachteiligungsverbot setzt kein schuldhaftes Verhalten des Arbeitgebers voraus; 2. Voraussetzung für einen Entschädigungsanspruch nach § 15 Abs. 2 AGG ist nicht, dass

der Arbeitnehmer in seinem allgemeinen Persönlichkeitsrecht verletzt worden ist. Bei einem Verstoß des Arbeitgebers gegen das Benachteiligungsverbot ist grundsätzlich das Entstehen eines immateriellen Schadens beim Arbeitnehmer anzunehmen, welcher zu einem Entschädigungsanspruch führt.«

267 LAG Rheinland-Pfalz 25.05.2009 AZ 5 Sa 99/09 »Allerdings kommen nach Maßgabe des Verhältnismäßigkeitsprinzips im Rahmen einer Stufenfolge zahlreiche Maßnahmen in Betracht, die unter besonderer Berücksichtigung des Prognoseprinzips z. B. in einer Ermahnung, Abmahnung, Versetzung und erst dann, wenn dies aussichtslos erscheint, in der ordentlichen bzw. außerordentlichen Kündigung des Arbeitsverhältnisses zu sehen sind.«

268 LAG Niedersachsen 13.10.2009 AZ 1 Sa 832/09; LAG Niedersachsen 25.11.2008 AZ 1 Sa 547/08.

269 BAG 25.10.2007 AZ 8 AZR 593/06.

270 LAG Baden-Württemberg 01.02.2013 AZ 12 Sa 90/11.

271 LAG Hamm 22.10.1996 AZ 6 Sa 730/96 bereits: »1. Bei sexuellen Belästigungen hat der Arbeitgeber die zum Schutz der Mitarbeiter vorgesehenen gesetzlichen Maßnahmen zu ergreifen. Er hat dabei den Grundsatz der Verhältnismäßigkeit zu beachten. 2. Reicht eine Abmahnung nicht aus, um die Fortsetzung sexueller Belästigungen mit der gebotenen Sicherheit zu unterbinden, kommt eine Umsetzung oder Versetzung des Störers nicht in Betracht, kann der Arbeitgeber mit einer Kündigung auf die sittlichen Verfehlungen reagieren.«

272 § 106 GewO.

273 BAG 17.02.1994 AZ 2 AZR 616/93.

274 BAG 18.01.1980 AZ 7 AZR 75/78 ständige Rechtsprechung »2. Die der Abmahnung innewohnende Warn- und Ankündigungsfunktion erfordert dagegen nicht, bestimmte kündigungsrechtliche Maßnahmen (z. B. ordentliche oder außerordentliche Beendigungs- bzw. Änderungskündigung) anzudrohen; 3. Als abmahnungsberechtigte Personen kommen nicht nur kündigungsberechtigte, sondern alle Mitarbeiter in Betracht, die befugt sind, verbindliche Anweisungen bezüglich des Ortes, der Zeit sowie der Art und Weise der arbeitsvertraglich geschuldeten Arbeitsleistung zu erteilen.«

275 LAG Hessen 03.11.2010 AZ 2 Sa 979/10 (dritte Instanz BAG 19.04.2012 AZ 2 AZR 258/11): »Von diesem Grundsatz gelten Ausnahmen nur, wenn durch das zukünftige Verhalten des Arbeitnehmers die Störung des Arbeitsverhältnisses nicht mehr behoben werden kann. Eine Abmahnung ist deshalb dann entbehrlich, wenn es um schwere Pflichtverletzungen geht, deren Rechtswidrigkeit für den Arbeitnehmer ohne weiteres erkennbar ist und bei denen eine Annahme durch den Arbeitgeber offensichtlich ausgeschlossen ist ... Gleiches gilt, wenn im Einzelfall besondere Umstände vorliegen, aufgrund derer eine Abmahnung als nicht erfolgversprechend angesehen werden kann. Eine solche Situation ist jedenfalls dann anzunehmen, wenn der Arbeitnehmer eindeutig nicht gewillt ist, sich vertragsgerecht zu verhalten, was wiederum der Fall ist, wenn er seine Vertragsverletzungen hartnäckig und uneinsichtig fortsetzt, obwohl er die Vertragswidrigkeit seines Verhaltens kennt ...«

276 BAG 19.04.2012 AZ 2 AZR 258/11.
277 ArbG Essen 12.06.2012 AZ 2 Ca 482/12.
278 § 95 Abs. 3 BetrVG.
279 LAG Niedersachsen 13.10.2009 AZ 1 Sa 832/09.
280 § 99 BetrVG.
281 LAG Niedersachsen 13.10.2009 AZ 1 Sa 832/09.
282 LAG Berlin 30.01.1991 AZ 13 Sa 98/90; ArbG Solingen 24.02.2015 AZ 3 Ca 1356/13 (nicht rechtskräftig).
283 BAG 09.06.2011 AZ 2 AZR 323/10: »2. Eine sexuelle Belästigung i. S. v. § 3 Abs. 4 AGG liegt vor, wenn ein unerwünschtes, sexuell bestimmtes Verhalten bezweckt oder bewirkt, dass die Würde der betreffenden Person verletzt wird. Bereits eine einmalige sexuell bestimmte Verhaltensweise kann den Tatbestand der sexuellen Belästigung erfüllen. (Rn.18) Für das ›Bewirken‹ genügt der bloße Eintritt der Belästigung. Auf vorsätzliches Verhalten kommt es dabei nicht an.

3. Das Tatbestandsmerkmal der Unerwünschtheit erfordert – anders als noch § 2 Abs. 2 S 2 Nr. 2 BSchG nicht mehr, dass die Betroffenen ihre ablehnende Einstellung zu den fraglichen Verhaltensweisen aktiv verdeutlicht haben. Maßgeblich ist allein, ob die Unerwünschtheit der Verhaltensweise objektiv erkennbar war.

4. Den bei der Prüfung einer außerordentlichen Kündigung zu beachtenden Verhältnismäßigkeitsgrundsatz konkretisiert auch § 12 Abs. 3 AGG. Danach hat der Arbeitgeber bei Verstößen gegen das Benachteiligungsverbot des § 7 Abs. 1 AGG, zu denen auch sexuelle Belästigungen i. S. v. § 3 Abs. 4 AGG gehören, im Einzelfall die geeigneten, erforderlichen und angemessenen arbeitsrechtlichen Maßnahmen wie Abmahnung, Umsetzung, Versetzung oder Kündigung zu ergreifen. Welche Maßnahmen er als verhältnismäßig ansehen darf, hängt von den konkreten Umständen des Einzelfalls ab. Geeignet im Sinne der Verhältnismäßigkeit sind nur solche Maßnahmen, von denen der Arbeitgeber annehmen darf, dass sie die Benachteiligung für die Zukunft abstellen, dh. eine Wiederholung ausschließen.

5. Ist der Arbeitnehmer wegen gleichartiger Pflichtverletzungen schon einmal abgemahnt worden und verletzt er seine vertraglichen Pflichten gleichwohl erneut, kann regelmäßig davon ausgegangen werden, es werde auch weiterhin zu Vertragsstörungen kommen. Dabei ist nicht erforderlich, dass es sich um identische Pflichtverletzungen handelt. Es reicht aus, dass die jeweiligen Pflichtwidrigkeiten aus demselben Bereich stammen und somit Abmahnungs- und Kündigungsgründe in einem inneren Zusammenhang stehen. Entscheidend ist letztlich, ob der Arbeitnehmer aufgrund der Abmahnung erkennen konnte, der Arbeitgeber werde weiteres Fehlverhalten nicht hinnehmen, sondern ggf. mit einer Kündigung reagieren.«
284 LAG Baden-Württemberg 01.02.2013 AZ 12 Sa 90/11.
285 ArbG Düsseldorf 02.09.2008 AZ 7 Ca 1837/08 »Nicht jede verbale sexuelle Belästigung rechtfertigt eine außerordentliche Kündigung eines langjährigen Arbeitsverhältnisses. Die Äußerung gegenüber einer Assistentin, sie bekom-

me alles von dem Geschäftsführer mit dem Vornamen Heinz-Dieter, insbesondere die gewünschte Gehaltserhöhung und den gewünschten Urlaub, wenn sie ›dem kleinen Dieter was Gutes tue, weil sich dann der große Heinz freue‹, stellt an sich einen Grund zur außerordentlichen Kündigung dar. Eine als Scherz beabsichtigte, verbale Entgleisung hat nicht denselben Unwertgehalt wie eine ernstgemeinte Beleidigung. … Auch bei nur verbalen sexuellen Belästigungen durch einen langjährig beschäftigten männlichen Arbeitnehmer kann eine Kündigung ohne vorherige Abmahnung verhältnismäßig sein …« Zweite Instanz LAG Düsseldorf 11 Sa 1490/08, Beendigung am 18.12.2008 durch Vergleich.

286 BAG 08.06.2000 AZ 2 ABR 1/00; BAG 26.03.1992 AZ 2 AZR 519/91.

287 BAG 09.06.2011 AZ 2 AZR 323/10 »Ist der Arbeitnehmer wegen gleichartiger Pflichtverletzungen schon einmal abgemahnt worden und verletzt er seine vertraglichen Pflichten gleichwohl erneut, kann regelmäßig davon ausgegangen werden, es werde auch weiterhin zu Vertragsstörungen kommen. Dabei ist nicht erforderlich, dass es sich um identische Pflichtverletzungen handelt. Es reicht aus, dass die jeweiligen Pflichtwidrigkeiten aus demselben Bereich stammen und somit Abmahnungs- und Kündigungsgründe in einem inneren Zusammenhang stehen. Entscheidend ist letztlich, ob der Arbeitnehmer aufgrund der Abmahnung erkennen konnte, der Arbeitgeber werde weiteres Fehlverhalten nicht hinnehmen, sondern ggf. mit einer Kündigung reagieren.«

288 BAG 09.06.2011 AZ 2 AZR 323/10.

289 BAG 05.06.2008 AZ 2 AZR 234/07; BAG 16.09.1999 AZ 2 ABR 68/98; BAG 20.08.1997 AZ 2 AZR 620/96; BAG 26.03.1992 AZ 2 AZR 519/91.

290 LAG Hessen 07.02.2002 AZ 3 Sa 781/01.

291 LAG Berlin-Brandenburg 16.12.2010 AZ 2 Sa 2022/10.

292 BAG 18.10.1990 AZ 2 AZR 157/90.

293 ArbG Hannover 10.01.2002 AZ 10 Ca 250/01; BAG 30.04.1987 AZ 2 AZR 283/86.

294 BAG 21.11.2013 AZ 2 AZR 797/11.

295 ArbG Berlin 27.01.2012 AZ 28 BV 17992/11.

296 BAG 18.07.2013 AZ 6 AZR 420/12 »Ein Fall der ›unechten Druckkündigung‹ liegt vor, wenn das Verlangen des Dritten gegenüber dem Arbeitgeber durch ein Verhalten des Arbeitnehmers oder einen personenbedingten Grund objektiv gerechtfertigt sein kann.« … »Das Verlangen des Dritten kann gegenüber dem Arbeitgeber durch ein Verhalten des Arbeitnehmers oder einen personenbedingten Grund objektiv gerechtfertigt sein. In diesem Fall liegt es im Ermessen des Arbeitgebers, ob er eine personen- oder eine verhaltensbedingte Kündigung erklärt … Eine solche Kündigung wird auch als ›unechte Druckkündigung‹ bezeichnet. Die Kündigung wird nicht primär wegen des durch den Dritten erzeugten Drucks erklärt, sondern wegen des personen- oder verhaltensbedingten Kündigungsgrundes.«

297 BAG 27.01.2011 AZ 2 AZR 826/09; zweite Instanz LAG Hessen 07.08.2009 AZ 19/3 Sa 576/08.

298 ArbG Bremen 21.10.2014 AZ 11 Ca 11185/13.

299 BAG 14.10.1990 AZ 2 AZR 201/90.

300 LAG Schleswig-Holstein 20.03.2012 AZ 2 Sa 331/11.

301 BAG 26.06.1997 AZ 2 AZR 502/96.

302 ArbG Hamburg 23.02.2005 AZ 18 Ca 131/04 hier hatte der Belästiger den ersten Kündigungsschutzprozess gewonnen und der Arbeitgeber berief sich nunmehr (erfolglos) auf den Druck von Arbeitnehmerinnen: »1. Bei einer sexuellen Belästigung hat die Arbeitgeberin vor Ausspruch einer Kündigung nach allgemeinen kündigungsrechtlichen Grundsätzen und § 4 Ziff 1 BeschäftigtenschutzG … zu prüfen, ob als mildere Maßnahme der Ausspruch einer Abmahnung in Frage kommt.

2. Eine (echte) Druckkündigung setzt voraus, dass sich die Arbeitgeberin schützend vor den Arbeitnehmer stellt, dessen Entlassung verlangt wird. Dieses ist der Arbeitgeberin auch dann zuzumuten, wenn der Arbeitnehmer eine sexuelle Belästigung begangen haben soll.«

303 LAG Hamm 23.10.2009 AZ 10 TaBV 39/09 »1. Im Verfahren nach § 104 BetrVG auf Entlassung eines betriebsstörenden Arbeitnehmers ist der betroffene Arbeitnehmer Beteiligter.

2. Das Entlassungsbegehren des Betriebsrats nach § 104 BetrVG verlangt neben einem gesetzwidrigen Verhalten oder einer groben Verletzung der in § 75 Abs. 1 enthaltenen Grundsätze als zusätzliches Tatbestandsmerkmal die wiederholte ernstliche Störung des Betriebsfriedens. Eine bloße Gefährdung des Betriebsfriedens reicht nicht aus, es muss zumindest eine wiederholte erhebliche Beunruhigung unter der Belegschaft entstanden sein.

304 BAG 18.07.2013 AZ 6 AZR 420/12; BAG 26.06.1997 AZ 2 AZR 502/96.

305 ArbG Berlin 10.07.2008 AZ 4 Ca 4703/08.

306 LAG Berlin 11.12.1998 AZ 6 Sa 82/98; BAG 05.05.1977 AZ 2 AZR 297/76; § 626 BGB.

307 BAG 19.04.2012 AZ 2 AZR 258/11; LAG Hamm 16.04.1998 AZ 4 Sa 1371/97; BAG 17.05.1956 AZ 3 AZR 350/54.

308 OVG Hamburg 07.04.2008 AZ 4 Bs 208/07; OVG Lüneburg 05.12.1990 AZ 14 L 60/89 für Beamte.

309 LAG Berlin-Brandenburg 08.01.2015 AZ 10 Sa 1793/14.

310 LAG Niedersachsen 06.12.2013 AZ 6 Sa 391/13; ArbG Lübeck 06.07.2007 AZ 4 Ca 946 b/07.

311 LAG Berlin 03.03.2006 AZ 13 Sa 1906/05.

312 LG Münster 18.01.2013 AZ 19 StL 5/12; VG Gelsenkirchen 01.09.2010 AZ 7 K 903/09; VG München 12.03.2007 AZ M 16 K 06.896; VG Ansbach 26.02.2007 AZ AN 4 S 06.02992 VGH Bayern 09.10.2006 AZ Vf 98-VI 04; BSG 26.06.2001 AZ B 2 U 25/00 R; BGH 26.11.1996 AZ 1 StR 405/96; BGH 18.09.1986 AZ 4 StR 432/86.

313 www.frankfurt-main.ihk.de/recht/themen/gewerberecht/gewerbeuntersagung/; §§ 14 Abs. 2 BRAO, 8 Abs. 2 und 2 Abs. 1 S 1 Nr. 2 FahrlG, 4 und 15 GastG, 35 GewO, 2 und 3 LogopG, 1 PBZugV, 95 StGB V, 70 und 132a StPO; daneben gibt es landesrechtliche Vorschriften.

314 § 24 JArbSchG; §§ 28 BBiG; 21 und 24 HwO VGH Bayern 12.08.2004 AZ 22 CS 04.1679: »Persönlich ungeeignet ist danach ein Ausbilder, bei dem Tatsachen die Annahme rechtfertigen, dass er die Menschenwürde und speziell die Intim- und Privatsphäre der von ihm abhängigen Auszubildenden verletzen könnte.« VG Gelsenkirchen 01.09.2010 AZ 7 K 903/09; VG Trier 03.05.2007 AZ 5 K 72/07.TR; LG Münster 18.01.2013 AZ 19 StL 5/12 Der Steuerberater hat einen Ausbildungsverzicht erklärt, aber natürlich »sei dies nur geschehen, weil er sich eine Auseinandersetzung bezüglich damals ungerechtfertigt erhobener Vorwürfe, er habe zwei Auszubildende körperlich belästigt, habe ersparen wollen.« Ebenso im Tenor VG Gelsenkirchen 01.09.2001 AZ 7 K 903/09.

315 VG Ansbach 26.02.2007 AZ AN 4 S 06.02992.

316 BVerwG 04.04.2001 AZ 1 D 15/00; ständige Rechtsprechung BVerwG 12.11.1997 AZ 1 D 90/95.

317 BVerwG 22.07.1980 AZ 1 D 71/79.

318 VG Münster 22.01.2014 AZ 20 K 1277/13.BDG (Verbreitung von Nacktfotos der ehemaligen Geliebten im Internet); VGH Bayern 27.11.2013 AZ 16a D 12.545 (außerdienstliche Vergewaltigung); BVerwG 07.03.2013 AZ 2 WD 28/12 (brutale Körperverletzung); VG Magdeburg 24.01.2013 AZ 8 B 23/12 (sexuelle Nötigung einer Minderjährigen, die der Belästiger als Polizist, aber außerhalb der Dienstaufgaben angehalten hatte) VGH Bayern 15.12.2011 AZ 16a D 09.1836 (ehrenamtliches Engagement eines Lehrers in einem Verein zur Straflosigkeit für »gleichberechtigte, einvernehmliche und verantwortliche sexuelle Handlungen zwischen Kindern und Erwachsenen«); VGH Bayern 15.04.2009 AZ 16a DZ 07.1529 (sexuell inspirierte private Kommunikation unter Pseudonym mit Untergebener); BVerwG 02.04.2008 AZ 2 WD 13/07 (Masturbation neben einer neben ihm vermeintlich schlafenden Frau; BVerwG 22.10.2002 AZ 1 D 4/02 außerdienstliche Jubiläumsfeier; VGH Bayern 12.06.2002 AZ 3 B 00.0656 Polizistin war mit Frau unterwegs, die sich prostituierte. »ihr sei jedoch anzulasten, dass sie nichts unternommen habe, um deren Verhalten zu mäßigen oder zu unterbinden; vielmehr habe sie im Gegenteil durchaus aktiv mitgewirkt. Auch außerhalb des Dienstes müsse das Verhalten einer angehenden Polizeibeamtin gewissen Mindestanforderungen genügen, denen die Klägerin nicht nachgekommen sei. ... Obwohl kein Verdacht auf eine Straftat oder Ordnungswidrigkeit bestehe, lägen nicht behebbare Zweifel an der charakterlichen Eignung und Integrität der Beamtin vor. Zwar unterliege die Freizeitgestaltung von Beamten und die Wahl von Bekannten und Freunden nicht einer dienstaufsichtlichen Würdigung.«); BVerwG 19.06.1996 AZ 2 WD 3/96 (Exhibitionistische Handlungen gegenüber dreijährigem Nachbarskind); BVerwG 29.11.1990 1 D 9/90 (Trunkenheit am Steuer außerhalb des Dienstes; sexuelle Belästigung von Frauen; versuchte Notzucht; Körperverletzung); VGH Hessen 25.07.1990 AZ 1 UE 2162/87: (Mitgesellschafter einer Sexfilmbar); BVerwG 27.11.1981 AZ 2 WD 25/81 (sexueller Missbrauch eines Kindes, vom Täter als Liebesbeziehung mit einer jungen Frau verschönt; ein Grenzfall ist die Konstellation in BVerwG

15.07.1983 AZ 1 D 114/82 das außerdienstliche Liebesverhältnis des stv. Behördenleiters mit der Putzfrau wurde zum Teil in den Diensträumen und während der Arbeitszeit, zum Teil außerhalb gelebt.

319 VG Augsburg 11.11.2011 AZ Au 2 K 09.1369 »Charaktermängel«; OVG NRW 17.07.2006 AZ 6 A 4200/04 »charakterlich ungeeignet«, »charakterliche Defizite«, VG Minden 07.07.2004 AZ 4 K 5586/03: »Charakterlich ungeeignet für die Laufbahn eines Polizeibeamten ist der Anwärter, der die Kolleginnen durch sexuelle Anspielungen kompromittiert, durch herabsetzende Bemerkungen und Verhaltensweisen belästigt, schikaniert und beleidigt. Dies stellt einen sachlichen Grund dar, der zur Entlassung aus dem Vorbereitungsdienst berechtigt.« OVG Mecklenburg Vorpommern 10.01.2001 AZ 2 M 87/00: »Die sexuelle Belästigung weiblicher Kollegen begründet Zweifel an der charakterlichen Eignung eines Beamten des Bundesgrenzschutzes.«

320 BVerwG 18.06.2015 AZ 2 C 9.14; BVerwG 18.06.2015 AZ 2 C 25.14; BVerwG 18.06.2015 AZ 2 C 19.14; VGH Bayern 25.09.2013 AZ 16a D 11.1875; VG Magdeburg 05.06.2013 AZ 8 A 10/12 »Bei einem Polizeivollzugsbeamten liegt der Dienstbezug und damit die Disziplinarwürdigkeit bei außerdienstlich begangenen Sexualstraftaten gegen die sexuelle Selbstbestimmung vor.« OVG Rheinland-Pfalz 14.08.2012 AZ 3 A 11032/12.OVG; VG Trier 14.08.2012 AZ 3 K 195/12.TR »Einem Polizeibeamten, der sich im privaten Bereich kinderpornografisches Material verschafft und dieses abspeichert, sich mithin an der Nachfrage missbräuchlichen Materials aktiv beteiligt, kann nicht mehr mit dem nötigen Vertrauen in die Bereitschaft begegnet werden, diesen Markt aktiv zu bekämpfen. Er ist aus dem Dienst zu entfernen.« VG Ansbach 20.04.2012 AZ AN 12b D 10.00384; OVG Rheinland-Pfalz 27.02.2012 AZ 3 A 11032/12; BVerwG 19.08.2010 AZ 2 C 5.10.

321 VGH Bayern 09.04.2014 AZ 16a D 12.1439; BVerwG 01.06.2012 AZ 2 B 123/11; BVerwG 16.02.2010 AZ 2 B 62/09 mit BVerfG 19.10.2011 AZ 2 BvR 754/10 (Zurückverweisung); BVerwG 08.11.2000 AZ 1 D 35/99; BDiG 03.09.1999 AZ XIV VL 36/98.

322 VG Münster 13.05.2014 AZ 13 K 3135/13.O.

323 § 174 StGB.

324 VG Trier 23.06.2015 AZ 3 K 1893/14.TR; VG Hannover 09.06.2015 AZ 18 A 131/14; VGH Bayern 09.04.2014 AZ 16a D 12.1439; VG Düsseldorf 17.12.2013 2 K 7451/12; OVG NRW 12.08.2013 AZ 6 B 817/13; VG Aachen 01.07.20013 AZ 1 L 251/13; OVG Lüneburg 25.03.2013 AZ 19 ZD 4/13; LAG Düsseldorf 08.03.2013 AZ 5 Sa 684/11; OLG Hamm 26.02.2013 AZ III-5 RVs 6/13; VG Wiesbaden 31.01.2013 AZ 28 K 82/12.WI.D; VGH Bayern 15.12.2012 AZ 16a D 09.1836; VGH Bayern 13.06.2012 AZ 16a D 10.1098; VG München 27.03.2012 AZ M 13 DK 11.2466; OVG Lüneburg 25.03.2013 AZ 19 ZD 4/13 (Lehrerin); OVG Rheinland-Pfalz 24.02.2012 AZ 3 A 11426/11; LAG Hamm 15.12.2011 AZ 15 Sa 1236/11; LAG Berlin 20.07.2011 AZ 26 Sa 1269/10; VG Würzburg 07.09.2010 AZ W 1 E 10.927; BVerwG 19.08.2010 AZ 2 C 5.10; VGH Hessen 08.03.2010 AZ 28 A 100/10.D; VGH Bayern 26.02.2010 AZ 3 CE 10.167; VG Regensburg 15.10.2009 AZ RN 10A

DK 09.00797; OVG NRW 03.04.2009 AZ 6 B 36/09; LAG Mecklenburg-Vorpommern 12.08.2008 AZ 5 Sa 10/08; BGH 26.07.2007 AZ 4 StR 240/07; LAG Mecklenburg-Vorpommern 13.03.2007 AZ 5 Sa 79/06; VG München 13.10.2006 AZ M 5 S 06.3478; VG München 17.07.2006 AZ M 13 D 06.1214; VG Sigmaringen 12.07.2006 AZ 5 K 2186/05; OVG Schleswig-Holstein 12.05.2005 AZ 3 MB 19/05; VG Berlin 17.01.2005 AZ 80 A 24.04; VGH Bayern 02.11.2004 AZ 16a DA 04.2919; VG München 07.07.2004 AZ M 13 D 04.1007; VG Berlin 20.02.2004 AZ 80 A 13.03; VGH Bayern 26.11.2003 AZ 16a D 00.1864;LAG Sachsen-Anhalt 19.03.1996 AZ 8 Sa 183/95; VGH Hessen 27.11.1987 AZ DH 2209/87.

325 BVerwG 19.08.2010 AZ 2 C 5.10: »Das strafrechtlich geahndete außerdienstliche Dienstvergehen des Beklagten weist einen Bezug zu seinem Dienstposten auf. Der Dienstbezug ist gegeben, wenn das außerdienstliche Verhalten Rückschlüsse auf die Dienstausübung in dem Amt im konkret-funktionellen Sinn zulässt oder den Beamten in der Dienstausübung beeinträchtigt. Dies ist der Fall, weil der außerdienstliche Besitz kinderpornografischer Schriften bei einem Lehrer einen Persönlichkeitsmangel indiziert, der Anlass zu Zweifeln an seiner Eignung gibt, der einem Lehrer als Dienstpflicht obliegenden Erziehungsaufgabe gegenüber den ihm anvertrauten Schülern jederzeit gerecht zu werden. Nach Bekanntwerden eines derartigen Fehlverhaltens ist ein Lehrer bei der Aufgabenwahrnehmung zumindest stark beeinträchtigt, weil er elementare Rechte gerade derjenigen Personengruppe verletzt hat, deren Schutz und Erziehung ihm als Dienstpflicht obliegt und anvertraut sind. Insoweit genügt die bloße Eignung, zu einem konkreten Ansehensschaden oder konkreten Übergriffen muss es nicht gekommen sein.«

326 28.06.2014:   www.abendblatt.de/vermischtes/article106587807/Jede-zweite-Studentin-wird-an-der-Universitaet-sexuell-belaestigt.html; www.zeit.de/2014/25/sexuelle-belaestigung-universitaet-deutschland.

327 VG Bayreuth 24.04.2013 AZ B 5 S 13.198; BVerwG 01.06.2012 AZ 2 B 123/11; VG Münster 03.011.2010 AZ 13 K 871/10.O; BVerfG 19.10.2011 Vorinstanz BVerwG 16.02.2010 AZ 2 B 62/09; OVG Thüringen 06.11.2008AZ 8 DO 584/07; VG Meiningen 14.05.2007 AZ 6 D 60011/03.Me;VG Meiningen 30.01.2004; AZ 6 D az 60010/03.Me ; VGH Ba-Wü 03.04.2000 AZ D 17 S 3/00.

328 VG Stuttgart 03.05.2012 AZ 8 K 2956/11; VGH Bayern 09.02.2011 AZ 11 CS 10.3056; VG Neustadt (Weinstraße) 14.01.2008 AZ 4 L 1584/07.NW; OVG NRW 17.07.2006 AZ 6 A 4200/04; OVG NRW 28.11.2005 AZ 8 B 1744/05; VG Arnsberg 20.09.2005 AZ 1 L 720/05OVG NRW 07.06.2002 AZ 8 B 636/02; OVG Berlin 05.06.1991 AZ 1 B 105.89.

329 www.spiegel.de/politik/deutschland/soldatinnen-sexuelle-belaestigung-wird-haeufig-vertuscht-a-148514.html;   www.emma.de/artikel/frauen-der-bundeswehr-kamerad-m-gegen-kamerad-w-264986.

330 www.mgfa-potsdam.de.

331 BVerwG 19.02.1997 AZ 2 WD 27/96.

332 BVerwG 10.11.1998 AZ 2 WD 4/98.

333 BVerwG 23.06.2011 AZ 2 WD 21/10; VG Stade 25.05.2011 AZ 3 A 825/09;
    VG München 17.03.2009 M 21 K 07.3529; BVerwG 24.04.2007 AZ 2 WD
    9/06; BVerwG 01.03.2007 AZ 2 WD 4/06; BVerwG 16.05.2006 AZ 2 WD
    3/05; BVerwG 24.11.2005 AZ 2 WD 32/04; BVerwG 26.10.2005 AZ 2 WD
    33/04; OVG Schleswig-Holstein 23.11.2004 AZ 16 LB 1/04, aufgehoben durch
    BVerwG 04.08 2005 AZ 2 B 5/05; BVerwG 24.01.2002 AZ BVerwG 2 WD
    33.01;BVerwG 09.10.2001 AZ 2 WD 10/01; BVerwG 05.07.2000 AZ 2 WD
    8/0; BVerwG 15.02.2000 2 WD 30/99; BVerwG 23.02.1999 AZ 2 WD 15/98;
    BVerwG 12.11.1998 AZ 2 WD 12/98; BVerwG 10.11.1998 AZ 2 WD 4/98;
    BVerwG 10.03.1998 AZ 1 WB 42/97; BVerwG 19.02.1997 AZ 2 WD 27/96;
    BVerwG 21.05.1996 AZ 2 WD 22/95; BVerwG 18.07.1995 AZ 2 WD 32/94;
    BVerwG 18.01.1995 AZ 2 WD 28/94; BVerwG 24.03.1994 AZ 2 WD 46/93; Es
    gibt eine Ausnahme: Truppendienstgericht Süd 01.02.1996 AZ S 1 BLc 6/95.

334 BVerwG 09.10.2001 AZ 2 WD 10/01, das war nicht selbstverständlich. Die
    Bundeswehr hatte noch kurz zuvor argumentiert »die Eignung eines homose-
    xuellen Soldaten in Führungsverwendungen mit unmittelbarer Vorgesetzten-
    eigenschaft begegne schon abstrakt grundsätzlichen Zweifeln, ohne daß es auf
    die bisherige Wahrnehmung dienstlicher Pflichten ankomme. Die abstrakte
    Gefahr eines Autoritätsverlustes bestehe unabhängig davon, ob sich die ge-
    sellschaftliche Einstellung großer Teile der Bevölkerung zur Homosexualität
    gewandelt habe.« VG Lüneburg 03.06.1999 AZ 1 A 141/97.

335 BVerwG 11.02.1982 AZ 2 WD 50/81: »Der Einbruch eines Soldaten in die
    Ehe eines Kameraden ist ein nicht leichtzunehmendes Dienstvergehen, das
    in der Regel eine laufbahnhemmende Maßnahme rechtfertigt.« Der »Kame-
    rad« schlug seine Frau ständig, und die Beratungssituation mit dem Soldaten
    mündete in einvernehmlichen Ehebruch, insoweit gehört das Urteil nur am
    Rande hierher. Ganz anders bereits LAG Düsseldorf 24.02.1969 AZ 11 Sa
    60/69: »Ehewidrige Beziehungen eines Angestellten mit einer in demselben
    Betrieb beschäftigten verheirateten Frau rechtfertigen eine fristlose Entlas-
    sung nicht.« ... »Richtig ist, daß die Aufnahme ehewidriger Beziehungen mit
    einer verheirateten Frau auch nach den heute gültigen Anschauungen nicht
    mit der Führung eines anständigen und sauberen Lebenswandels in Einklang
    zu bringen ist und daß sie unter Umständen sogar den Tatbestand einer Be-
    leidigung des Ehemannes der Frau darstellen kann.« Aber dem Arbeitgeber,
    der argumentiert hatte, er könne wegen seines eigenen Rufes ehewidrige
    Beziehungen zwischen Beschäftigten nicht dulden, hielt das LAG vor: »Der
    Beklagte verkennt insoweit seine Stellung als Arbeitgeber. Als solcher ist er
    nicht zum Sittenrichter über die in seinem Betrieb tätigen Angestellten und
    Arbeiter berufen.«

336 BVerwG 24.04.2007 AZ 2 WD 9/06.

337 BDiG Frankfurt 24.06.1999 AZ XVI VL 3/99.

338 VGH Baden-Württemberg 13.02.1999 AZ D 17 S 13/99.

339 VG Wiesbaden 17.08.2012 AZ 28 K 833/11.WI.D ; VG Augsburg 11.11.2011
    AZ Au 2 K 09.1369; VG Wiesbaden 20.01.2011 AZ 28 K 547/10.WI.D;
    BVerwG 29.07.2010 AZ 2 A 4/09 (BKA); BVerwG 01.10.2009 AZ 2 VR 6/09

(BGS); BVerwG 16.07.2009 AZ 2 AV 4/09 (BGS); OVG Berlin-Brandenburg 29.01.2009 AZ OVG 6 S 38.08 (BGS); VG Ansbach 06.08.2008 AZ AN 6b D 08.00017; VG Trier 15.05.2008 AZ 3 K 1019/07.TR; VG Stuttgart 21.11.2007 AZ 17 K 2784/06; VGH Bayern 27.08.2007 AZ 3 B 05.210; VG Berlin 19.06.2007 AZ 28 A 98.06; VG München 26.02.2007 AZ M 19 D 06.611; VG Berlin 25.10.2006 AZ VG 7 A 79.06; OVG NRW 17.07.2006 AZ 6 A 4200/04; VG Regensburg 08.12.2004 AZ RO 1 K 04.1557; VG Minden 07.07.2004 AZ 4 K 5586/03; VGH Bayern 26.11.2003 AZ 16a D 02.1228 (Vorinstanz VG München 18.03.2002 AZ M 19 D 02.53); VG Berlin 28.08.2003 AZ 80 A 50.01; VG München 08.04.2003 AZ M 5 K 99.2763; BVerwG 22.10.2002 AZ 1 D 4/02 (Vorinstanz BDiG Frankfurt 05.12.2001 AZ VI VL 13/01 BGS); BVerwG 14.05.2002 AZ 1 D 30/01; (Vorinstanz BDiG Frankfurt 23.10.2001 AZ X VL 13/01 BGS);VG München 18.03.2002 AZ M 19 D 02.53; VGH Bayern 08.11.2001 AZ 3 B 97.331; BVerwG 03.07.2001 AZ 1 DB 17/01 (BGS); KG Berlin 23.03.2001 AZ 9 U 6532/99; OVG Mecklenburg-Vorpommern 10.01.2001 AZ 2 M 87/00; BVerwG 21.09.2000 AZ 1 DB 7/00 (BGS); VGH Baden-Württemberg 13.12.1999 AZ D 17 S 13/99; BDiG 03.09.1999 AZ XIV VL 36/98 (BGS); BDiG 24.06.1999 AZ XVI VL 3/99; VG München 20.04.1999 AZ M 5 K 98.2154.

340   VG Wiesbaden 20.01.2011 AZ 28 K 547/10.WI.D.

341   VG Wiesbaden 20.01.2011 AZ 28 K 547/10.WI.D.

342   BVerwG 29.07.2010 AZ 2 A 4/09.

343   BVerwG 29.07.2010 AZ 2 A 4/09.

344   OVG NRW 17.07.2006 AZ 6 A 4200/04.

345   VG Ansbach 06.08.2008 AZ AN 6b D 08.00017.

346   VG Stade 25.05.2011 AZ 3 A 825/09.

347   OVG NRW 24.09.2008 AZ 6 A 296/05.

348   VG München 26.02.2007 AZ M 19 D 06.611.

349   VG München 26.02.2007 AZ M 19 D 06.611.

350   OVG NRW 17.07.2006 AZ 6 A 4200/04.

351   OVG Berlin-Brandenburg 29.01.2009 AZ OVG 6 S 38.08; VG Berlin 25.10.2006 AZ VG 7 A 79.06.

352   ArbG Frankfurt/M. 05.10.2005 AZ 7 Ca 3835/05 Der Kläger versandte zahlreiche Mails. »Eine der Videodateien zeigte eine gefesselte nackte Frau, die von einem Mann mit einer Bohrmaschine, die einen Aufsatz hat, der wie ein Penis aussieht, im Intimbereich traktiert wird.« Er versandte sie an 17 Arbeitnehmer im Betrieb. Der Polizeimeisteranwärter, der elf Frauen massiv sexuell belästigt, schlägt einem Kollegen dann mit der flachen Hand zweimal ins Genick. VG Stuttgart 21.11.2007 AZ 17 K 2784/06.

353   In den Internetforen sieht das zum Teil ganz anders. Da bezieht sich das Unverständnis auf die zickigen Frauen, die Mann nicht einmal mehr anlächeln dürfe, ohne dass sie hysterisch loskreischten. Das soll hier nicht vertieft werden, zeigt aber, dass die Tünche doch recht dünn ist.

354   ADS-Studie 2015, die Antworten bezogen sich bei Betriebs- und Personalverantwortlichen mehr auf die eigene Gruppe.

355 § 14 SGB VII.

356 *Originalanmerkung: Zur besseren Lesbarkeit werden geschlechtsneutrale Bezeichnungen (z. B. »der Beschäftigte«) verwendet. Gemeint sind gleichermaßen Mitarbeiterinnen und Mitarbeiter.

357 ArbG Ludwigshafen 13.11.2008 AZ 1 Ca 1111/08.

358 BAG 16.05.2007 AZ 8 AZR 709/06 für Mobbing-Handlungen., verneint von LAG Hamm 23.03.2006 AZ 8 Sa 949/05 und nach Zurückverweisung LAG Hamm 11.02.2008 AZ 8 Sa 188/08; vgl. auch LAG Hamm 11.02.2007 AZ 8 Sa 188/08 unter Berufung auf BAG 16.05.2007, 8 AZR 709/06.

359 BAG 20.06.2013 AZ 8 AZR 280/12.

360 Etwa § 18 MTV Einzelhandel Hessen Fälligkeit und Erlöschen von Ansprüchen … Alle übrigen Ansprüche aus diesem Tarifvertrag sind spätestens binnen zwei Monaten nach Beendigung des Arbeitsverhältnisses schriftlich geltend zu machen.

361 BAG 24.09.2009 AZ 8 AZR 705/08.

362 BAG 21.06.2012 AZ 8 AZR 188/11.

363 BVerfG 25.02.2010 AZ 1 BvR 230/09.

364 BAG 22.05.2014 AZ 8 AZR 662/13.

365 BAG 21.07.2009 AZ 1 ABR 42/08: »1. Der Betriebsrat hat nach § 87 Abs. 1 Nr. 1 BetrVG mitzubestimmen bei der Einführung und Ausgestaltung des Verfahrens, in dem Arbeitnehmer ihr Beschwerderecht nach § 13 Abs. 1 Satz 1 AGG wahrnehmen können. Er hat insoweit auch ein Initiativrecht.
2. Kein Mitbestimmungsrecht besteht bei der Frage, wo der Arbeitgeber die Beschwerdestelle errichtet und wie er diese personell besetzt.
Hiernach unterfällt die Einführung und Ausgestaltung eines Beschwerdeverfahrens nach § 13 Abs. 1 AGG der Mitbestimmung nach § 87 Abs. 1 Nr. 1 BetrVG. Die Ausgestaltung des Verfahrens ist darauf angelegt, das Ordnungsverhalten der Arbeitnehmer in standardisierter Weise zu steuern. Dies genügt. Das Mitbestimmungsrecht nach § 87 Abs. 1 Nr. 1 BetrVG setzt nicht voraus, dass es sich um verbindliche, verhaltensbegründende Regeln handelt«

366 LAG Köln 24.11.2010 AZ 5 Ta 361/10 »Im einstweiligen Verfügungsverfahren ist ein Feststellungsantrag unzulässig, mit dem die Feststellung begehrt wird, dass dem Antragsteller ein Zurückbehaltungsrecht zustehe.« Weiter: »Es ist aber nicht Aufgabe des einstweiligen Verfügungsverfahrens, dem Arbeitnehmer dieses Risiko abzunehmen. Er ist vielmehr gehalten, sorgfältig selbst zu prüfen, ob ausreichende Gründe für ein Leistungsverweigerungsrecht aufgetreten sind oder nicht. Ansonsten würde, worauf das Arbeitsgericht mit Recht hingewiesen hat, das einstweilige Verfügungsverfahren zu einem gutachterlichen Verfahren, welches in Form eines vorläufigen Rechtsgutachtens die Berechtigung von Leistungsverweigerungsrechten feststellen würde. Das aber ist nicht Aufgabe des einstweiligen Rechtsschutzverfahrens und auch nicht Aufgabe einer Regelungsverfügung.«

367 ArbG Heilbronn 18.10.2012 AZ 2 Ca 71/12 »Eine Entschädigungsklage durch den Arbeitnehmer wegen angeblicher vielfacher Diskriminierungen kann

einen Auflösungsgrund nach § 9 Abs. 1 S. 2 KSchG darstellen, wenn diese auf haltlosen Behauptungen fußt und die begehrte Entschädigung jedes vernünftige Maß übersteigt.« Tatsächlich hatte der Kläger in dem Verfahren (es ging um Diskriminierung wegen einer Alkoholerkrankung) zunächst 240.000 Euro gefordert, und vom ArbG Heilbronn 38.479,37 Euro zugesprochen bekommen. Die zweite Instanz – LAG Baden-Württemberg AZ 17.07.2013 AZ 13 Sa 141/12 – hat nicht bestätigt, dass ein zu hoher Antrag die Auflösung des Arbeitsverhältnisses begründen kann.

368 BAG 19.08.2010 AZ 8 AZR 530/09.

369 BAG 15.02.2005 AZ 9 AZR 635/03; BAG 13.10.2011 AZ 8 AZR 608/10.

370 BAG 22.04.2004 AZ 8 AZR 620/02.

371 ArbG Berlin 18.12.2013 AZ 54 Ca 6322/13 1.957,73 Euro; VGH Baden-Württemberg 10.09.2013 AZ 4 S 547/12: 11.422,14 Euro, LAG Bremen 03.09.2013 AZ 1 Sa 167/11: 6.330,00 Euro; LAG Hamm 11.07.2013 AZ 11 Sa 312/13 wegen Persönlichkeitsverletzung durch heimliche Videoüberwachung 1.000 Euro, bestätigt durch BAG 19.02.2015 AZ 8 AZR 1007/13; LAG Hamm 06.06.2013 AZ 11 Sa 335/13: 3.000 Euro; ArbG Hamburg 26.01.2010 AZ 25 Ca 282/09: 400 Euro; LAG Berlin Brandenburg 28.06.2011 AZ 3 Sa 917/11 nach einem sechs Jahre dauernden Prozess (einmal Arbeitsgericht, zweimal LAG, zweimal BAG) 17.062,50 Euro zuzüglich Verzugszinsen iHv 5.962,52 Euro nur für die Zeit vom 23.03.2006 bis 28.06.2011, bei späterer Zahlung steigt der Zinsbetrag.

372 LAG Köln 20.11.2013 AZ 5 Sa 317/13; LAG Schleswig-Holstein 08.11.2013 AZ 3 Ta 177/13; LAG Berlin-Brandenburg 31.10.2013 AZ 21 Sa 1380/13; vgl. zuletzt BAG 08.06.2015 AZ 8 AZR 848/13 (A).

373 BAG 22.06.2011 8 AZR 48/10; BAG 18.03.2010 AZ 8 AZR 77/09.

374 LAG Schleswig-Holstein 22.10.2014 AZ 3 Sa 144/14.

375 LAG Baden-Württemberg 07.10.2002 AZ 6 Sa 33/02, wieviel es ursprünglich war, ist dem LAG-Urteil nicht zu entnehmen, mindestens aber wohl über 600 Euro.

376 EuGH 10.04.1984 AZ 14/83 Sabine von Colson und Elisabeth Kamann: »1. Die EWG-Richtlinie 76/207 schreibt nicht vor, als Sanktion für eine wegen des Geschlechts erfolgte Diskriminierung beim Zugang zur Beschäftigung den Arbeitgeber, der Urheber der Diskriminierung ist, zum Abschluß eines Arbeitsvertrags mit dem diskriminierten Bewerber zu verpflichten.

2. Die Richtlinie begründet hinsichtlich der Sanktionen für eine etwaige Diskriminierung keine unbedingte und hinreichend bestimmte Verpflichtung, auf die sich ein einzelner mangels rechtzeitig erlassener Durchführungsmaßnahmen berufen könnte, um auf Grund der Richtlinie eine bestimmte Wiedergutmachung zu erlangen, wenn eine solche Rechtsfolge nach den nationalen Rechtsvorschriften nicht vorgesehen oder zugelassen ist.

3. Die Richtlinie überläßt es zwar den Mitgliedstaaten, die Sanktion für einen Verstoß gegen das Diskriminierungsverbot unter den verschiedenen Möglichkeiten auszuwählen, die zur Verwirklichung des Ziels der Richtlinie geeignet sind; entscheidet sich ein Mitgliedstaat jedoch dafür, als Sanktion für einen Verstoß gegen dieses Verbot eine Entschädigung zu gewähren, so muß

diese jedenfalls, damit ihre Wirksamkeit und ihre abschreckende Wirkung gewährleistet sind, in einem angemessenen Verhältnis zu dem erlittenen Schaden stehen und somit über einen rein symbolischen Schadensersatz wie etwa die bloße Erstattung der Bewerbungskosten hinausgehen. Es ist Sache des nationalen Gerichts, das zur Durchführung der Richtlinie erlassene Gesetz unter voller Ausschöpfung des Beurteilungsspielraums, den ihm das nationale Recht einräumt, in Übereinstimmung mit den Anforderungen des Gemeinschaftsrechts auszulegen und anzuwenden.«

377 EuGH 22.04.1997 C-189/95 Draehmpaehl.

378 EuGH 02.08.1993 AZ C.271/91 M. Helen Marshall.

379 BAG 21.06.2012 AZ 8 AZR 364/11.

380 LAG Rheinland-Pfalz 13.05.2015 AZ 5 Sa 436/13; LAG Rheinland-Pfalz 14.08.2014 AZ 5 Sa 509/13; zum Vergleich: BVerwG 30.10.2014 AZ 2 C 3/13; 2 C 4/13; 2 C 7/13; 2 C 8/13; 2 C 9/13; 2 C 10/13 und 2 C 11/13 sprach wegen – allerdings kurzzeitiger – diskriminierender Entgeltzahlung eine Entschädigung von jeweils 50 Euro zu.

381 ArbG Berlin 08.05.2015 AZ 28 Ca 18485/14.

382 BAG 14.03.1989 AZ 8 AZR 447/87.

383 BAG 02.03.1998 AZ 9 AZR 61/96 (A); BAG 26.08.1997 AZ 9 AZR 61/96; BGH 14. 2.1958 AZ I ZR 151/56 »Herrenreiter-Fall« für die unbefugte Veröffentlichung eines Fotos 10.000 DM wegen des Rechts am eigenen Bild. Klassische Beispiele sind auch Soraya, Der Nachwuchs aus Monaco und der urinierende Prinz von Hannover.

384 www.morgenpost.de/berlin-aktuell/article1737677/Pfleger-wegen-sexueller-Belaestigung-verurteilt.html ein ähnliches Verhältnis ergibt sich bei BGH 29.01.2013 AZ 2 StR 525/12: 22 Monate Haft, dann Entziehungsanstalt, kein Schmerzensgeld: »jedoch ist insoweit nur unter besonderen Voraussetzungen das unabweisbare Bedürfnis anzuerkennen, einem Betroffenen wenigstens einen gewissen Ausgleich für ideelle Beeinträchtigungen durch eine Geldentschädigung zu gewähren. Das ist nur dann zu bejahen, wenn die Verletzung des Persönlichkeitsrechts als schwer anzusehen ist. Ob ein derart schwerer Eingriff in den Eigenwert der Persönlichkeit anzunehmen ist, kann nur aufgrund der gesamten Umstände des Einzelfalles beurteilt werden. Hierbei sind besonders die Art und Schwere der zugefügten Beeinträchtigung, aber auch der Grad des Verschuldens und gegebenenfalls Anlass und Beweggrund des Handelns zu berücksichtigen. Nach diesem Maßstab liegt ein schwerer Eingriff in das Persönlichkeitsrecht der Geschädigten durch den unter Persönlichkeitsstörungen leidenden Angeklagten nicht vor.« Ebenso OLG Saarbrücken 09.01.2013 AZ 5 W 436/12 »Bei Unterlassungsklagen wegen einer Körperverletzung, Beleidigung sowie Bedrohung ist der Streitwert mit maximal 1.500,-- Euro zu bewerten. Das Interesse des Klägers, nicht verletzt, beleidigt und bedroht zu werden, wird in erster Linie bereits durch die Sanktionsdrohung des Strafgesetzbuches geschützt.«

385 OLG Saarbrücken 17.06.2013 AZ 5 W 56/13; ebenso LG Oldenburg 07.02.2013 AZ 45 S 595/12:»Die Beleidigung eines Polizeibeamten durch einen alkoho-

lisierten Radfahrer (1,49°‰) gebietet nicht die Verurteilung zur Zahlung eines Schmerzensgeld, insbesondere wenn eine Genugtuung durch einen Strafbefehl erfolgt ist.« BVerwG 22.05.1996 AZ 1 D 72/95: Ein beamteter Zugführer zahlte einer wegen seiner sexuellen Übergriffe völlig verängstigten minderjährigen Fahrschülerin 2.000 DM, in der – irrigen – Hoffnung, damit einer Entfernung aus dem Dienst zu entgehen.

386 ArbG Berlin 10.12.1999 AZ 36 Ca 36555/98.

387 LAG Baden-Württemberg 19.05.2004 AZ 3 Ta 82/04.

388 BGH 04.12.2012 AZ VI ZR 217/11.

389 OLG Hamm 04.02.2004 AZ 3 U 168/03.

390 AG Coburg 19.03.2014 AZ 12 C 1023/13 Schadensersatz und kleines Schmerzensgeld; AG Charlottenburg 03.04.2012 AZ 216 C 270/11 1.000 Euro für notwendige Kürzung der Haare um 30 cm; AG Köln 08.08.2001 AZ 141 C 5/01 Schmerzensgeld bei psychischer Beeinträchtigung wen eine Fülle von Haaren ausfällt; OLG Köln 07.01.2000 AZ 19 U 62/99 wenn eine Perücke getragen muss und die Kundin darunter leidet 3.000 DM; AG Erkelenz 05.01.1994 AZ 6 C 509/93 6.000 DM wenn auf 3 X 5 cm Kopfhaut kein Haar mehr wächst; AG Siegen 19.06.1990 AZ 6 C 3010/88 293,90 DM, wenn »das physische und psychische Wohlbefinden« beeinträchtigt ist; AG Duisburg 16.08.1989 AZ 49 640/88 3.000 DM, wenn vorübergehend eine Perücke getragen werden muss; LG Augsburg 29.06.1983 AZ 2 O 5705/82 400 DM beim Abbrechen von Haaren.

391 BAG 18.03.2010 AZ 8 AZR 1044/08; BAG 22.01.2009 AZ 8 AZR 906/07.

392 LAG Köln 03.04.2013 AZ 2 Ta 31/13 mittelbar ein Monatsgehalt.

393 ArbG Iserlohn 23.07.2014 AZ 3 Ca 2737/13.

394 LAG Hamm 11.07.2013 AZ 11 Sa 312/13.

395 ArbG Heilbronn 18.10.2012 AZ 2 Ca 71/12.

396 LAG Hamm 27.08.2007 AZ 8 Sa 1826/06, beim BAG wurde ein Vergleich abgeschlossen, die Höhe ist nicht dokumentiert. Der Arbeitnehmer hatte nach dreijähriger Betriebszugehörigkeit (die Abfindung war also recht hoch) der Aufsichtsbehörde des Arbeitgebers u. a. mitgeteilt, dass es sexuell verdächtiges Verhalten des Geschäftsführers gegeben habe.

397 OLG Stuttgart 02.0.2013 AZ 7 W 24/13.

398 BAG 23.01.2014 AZ 8 AZR 118/13 (Pressemitteilung).

399 BT-Drs. 16/1780 S. 38, zitiert nach BAG 23.01.2014 AZ 8 AZR 118/13; ebenso BVerwG 30.10.2014 AZ 2 C 6/13: »Der erforderliche immaterielle Schaden liegt regelmäßig bei einer ungerechtfertigten Benachteiligung aus einem der in § 1 AGG genannten Gründe vor. Der Vorgabe des Art. 17 Satz 2 der RL 2000/78/EG, eine abschreckende Wirkung der Sanktion zu gewährleisten, hat der Gesetzgeber durch das Merkmal der Angemessenheit der Entschädigung Rechnung getragen. Der Anspruch nach § 15 Abs. 2 AGG ist verschuldensunabhängig. Damit ist das unionsrechtliche Erfordernis erfüllt, dass die Haftung des Urhebers einer Diskriminierung keineswegs vom Nachweis eines Verschuldens oder vom Fehlen eines Rechtfertigungsgrundes abhängig gemacht werden darf ...«

400 BAG 20.11.2014 AZ 2 AZR 651/13, Vorinstanzen ArbG Wuppertal 13.11.2012
AZ 5 Ca 2425/12, LAG Düsseldorf 12.06.2013 AZ 7 Sa 1878/12.

401 LAG Köln 07.07.2005 AZ 7 Sa 508/04 »b. Der Anspruch des Klägers gegen
die Beklagte auf einen Widerruf ihrer Behauptung, die Beklagte sexuell belästigt zu haben, setzt jedoch voraus, dass der Vorwurf nachweislich unwahr
ist. Den Nachweis hat der Anspruchsteller, also der Kläger, zu erbringen. c.
Dem gegenüber besteht ein Anspruch auf Unterlassung des für den Kläger
ehrenrührigen Vorwurfs schon dann, wenn die Behauptung der Beklagten
nicht erweislich wahr ist und zugleich die Gefahr nicht ausgeschlossen werden kann, dass die Beklagte gleichwohl ihre Behauptung wiederholt. In der
Rechtsverteidigung gegenüber dem klägerischen Unterlassungsanspruch war
es Sache der Beklagten, die Wahrheit ihrer Behauptung nachzuweisen.«

402 LAG Köln 07.07.2005 AZ 7 Sa 508/04.

403 BGH 29.06.1982 AZ VI ZR 206/80: »Zwar gelten für die Behandlung von Beweisanträgen im Rahmen einer Indizienbeweisführung im Zivilprozeß Besonderheiten. Der Richter ist hier freier gestellt als bei sonstigen Beweisanträgen.
Er darf und muß vor der Beweiserhebung prüfen, ob der Indizienbeweis schlüssig ist, ob also die Gesamtheit aller vorgetragenen Indizien - ihre Richtigkeit
unterstellt – ihn von der Wahrheit der Haupttatsache ... überzeugen würde ...«.

404 BAG 24.01.2013 AZ 8 AZR 188/12: die unterlassene Einladung eines schwerbehinderten Bewerbers reicht als Indiz für diskriminierende Benachteiligung;
BAG 05.02.2004 AZ 8 AZR 112/03.

405 BAG 27.01.2011 AZ 8 AZR 580/09.

406 Art. 21 Abs. 1 und 23 Abs. 1 der EU Charta der Grundrechte (EU-GRC) sowie die aufgrund von Art. 157 Abs. 3 AEUV (ex-Art. 141 Abs. 3 EG) erlassene sekundäre EU-Rechtssetzung, insbes. RL 2006/54/EG; RL 76/207EWG;
97/80/EG; RL 2000/43/EG; 2000/78/EG; RL2002/73/EG; 2006/54/EG.

407 BAG 24.04.2008 AZ 8 AZR 257/07; vgl. auch BAG 20.11.2003 AZ 8 AZR
580/02: »Dazu genügt es, wenn die Hilfstatsachen selbst vorgetragen sind, die
auf sie gestützte Schlussfolgerung möglich ist und diese Schlussfolgerung die
geltend gemachte Rechtsfolge als entstanden erscheinen lässt. Denn eine auf
Tatsachenbehauptung beruhende mögliche Schlussfolgerung kann daraufhin
beurteilt werden, ob sich ihretwegen die Überzeugung gewinnen lässt, dass
die gesetzlichen Voraussetzungen der Rechtsfolge vorliegen...«

408 BAG 21.06.2012 AZ 8 AZR 364/11.

409 BAG 21.06.2012 AZ 8 AZR 364/11.

410 Geringfügig Beschäftigte werden nicht ordnungsgemäß eingruppiert; es gibt
Entgeltdiskriminierung; Männer-lastige Hierarchien; Geschlechtsspezifische
Auswahl bei der Fortbildung.

411 ArbG Düsseldorf 12.03.2013 AZ 11 Ca 7393/11.

412 LAG Berlin-Brandenburg 08.08.2013 AZ 26 Sa 1083/13.

413 LAG Berlin-Brandenburg 28.06.2011 AZ 3 Sa 917/11: »Benachteiligungskultur« muss dann wieder durch »Diskriminierungskultur« ersetzt werden.

414 EuGH 27.10.1993 C-127/92 Enderby: »Grundsätzlich hat derjenige, der sich
zur Stützung eines Anspruchs auf Tatsachen beruft, diese zu beweisen. Die

Beweislast für das Vorliegen einer Diskriminierung beim Entgelt aufgrund des Geschlechts trifft daher grundsätzlich den Arbeitnehmer, der sich diskriminiert glaubt, und deshalb gegen seinen Arbeitgeber Klage auf Beseitigung dieser Diskriminierung erhebt.

Nach der Rechtsprechung des Gerichtshofes kehrt sich die Beweislast jedoch um, wenn Arbeitnehmer, die dem ersten Anschein nach diskriminiert sind, sonst kein wirksames Mittel hätten, um die Einhaltung des Grundsatzes des gleichen Entgelts durchzusetzen. Wenn eine Maßnahme, die zwischen den Beschäftigten nach ihrer Arbeitszeit unterscheidet, tatsächlich mehr Personen des einen oder anderen Geschlechts benachteiligt, ist diese Maßnahme daher als ein Verstoß gegen das von Artikel 119 EWG-Vertrag verfolgte Ziel anzusehen, sofern der Arbeitgeber sie nicht durch objektive Faktoren rechtfertigen kann, die nichts mit einer Diskriminierung aufgrund des Geschlechts zu tun haben.«

415 LAG Berlin-Brandenburg 06.02.2014 AZ 19 Sa 322/13; LAG Mecklenburg-Vorpommern 29.04.2008 AZ 5 Sa 181/07; LAG Rheinland-Pfalz 16.02.1996 AZ 10 Sa 1090/95 »1. Die wahrheitswidrige Behauptung der sexuellen Belästigung durch eine (n) Vorgesetzte(n) ist als beleidigende Äußerung grundsätzlich geeignet, eine Kündigung zu rechtfertigen. 2. Erhebt der/die Arbeitnehmer(-in) im Kündigungsschutzprozeß konkrete Vorwürfe der sexuellen Belästigung, so trägt der Arbeitgeber die Darlegungs- und Beweislast für die Wahrheitswidrigkeit dieser Kündigung, wenn er die Kündigung darauf stützen will.« LAG Berlin 02.04.2004 AZ 6 Sa 2209/03 »Ein Arbeitnehmer kann wegen einer bewusst falschen Beschwerde beim Personalrat über das Vorgehen seines Vorgesetzten abgemahnt werden.«

416 LAG München 13.11.2003 AZ 3 Sa 522/03 zitiert nach VGH Bayern 09.10.2006 AZ Vf. 98-VI-04 »Das Arbeitsgericht habe die Beweislast verkannt. Es sei nicht Sache der Klägerin gewesen, die Wahrheit der von ihr erhobenen Anschuldigung nachzuweisen. Vielmehr habe es der Beschwerdeführerin zu 1 oblegen, den Kündigungssachverhalt – zum einen die Unwahrheit der Anschuldigung und zum andern den Vorsatz der Klägerin – zu beweisen. Soweit der von der Klägerin erhobene Vorwurf der sexuellen Belästigung lediglich nicht erweislich wahr wäre, sei ihre Anschuldigung bei Abwägung der Umstände des Einzelfalls für die Rechtfertigung der außerordentlichen Kündigung nicht ausreichend. Die Anschuldigung sei nicht aus dem alleinigen Motiv erfolgt, den Arbeitgeber zu schädigen; die Klägerin habe hierin eine verhältnismäßige Reaktion auf das Verhalten des Beschwerdeführers zu 2 sehen dürfen.

Die Beschwerdeführerin zu 1 habe schon den Beweis der Unwahrheit der Anschuldigung nicht zu führen vermocht. Die Einlassungen der Klägerin zur Berechtigung ihrer Vorwürfe seien jedenfalls teilweise so substantiiert, dass es der Beschwerdeführerin zu 1 möglich gewesen wäre, den Beweis der Unwahrheit der Anschuldigung zu führen. Alle von der Klägerin in erster Instanz angeführten Äußerungen seien sexistische Bemerkungen im Sinn von § 2 Abs. 2 Nr. 2 BSchG. Auf der Grundlage des Vortrags der Klägerin ergebe sich also, dass sie vom Beschwerdeführer zu 2 sexuell belästigt worden sei.

Die Beschwerdeführerin zu 1 habe zum Beweis dafür, dass die von der Klägerin geschilderten Vorfälle – mit Ausnahme einer von der Klägerin behaupteten körperlichen Berührung – unwahr seien, lediglich die Parteieinvernahme ihres Geschäftsführers angeboten. Mangels Einwilligung der Klägerin habe diese nicht durchgeführt werden können. Da sich aus dem Vortrag der Klägerin auch dann die Berechtigung der Anschuldigung ergebe, wenn man die von ihr behauptete körperliche Berührung unberücksichtigt lasse, und da die Beschwerdeführerin zu 1 in Bezug auf die Unwahrheit des Vortrags der Klägerin zu den sonstigen Vorfällen beweisfällig geblieben sei, könne nicht von der Unwahrheit des Vorwurfs der sexuellen Belästigung ausgegangen werden.

417 LAG Rheinland-Pfalz 30.04.2012 AZ 5 Sa 687/11.

418 ArbG Hamburg 20.05.1992 AZ 11 Ca 46/92.

419 BAG 06.12.2001 AZ 2 AZR 396/00.

420 BayObLG 06.09.2001 AZ 5St RR 196/01: »In Fällen, in denen zur Überführung des bestreitenden Täters lediglich die Aussage des Opfers das einzige Beweismittel darstellt (Aussage gegen Aussage), sind erhöhte Anforderungen an die Beweiswürdigung zu stellen. Die Urteilsgründe müssen für das Revisionsgericht nachvollziehbar erkennen lassen, daß der Tatrichter alle Umstände, die geeignet sind, das Beweisergebnis zu beeinflussen, erkannt und in seine Überlegungen einbezogen hat. Es ist im einzelnen unter Angabe und Würdigung der festgestellten Tatsachen darzulegen, warum dem Opfer und nicht dem Angeklagten geglaubt wird.«; BGH 07.02.2006 AZ VI ZR 20/05: »Indessen kann der Tatrichter im Rahmen der freien Würdigung des Verhandlungsergebnisses (§ 286 ZPO) den Behauptungen und Angaben (vgl. § 141 ZPO) einer Partei unter Umständen aber auch dann glauben, wenn diese ihre Richtigkeit sonst nicht beweisen kann …«

421 LAG Rheinland-Pfalz 18.11.1997 AZ 4 Sa 639/97 »1. Jedenfalls im Bereich der Geltung des Strengbeweises ist im zivilprozessualen Verfahren der Polygraphentest (sog Lügendetektor) kein zulässiges Beweismittel. Dies gilt auch dann, wenn eine Partei beantragt, sich selbst freiwillig zur Widerlegung einer streitigen Prozeßbehauptung über eine Vertragsverletzung (hier: massive sexuelle Belästigung) einem solchen Test zu unterziehen); BGH 24.06.2003 AZ VI ZR 327/02 »Durch die Rechtsprechung der Strafsenate des Bundesgerichtshofs ist auch für das Zivilverfahren höchstrichterlich geklärt, daß die polygraphische Untersuchung (Lügendetektor) mittels Kontrollfragen und – jedenfalls dann, wenn der Beweisführer zum Zeitpunkt des Tests bereits von den Ermittlungsergebnissen Kenntnis hatte – auch mittels Tatwissenstests ein völlig ungeeignetes Beweismittel ist.

2. Gegenstand einer aussagepsychologischen Begutachtung (Glaubhaftigkeitsgutachten) ist nicht die allgemeine Glaubwürdigkeit des Untersuchten, sondern die Beurteilung, ob auf ein bestimmtes Geschehen bezogene Angaben zutreffen. Daher muß ein solches Gutachten nicht eingeholt werden, wenn der Beweisführer die Behauptungen des Prozeßgegners nur bestreitet.

422 LAG Berlin-Brandenburg 20.07.2011 AZ 26 Sa 1269/10; OLG Saarbrücken 13.07.2011 AZ 1 U 32/08 – 9, 1 U 32/08; BVerwG 03.06.2010 AZ 2 A 4/09

vom Belästiger geäußerte Zweifel an der Glaubwürdigkeit der Zeuginnen werden aber penibel auf ihre Stichhaltigkeit hin überprüft.

423 LAG Hamm 19.05.2011 AZ 14 Ta 519/10; LAG Köln 25.09.2008 AZ 13 Sa 523/08: »Nach § 448 ZPO kann das Gericht auch ohne Antrag einer Partei und ohne Rücksicht auf die Beweislast, wenn das Ergebnis der Verhandlungen und einer etwaigen Beweisaufnahme nicht ausreicht, um seine Überzeugung von der Wahrheit oder Unwahrheit einer zu erweisenden Tatsache zu begründen, die Vernehmung einer Partei oder beider Parteien über die Tatsache anordnen. ... Das dafür geforderte nicht ausreichende Beweisergebnis besagt einerseits, dass die Würdigung des Verhandlungsergebnisses noch keine Überzeugung des Gerichts begründet haben darf, andererseits muss aber die richterliche Gesamtwürdigung von Verhandlung und bisheriger Beweisaufnahme eine gewisse, nicht notwendig hohe Wahrscheinlichkeit für die Richtigkeit der streitigen Behauptung erbracht haben, d. h. es muss mehr für als gegen sie sprechen, bereits ›einiger Beweis‹ erbracht sein, ein so genannter Anbeweis ...«.

424 LG Münster 18.01.2013 AZ 19 StL 5/12.

425 LAG Hessen 11.07.2013 AZ 9 Sa 1372/11; VG Ansbach 06.08.2008 AZ AN 6b D 08.00017.

426 EGMR 19.07.2012 AZ 26171/07 Hümmer für Strafverfahren: »3. Eine Verletzung des Art. 6 Abs. 1 EMRK folgt jedoch nicht ohne Weiteres daraus, dass die Verwertung von im Ermittlungsstadium erlangten Aussagen (Aussagen vom Hören-Sagen) in der Hauptverhandlung als Beweismittel auch in Fällen zugelassen werden, bei denen diese Aussagen des Zeugen das alleinige oder entscheidende Beweismittel zu Lasten eines Angeklagten ist. In derartigen Fällen muss das Tatgericht, wenn eine Verurteilung allein oder entscheidend auf den Aussagen nicht anwesender Zeugen beruht, das Verfahren mit größtmöglicher Gründlichkeit prüfen. Die Frage ist in jedem Fall, ob hinreichende kompensierende Faktoren vorliegen, einschließlich Maßnahmen, die eine faire und angemessene Einschätzung der Verlässlichkeit dieser Aussagen ermöglichen. Danach kann eine Verurteilung nur dann auf solche Aussagen gestützt werden, wenn sie in Anbetracht ihrer Bedeutung für die Sache hinreichend verlässlich sind.« BVerwG 15.01.1991 AZ 1 DB 24/90; LAG München 02.07.1987 AZ 4 (5) Sa 703/86; LAG Berlin 23.07.1984 AZ 12 Sa 34/84 »Die Vernehmung sogenannter Zeugen vom Hörensagen ist kein Problem der prozessualen Zulässigkeit, sondern allein der Beweiswürdigung.«

427 LG Münster 18.01.2013 AZ 19 StL 5/12.

428 LAG Rheinland-Pfalz 31.08.2005 AZ 10 Sa 282/05.

429 ArbG Lübeck 06.07.2007 AZ 4 Ca 946 b/07 »Die besondere Belastung war schließlich erkennbar auch dem Umstand geschuldet, dass die Zeugin neben der Mitarbeiterin des Frauennotrufs die einzige Frau neben insgesamt sieben im Saal anwesenden Männern war, denen gegenüber sie von intimen Vorgängen berichten musste.«

430 ArbG Berlin 10.12.1999 AZ 36 Ca 36555/98.

431 BGH 26.11.1996 AZ 1 StR 405/96.

432 LAG Mecklenburg-Vorpommern 14.8.2012 5 Sa 324/11.

433 LAG Niedersachsen 21.01.2003 AZ 12 Sa 1418/02.

434 LAG Sachsen 10.03.2000 AZ 2 Sa 635/99.

435 LG Münster 18.01.2013 AZ 19 StL 5/12 »Für die Richtigkeit und Realbezogenheit der Angaben der damals 20jährigen Zeugin spricht nämlich zunächst deren Detailreichtum. Sie war in der Lage, sowohl das Rahmengeschehen als auch die maßgeblichen Handlungen hinsichtlich der Örtlichkeit und der Körperpositionen in realistischen Einzelheiten zu schildern.

Ihre Aussage enthält zudem inhaltliche Besonderheiten. So stellt die Schilderung der Zeugin, dass der Angeschuldigte sie nach dem zweiten Vorfall nach etwaigen Konsequenzen gefragt habe, eine Einzelheit dar, die sich durch realistische Ausgefallenheit, aber nicht durch Absurdität und Fantasterei auszeichnet. Ferner ist die Aussage der Zeugin E auch logisch konsistent. Ihre Angaben schließen sich zu einem stimmigen und schlüssigen Gesamtbild zusammen.«

436 LAG Hessen 13.10.2011 AZ 11 Sa 1755/10: »Im übrigen weist die Beklagte zutreffend darauf hin, dass ein Zeuge, der sich nach mehr als einem Jahr zurückliegenden Vorfall in jedem Detail ganz genau erinnert, eher suspekt wäre als der, der sich ›nur an das Gesamtbild‹ und den – für ihn – wesentlichen Vorfall erinnern kann.« Ebenso LAG Niedersachsen 25.05.2004 AZ 13 Sa 1989/03 zur – bestätigten – Glaubwürdigkeit einer Zeugin, die sich im Datum geirrt des Vorfalls hatte: »Für sie stand die Schilderung des Vorfalls, nicht das Datum im Vordergrund.«

437 LAG Baden-Württemberg 29.09.2000 AZ 18 Sa 46/00 »wurde weder zeitlich noch nach äußerem Geschehensablauf konkretisiert.«

438 LAG München 29.11.2005 AZ 8 Sa 803/05; ebenso ArbG Ludwigshafen 13.11.2008: »Hierzu hätte die darlegungs- und beweisbelastete Klägerin im Einzelnen darlegen müssen, wann ihr Arbeitskollege bei welcher Gelegenheit und in welchem Zusammenhang welche der von ihr angeführten Äußerungen gemacht haben soll. Diesen Anforderungen an eine substantiierte Anspruchsbegründung wird der Vortrag der Klägerin, insbesondere in zeitlicher Hinsicht, nicht gerecht.«

439 LAG Hessen 27.01.2004 AZ 13 TaBV 113/04.

440 ArbG Lübeck 06.07.2007 AZ 4 Ca 946 b/07. Hier hatte das Gericht zu Gunsten der Zeugin noch bewertet, dass diese zunächst eine Woche zugewartet hatte, weil sie Skrupel vor der Anzeige hatte und auch darüber berichtete.

441 VG Berlin 28.08.2003 AZ 80 A 50.

442 VGH Bayern 09.04.2014 AZ 16a D 12.1217.

443 BAG 09.01.1986 AZ 2 ABR 24/85.

444 BVerwG 10.10.2013 AZ 2 WD 23/12: »Die Aussagen der Zeugin waren glaubhaft. Sie hat das Geschehen in der Berufungshauptverhandlung von seinem Kern her übereinstimmend mit früheren Aussagen beschrieben. Es waren insbesondere weder Steigerungen noch inhaltliche Abschwächungen insbesondere im Vergleich zu ihrer erstinstanzlichen Aussage festzustellen. Soweit sich die Zeugin in der Berufungshauptverhandlung nicht mehr an

Details erinnern konnte, hat sie dies zum Ausdruck gebracht und nicht den Versuch unternommen, sie zu rekonstruieren. Dies bezog sich insbesondere auch auf Umstände, die für den Soldaten nachteilig gewesen wären wie etwa angebliche Äußerungen von ihm über ihren Körper, zur Frage, ob der Soldat sie nicht abgepasst haben könnte und er das Deckenlicht ausgeschaltet hat. Dass sich die Zeugin zum Zeitpunkt der Berufungshauptverhandlung nicht mehr an alle Details erinnern kann, ist auch plausibel, da ein inzwischen vier Jahre zurückliegendes Geschehen im Raum steht. Belastungseifer vermochte der Senat nicht zu erkennen, insbesondere kein belastbares Motiv.«

445 LG Münster 18.01.2013 AZ 19 STL 5/12.

446 VG Magdeburg 13.12.2012 AZ 8 A 7/11.

447 LAG Köln 07.07.2005 AZ 7 Sa 508/04.

448 OVG Berlin-Brandenburg 08.05.2014 AZ OVG 60 PV 21.13

449 LAG Düsseldorf 08.12.1999 AZ 12 TaBV 35/99, bestätigt von BAG 08.06.2000 AZ 2 ABR 1/00.

450 VG Ansbach 13.06.2006 AZ AN 8 P 06.01347, »Im Laufe des gesamten Verfahrens machte die Zeugin … äußerst unterschiedliche und nicht miteinander vereinbare Angaben. In einem Vermerk vom 24. März 2006 (sexuelle Belästigung (Schilderung der Ereignisse) schreibt sie noch, ›ich ging einfach weiter meinen Weg, bis er die Hose herunterließ und sein Geschlecht präsentierte‹. Während ihrer Zeugenvernehmung bei der Polizeiinspektion … am 4. April 2006 gab sie an, ›ich konnte beobachten, wie er plötzlich seine Hose bis zu den Knien herunterließ‹ und ›stellte ich fest, dass der Mann seinen Anorak nach oben lupfte und nackt seitlich vor mir zu sehen war‹. Das Gericht ist aber überzeugt, dass der Beteiligte zu 2) auf Grund der von ihm an diesem Tag getragenen Kleidung seine Hose nicht ›plötzlich‹ bis zu den Knien herunterlassen konnte und sich auch nicht nackt präsentieren konnte, indem er seinen Anorak nach oben lupfte. Nachdem der Beteiligte zu 2) über einem Panzeroverall noch einen Parka trug, war dies nicht möglich. Auf entsprechenden Vorhalt in der mündlichen Anhörung gab die Zeugin … auch an, dass sie sein Geschlechtsteil nicht gesehen hat und dass man es nicht so wörtlich nehmen könne, wenn sie gesagt hat, er habe die Hose heruntergelassen. Sie konnte noch nicht einmal angeben, in welcher Art und Weise der Beteiligte zu 2) an seiner Kleidung herumgenestelt hat, ob er einen Reißverschluss öffnete, ob Unterwäsche zum Vorschein gekommen war usw. …«, ebenso LAG Thüringen 16.05.2006 AZ 7/1 Sa 176/05. Hier hatte die Zeugin zur Vertuschung ehebrecherischer Beziehungen auf Geheiß ihres Gatten den Liebhaber beim Arbeitgeber angeschwärzt, aber die Geschichte war nicht schlüssig.

451 VGH Bayern 27.08.2007 AZ 3 B 05.210, hier hatte die Zeugin ausgesagt, sie habe nicht ihre anwesende Zimmerkollegin gegen den Belästiger zu Hilfe rufen können, weil sie so mit Abwehrhandlungen beschäftigt gewesen sei.

452 VG Berlin 28.08.2003 AZ 80 A 50.01 »Für die Glaubhaftigkeit ihrer Angaben spricht zudem, dass sie die Vorkommnisse nicht von sich aus ihrem Dienst-

herrn angezeigt haben, sondern hierüber, sei es aus Sorge vor dienstlichen und persönlichen Nachteilen, sei es, dass sie das Geschehen nicht ernst nahmen, zunächst Stillschweigen bewahrten oder sich allenfalls mit der Bitte um Verschwiegenheit einer Vertrauensperson offenbarten. Keine der Zeuginnen war darauf bedacht, dass der Beamte für sein Verhalten zur Rechenschaft gezogen werden sollte.«

453 ArbG Kassel 11.02.2009 AZ 8 Ca 424/08.

454 OLG Dresden 18.03.2013 AZ 4 U 2067/12 »Der gegenüber dem Arbeitgeber geäußerte Vorwurf einer Arbeitnehmerin, ein Mitarbeiter habe sie sexuell genötigt, ist nach § 13 AGG privilegiert. Ein Rechtsschutzinteresse für eine Unterlassungsklage gegen diese Äußerung besteht regelmäßig nicht.« Ebenso LAG Rheinland-Pfalz 09.12.2004 AZ 6 Sa 654/04.

455 OLG Düsseldorf 15.03.2000 AZ 5 U 116/99.

456 ArbG Stuttgart 15.04.2015 AZ 26 Ca 947/14 unter Hinweis auf BVerfG 11.04.1991 AZ 2 BvR963/90; BAG 08.05.2014 AZ 2 AZR 249/13; BAG 09.09.2010 AZ 2 AZR 482/09: »Zu berücksichtigen ist, dass gerade Erklärungen in laufenden Gerichtsverfahren – etwa dem Kündigungsschutzprozess selbst – durch ein berechtigtes Interesse des Arbeitnehmers gedeckt sein können … Parteien dürfen zur Verteidigung ihrer Rechte schon im Hinblick auf den Anspruch auf Gewährung rechtlichen Gehörs (Art. 103 Abs. 1 GG) alles vortragen, was als rechts-, einwendungs- oder einredebegründender Umstand prozesserheblich sein kann … Äußerungen in einem gerichtlichen Verfahren überschreiten nur in Ausnahmefällen die Grenzen des aufgrund der Meinungsfreiheit Zulässigen. Gegen Prozessbehauptungen kann nur dann rechtlich vorgegangen werden, wenn die Unhaltbarkeit der Äußerung auf der Hand liegt oder sich die Mitteilung als missbräuchlich darstellt.«

457 LAG Hessen 28.06.2000 AZ 8 Sa 195/99.

458 VG Gießen 26.05.2011 AZ 5 K 401/11.GI (formale Gründe); VG Meiningen 08.12.2008 AZ 6 D 60024/06 Me.

459 BVerfG 23.06.1990 AZ 2 BvR 674/88 »Ebenso wie es sich um der Funktionsfähigkeit der Strafrechtspflege willen verbietet, den gutgläubigen Erstatter einer Strafanzeige nach § 823 Abs. 1 und Abs. 2 BGB i.V.m. § 186 StGB zum Schadenersatz heranzuziehen, wenn ihm der nach § 186 StGB erforderliche Wahrheitsbeweis nicht geglückt ist … so muß der Rechtsuchende vor Rechtsnachteilen bewahrt sein, wenn er in unmittelbarer Verteidigung seiner Rechtsposition im Zivilprozeß nicht leichtfertig Behauptungen in bezug auf rechtsbegründende oder rechtsvernichtende Tatsachen oder die Eignung eines Beweismittels, insbesondere die Glaubwürdigkeit eines Zeugen, aufstellt. Eine solche Behauptung muß freilich mit Blick auf die konkrete Prozeßsituation zur Rechtswahrung geeignet und erforderlich erscheinen sowie der Rechtsgüter- und Pflichtenlage angemessen sein.«

460 http://de.wikimannia.org/Falschbeschuldigung_%28F%C3%A4lle%29 WikiANNia »Stell Dir eine Welt vor, in der jeder freie Mann feminismusfreies Wissen mit anderen teilen kann. Dies ist unser Auftrag. – Leitbild WikiMANNia. WikiMANNia ist die Antithese zur feministischen Opfer- und Hassideologie.«

461 falschbeschuldigung.org/Horst_Arnold.

462 BGH 22.10.2014 2 StR 62/14, ohne Tatbestand und Entscheidungsgründe.

463 www.merkur-online.de/lokales/garmisch-partenkirchen/landkreis/vergewal-
     tigung-erfunden-499344.html.

464 http://de.wikipedia.org/wiki/Kosten_eines_Arbeitsgerichtsverfahrens_in_
     Deutschland.

465 § 114 ZPO.

466 ArbG Ludwigshafen 29.11.2000 AZ 3 Ca 2096/00.

467 LAG Hamburg 04.11.2004 7 Sa 41/04.

468 LAG Hamburg 21.10.1998 AZ 4 Sa 53/98; ähnlich ArbG Würzburg
     29.04.2005 AZ 3 Ca 2094/04 S Ständige allerdings nicht präzise vorge-
     tragene Tätscheleien und Anzüglichkeiten gegenüber Auszubildenden, die
     Frauen hatten sich aber nicht beschwert (sie wurden allerdings von ihm
     beurteilt).

469 LAG Rheinland-Pfalz 25.05.2009 AZ 5 Sa 99/09.

470 BVerwG 16.05.2006 AZ 2 WD 3/05; ähnlich VGH Bayern 15.07.2003 AZ 3
     CS 03.1583 »In den Morgenstunden gegen 4.00 bis 6.00 Uhr hielt sich der
     Antragsteller im Schlaftrakt der Kolleginnen des 5. Ausbildungsseminars auf,
     wobei er im (stark) angetrunkenen Zustand mehrere Damen, die zum Teil
     schliefen, sexuell belästigte. Dabei soll er gegenüber Zeugen wiederholt Aus-
     sagen gemacht haben wie ›Hier bin ich wohl falsch‹ oder ›Bin ich hier falsch
     oder bin ich hier richtig?‹… Befand sich aber der Antragsteller aufgrund sei-
     ner Alkoholisierung in einem nicht auszuschließenden Zustand der Schuld-
     unfähigkeit, können die hierbei begangenen pflichtwidrigen Handlungen
     nicht als 30.04.2012 Indiz für seine mangelnde Eignung angesehen werden.
     Anders wäre es nur, wenn der Antragsteller für den ihm angelasteten Sach-
     verhalt bei Annahme einer die Steuerungsfähigkeit lediglich verminderten
     Alkoholisierung noch verantwortlich gemacht werden könnte.«

471 BVerwG 23.02.2005 AZ 1 D 1/04.

472 VGH Bayern 27.08.2007 AZ 3 B 05 210 (Der Vorfall war 2003).

473 LAG Sachsen 19.08.1997 AZ 7 Sa 870/96.

474 LAG Hamburg 04.11.2004 AZ 7 Sa 41/04.

475 ArbG Berlin 29.01.2008 AZ 84 Ca 16525/07; ähnlich BVerwG 05.07.2000
     AZ 2 WD 8/00 »Der Soldat hatte sich einer Leistenbruchoperation unterzie-
     hen müssen. Nach seiner Rückkehr in den Dienst zeigte er ihr die Operations-
     narbe, wobei er seine Hose öffnete und den Verband der Wunde freilegte.«
     Sexuelle Intention war nicht nachweisbar.

476 ArbG Berlin 10.05.2013 AZ 28 Ca 15881/12.

477 ArbG Düsseldorf 02.09.2008 AZ 7 Ca 1837/08.

478 LAG Baden-Württemberg 17.07.2013 AZ 13 Sa 141/12.

479 ArbG Nienburg 19.04.2012 AZ 2 Ca 460/11 Ö.

480 LAG Berlin-Brandenburg 16.12.2010 AZ 2 Sa 2022/10.

481 LAG Niedersachsen 13.10.2009 AZ 1 Sa 832/09.

482 LAG Rheinland-Pfalz 17.12.2008 AZ 7 Sa 317/08.

483 LAG Rheinland-Pfalz 03.02.2009 AZ 3 Sa 643/08.

484 LAG Rheinland-Pfalz 03.11.2009 AZ 7 Sa 375/09.

485 LAG Rheinland-Pfalz 10.11.2011 AZ 10 Sa 329/11; ähnlich ArbG Köln 15.12.2011 AZ 10 Ca 4977/11: Mit mehreren Auszubildenden Telefonnummern ausgetauscht, über Facebook und gechattet und SMS ausgetauscht und manchmal gestupst.

486 LAG Sachsen 11.02.2011 AZ 3 Sa 461/10: »Hinzu kommt, dass der Kläger diese sexuellen Äußerungen in einem leisen Tonfall, mehr zu sich selbst, quasi in einem Selbstgespräch, nicht unmittelbar gegenüber der Assistenzärztin ... (sie befand sich bereits am Ende des Krankenhausganges beim Verlassen der Station) und nach Aussage der Zeugin ... in Abwesenheit weiterer Ärzte, Pflegekräfte und der Patienten (›außer mir war dort keine andere Person im Gang‹) und ohne die Anwesenheit der Zeugin ... zu bemerken (›ich habe das in meinem Vorbeigehen gehört und weiß nicht, ob Dr. ... mich bemerkt hat oder mich gesehen hat‹) tätigte.« Das LAG erwog beiläufig (?), ob nicht die bevorstehende Habilitation des Klägers das Krankenhaus aufwerten könnte.

487 VGH Bayern 13.07.2011 16a D 10.565.

488 ArbG Berlin 27.01.2012 AZ 28 BV 17992/11.

489 ArbG Düsseldorf 02.09.2008 AZ 7 Ca 1837/08; Vergleich LAG Düsseldorf 01.12.2008 AZ 11 Sa 1490/08.

490 LAG Hamm 13.02.1997 AZ 17 Sa 1544/96.

491 LAG Baden-Württemberg 01.02.2013 AZ 12 Sa 90/11.

492 LAG Düsseldorf 25.03.2004 AZ 11 (6) Sa 79/04.

493 LAG München 02.04.1996 AZ 8 Sa 1165/95.

494 LAG Rheinland-Pfalz 18.04.2007 AZ 8 Sa 993/06.

495 OLG Köln 21.11.2012 AZ I-2 U 16/12, 2 U 16/12.

496 LAG Rheinland-Pfalz 10.11.2011 AZ 10 Sa 329/11.

497 LAG Niedersachsen 25.11.2008 AZ 1 Sa 547/08.

498 ArbG Hannover 28.04.2005 AZ 10 Ca 791/04.

499 LAG Rheinland-Pfalz 14.01.2013 AZ 5 Sa 435/12.

500 LAG Berlin 25.08.1989 AZ 13 Sa 50/89.

501 ArbG Aachen 04.07.1991 AZ 3d Ca 218/91.

502 ArbG Braunschweig 16.10.2007 AZ 2 Ca 93/07.

503 ArbG Frankfurt/M. 02.01.2002 AZ 2 Ca 5340/01.

504 ArbG Frankfurt/M. 05.10.2005 AZ 7 Ca 3835/05.

505 LAG Rheinland-Pfalz 11.03.2009 AZ 7 Sa 235/08.

506 BAG 06.10.2005 AZ 2 AZR 280/04.

507 LAG Berlin 30.01.1991 AZ 13 Sa 98/90.

508 LAG Hamm 10.03.1999 AZ 16 Sa 2328/98.

509 LAG Hamburg 21.10.1998 AZ 4 Sa 53/98.

510 LAG Schleswig Holstein 04.03.2009 AZ 3 Sa 410/08.

511 OLG Düsseldorf 19.03.2002 AZ 24 U 64/01, I-24 U 64/01.

512 ArbG Düsseldorf 19.06.1997 AZ 11 Ca 122/97.

513 ArbG Lübeck 02.11.2000 AZ 1 Ca 2479/00.

514 LAG Baden-Württemberg 08.10.2001 AZ 15 TaBV 3/01.

515 ArbG Frankfurt/M. 11.02.2002 AZ 15 Ca 7402/01.
516 LAG Baden-Württemberg 30.08.2004 AZ 15 Sa 12/04.
517 LAG Berlin 03.03.2006 AZ 13 Sa 1906/05.
518 BAG 05.06.2008 AZ 2 AZR 234/07.
519 BAG 09.06.2011 AZ 2 AZR 323/10.
520 LAG Düsseldorf 08.03.2012 AZ 5 Sa 684/11.
521 LAG Hamm 25.02.2007 AZ 13 TaBV 119/06.
522 LAG Hessen 27.01.2004 AZ 13 TaBV 113/03.
523 LAG Hessen 17.11.2010 AZ 6 Sa 640/10.
524 LAG Hessen 27.02.2012 AZ 16 Sa 1357/11.
525 LAG Mecklenburg-Vorpommern 14.08.2012 AZ 5 Sa 324/11.
526 LAG München 14.04.2005 AZ 4 Sa 1203/04.
527 LAG Niedersachsen 18.05.2009 AZ 9 Sa 916/08.
528 LAG Rheinland-Pfalz 24.10.2001 AZ 9 Sa 853/01.
529 LAG Rheinland-Pfalz 13.10.2003 AZ 7 Sa 467/03.
530 LAG Rheinland-Pfalz 24.10.2007 AZ 8 Sa 125/07.
531 LAG Sachsen 10.03.2000 AZ 2 Sa 635/99.
532 LAG Schleswig-Holstein 27.09.2006 AZ 3 Sa 163/06.
533 OLG Frankfurt 27.05.2008 AZ 5 U 233/04.
534 LAG Hessen 21.02.2014 AZ 14 Sa 609/13.
535 ArbG Düsseldorf 01.08.2001 AZ 4 Ca 3437/01.
536 ArbG Hannover 10.01.2002 AZ 10 Ca 250/01.
537 BGH 18.09.1986 AZ 4 StR 432/86 »daß der Angeklagte aus seiner Sicht das
     Verhalten der Zeugin trotz ihrer Bitten, von ihr abzulassen, nicht als einen
     solchen Widerstand ansehen mußte, der die Anwendung von Gewalt erfor-
     derlich machte, um zum Erfolg zu kommen ...«

Abkürzungsverzeichnis

ADS	Antidiskriminierungsstelle des Bundes
AG	Amtsgericht
AGG	Allgemeines Gleichbehandlungsgesetz
ArbG	Arbeitsgericht
AZ	Aktenzeichen
BAG	Bundesarbeitsgericht
BÄO	Bundesärzteordnung
BBG	Bundesbeamtengesetz
BDG	Bundesdisziplinargesetz
BDiG	Bundesdienstgericht
BGB	Bürgerliches Gesetzbuch
BGH	Bundesgerichtshof
BJFFG	Bundesminister für Jugend, Familie, Frauen und Gesundheit
BMFSFJ	Bundesministerium für Familie, Senioren, Frauen und Jugend
BRAO	Bundesrechtsanwaltsordnung
BSG	Bundessozialgericht
BVerfG	Bundesverfassungsgericht
BVerwG	Bundesverwaltungsgerichtshof
EGMR	Europäischer Gerichtshof für Menschenrechte
EuG	Gericht der Europäischen Union
EuGH	Europäischer Gerichtshof
EuGöD	Gericht für den öffentlichen Dienst der Europäischen Union
FahrlG	Gesetz über das Fahrlehrerwesen (Fahrlehrergesetz)

GastG	Gaststättengesetz
GewO	Gewerbeordnung
HGB	Handelsgesetzbuch
HwO	Handwerksordnung
ILO	Internationale Arbeits(=Labour)-Organisation
JArbSchG	Jugendarbeitsschutzgesetz
KG	Kammergericht
KSchG	Kündigungsschutzgesetz
LAG	Landesarbeitsgericht
LG	Landgericht
LogopG	Gesetz über den Beruf des Logopäden
LSG	Landessozialgericht
ObLG Bayern	Bayerisches Oberstes Landesgericht
OLG	Oberlandesgericht
OVG	Oberverwaltungsgericht
PBZugV	Berufszugangsverordnung für den Straßenpersonenverkehr
SGB V	Sozialgesetzbuch, Fünftes Buch, Gesetzliche Krankenversicherung
StGB	Strafgesetzbuch
StPO	Strafprozessordnung
VG	Verwaltungsgericht
VGH	Verwaltungsgerichtshof
ZPO	Zivilprozessordnung

Stichwortverzeichnis

Es sind nicht immer alle Fundstellen aufgeführt, sondern diejenigen Stellen, an denen die Begriffe eingehend(er) behandelt werden.

Zu den Autorinnen

Godela Linde war seit 1974 Rechtssekretärin beim DGB, dann bei der DGB Rechtsschutz GmbH, wo sie zusätzlich seit 1999 Teamleiterin der Arbeitseinheit Gießen, dann Frankfurt am Main wurde. 2010/2011 war sie im »Gewerkschaftlichen Centrum für Revision und Europäisches Recht« in Kassel beschäftigt.

Aktiv in gewerkschaftlicher Frauenarbeit und mitverantwortlich für das vom Marburger DGB herausgegebene Werk »Frauen in Marburg. Lauf- und Lesebuch« (3 Bände). Zum Thema sexuelle Belästigung hat sie Belästigte beraten und vor Gericht vertreten, Lehrgänge durchgeführt und Artikel in Gewerkschafts- und juristischen Fachzeitschriften veröffentlicht.

Ingrid Kurz-Scherf studierte Wirtschaftswissenschaften, promovierte über »Theorie, Ideologie und Empirie individueller Lohnunterschiede« an der RWTH Aachen, wurde habilitiert und arbeitete als wissenschaftliche Referentin im Statistischen Bundesamt in Wiesbaden und im Wirtschafts- und Sozialwissenschaftlichen Institut (WSI) des DGB in Düsseldorf sowie beim DGB. Später war sie Staatssekretärin für Arbeits- und Frauenpolitik im Saarland und in Brandenburg.

Seit 1998 ist sie ausschließlich wissenschaftlich tätig, zuletzt als Professorin für Politische Wissenschaft mit dem Schwerpunkt »Politik und Geschlecht« am Institut für Politikwissenschaft der Philipps-Universität Marburg. Zahlreiche Veröffentlichungen zu Geschlechterfragen und anderen Themen.